Imbach
Marienverehrung

Josef Imbach

Marienverehrung

zwischen
Glaube und Aberglaube

Patmos

Frontispiz: Masolino da Panicale, Gründung der Basilika von Santa Maria Maggiore, 1424. Neapel, Museo Nazionale di Capodimonte

Information der Deutschen Nationalbibliothek
Die Deutsche Nationalbibliothek verzeichnet diese Publikation in der Deutschen Nationalbibliografie; detaillierte bibliografische Daten sind im Internet über http://dnb.d-nb.de abrufbar.

© 2008 Patmos Verlag GmbH & Co. KG, Düsseldorf
Alle Rechte vorbehalten
Fotos: privat bzw. wie angegeben
Printed in Germany
ISBN 978-3-491-72528-7
www.patmos.de

Inhalt

Hinführung 7

Mehrschichtiger Madonnenkult 11
   Maria als Projektionsfigur 11
   Maria als Identifikationsmodell 15
   Maria als Kompensationsgestalt 18
   Maria als Konsolidierungsmuster 23

Was die Bibel sagt 29
   Paulus und die ersten drei Evangelisten 29
   Johannes und die Apostelgeschichte 41
   Marienfrömmigkeit neutestamentlich 43

Was die Legende vorgibt zu wissen 44
   Die Heilige Familie 44
   Apokryphen 46

Zwischen Verehrung und Vergötterung 56
   Maria statt Artemis 57
   Spekulationen 63
   Die vierte Person der Dreifaltigkeit 66
   Maria als Priesterin? 70
   Nie genug? 73

Der Protest der Reformatoren 75
   Heilige als Schirmherren und Schutzherrinnen 76
   »Maria breit den Mantel aus« 79
   Marianische Vereinigungen 81
   Marienfrömmigkeit statt Christusglaube? 83
   Exkurs: Heilige als Vermittler und Fürsprecherinnen? 85

Wallfahrtsfieber und Reliquiensucht 101
   Das Leben aus dem Grab 102
   Das »große Laufen« 104
   Pilgerfallen 106
   Missbräuche 108
   Vom Grab zur Reliquie 110
   Marienreliquien und Gnadenbilder der Madonna 113
   Der Bilderhimmel von Hergiswald 119

Gebetsformen und Festtage 127
   Ave-Maria und Angelus 128
   Die Gebetsschnur der Gottesmutter 129
   Sieben Schmerzen 133
   Maria am Kreuzweg 137
   Sieben Freuden 138
   Die Lauretanische Litanei 141
   Marienfeste 142
   Ortsnamen 147

Kurioses aus der Kunstgeschichte 149
   Maria schlägt zu 149
   Die Glaubenswächter 154
   ... und die Sittenrichter 163
   Mit Kunst Kasse gemacht 168

Brauchtum und Volksfrömmigkeit 171
   Frautragen 171
   Maria, Valentin und die Verliebten 173
   Muttersegen 176
   Kräuterstrauß für Maria 179
   Schluckbildchen und Schabmadonnen 185
   La Madonna e le ›madonnelle‹ 187
   Die Schönste und die Älteste 191

Mirjam und Meryem 198
   Was der Koran lehrt 198
   Maria im Judentum 207

Literarische Annäherungen 211
   Von Marias Gotteslob zum Lobpreis der Gottesmutter 213
   Was Schriftsteller und Dichterinnen bewegt 215
   Gefühlsbetonte Frömmigkeit 219
   »Und Maria trat aus ihren Bildern« 221
   Mondfrau und Magna Mater 225

Archetypisches 231
   Felsen, Haine, Quellen 233
   »Schwarz bin ich, und dennoch schön!« 235

Trost auf dem Weg 240

Anmerkungen 243

Hinführung

Inmitten der idyllischen Bergwelt des Bündner Oberlandes, etwas abseits von der Hauptstrasse, die von Chur zum Lukmanier-Pass führt, liegt der Flecken Falera, an dem sich einst eine prähistorische Kultstätte befand. Zum Glück hat Bischof Tello von Chur den Gedanken an den Tod nicht verdrängt. Wir besäßen sonst kein schriftliches Zeugnis aus dem ersten Jahrtausend, in dem der Ort im mittleren Vorderrheintal erwähnt wird. Bei dem fraglichen Dokument handelt es sich um das im Jahr 765 verfasste Testament des Kirchenfürsten. Darin bedenkt der Churer Seelenhirte das Benediktinerkloster Disentis mit mehreren Gütern aus verschiedenen Dörfern des Oberlandes: »Ich, Bischof Tello, vermache dem Kloster [...] noch weitere Kolonien in Falerie, die der Priester Lopus innehat, außerdem noch eine Pflanzstatt, wiederum in Falerie, die von Jactatus bebaut wird.«[1]

Zwar wissen wir nichts Weiteres über den hier erwähnten Jactatus. Immerhin aber steht damit schon einmal fest, dass es in Falera bereits im 8. Jahrhundert eine christliche Gemeinde und vermutlich auch eine kleine Kirche oder Kapelle gab. Und dass in dem über der Gemeinde Laax gelegenen Ort Bauern sesshaft waren.

Zu mancherlei Spekulationen Anlass gab die Frage, weshalb sich diese Christenmenschen ausgerechnet auf einer Höhe von über 1200 Metern abrackerten, statt unten im Tal an den Ufern des Flusses das Land zu bebauen.

Dieses Rätsel wurde kurz vor Ausbruch des Zweiten Weltkrieges gelöst, als ein Förster auf der Muota, dem kleinen Waldhügel bei der alten Remigiuskirche, Spuren einer Siedlung aus der Bronzezeit entdeckte. Zu Beginn der Vierzigerjahre des letzten Jahrhunderts förderten die Archäologen dort die Überreste eines Weilers zutage. Im Verlauf weiterer Ausgrabungen stießen sie auf verschiedene Opfer- und Mahlsteine, auf Keramikreste und Sicheln aus Bronze – und damit auf das Bronzezeitalter selber. Das erlaubt den Rückschluss, dass der Ort spätestens gegen 1600 v. Chr. bewohnt war.

Davon zeugen auch die zahlreichen Steinblöcke, sogenannte Megalithe oder Menhire, welche sich im Umfeld der alten Dorfkirche befinden. Es ist dies die größte und wichtigste Anlage dieser Art auf helvetischem Boden. Die eine Steinreihe ist so angeordnet, dass ihre Verlängerung am Horizont

Die Menhire von Falera längs der Remigiuskirche.

genau jene Stelle markiert, an der zur Sommersonnenwende am 21. Juni die Sonne aufgeht. Eine zweite Reihe weist auf den Punkt, an dem die Sonne zur Wintersonnenwende untergeht. Ablesen lässt sich überdies der Sonnenstand zur Tag- und Nachtgleiche am 21. März und am 23. September. Erst 1984 entdeckt wurde im Wald unweit über der Kirche ein inzwischen berühmtes Graffito, das ein menschliches Antlitz mit einer strahlenden Corona zeigt. Vermutlich handelt es sich bei diesem »lachenden Megalithiker« um das ›Porträt‹ eines Kultpriesters. Der wiederum blickt genau in die Richtung, wo am 11. November und am 2. Februar, also zu Beginn und am Ende des Bauernwinters, die Sonne aufgeht. Wenn sie sich in dieser Jahreszeit nicht hinter den Wolken versteckt, hat der Mann wahrlich gut lachen.

Irgendwann ist den Forschern aufgefallen, dass die östliche und die westliche Verlängerungslinie der ersten Steinreihe unterhalb der Kirche auf Gotteshäuser auf Hügeln in der weiteren Umgebung verweisen. Später hat man herausgefunden, dass diese Kirchen, genauso wie die Remigiuskirche in Falera, über uralten vorgeschichtlichen Kultstätten errichtet wurden.

Kein Wunder also, dass Falera neben anderen Plätzen mit Dolmengräbern, Wasserquellen oder vorchristlichen Kultstätten von jeher als Ort der

Kraft gilt. Dies wiederum mag mit dazu beigetragen haben, dass die dortige Bevölkerung noch lange nach ihrer Missionierung allerlei zweifelhafte Praktiken pflegte, angesichts derer die Grenze zwischen Glaube und Aberglaube nicht immer klar zutage trat. So war es im 18. und 19. Jahrhundert weit herum üblich, Kinder, die tot geboren oder ohne Taufe verstorben waren, zur Remigiuskirche zu bringen und sie dort auf den Marienaltar zu legen; nach damaliger Auffassung blieb Ungetauften der Himmel ja verschlossen. Wenn der Leichnam sich bewegte (was angeblich fast immer geschah), konnte der anwesende Pfarrer die scheinbar für einen Augenblick wieder zum Leben erweckten Kinder taufen und in geweihter Erde begraben. Da sich diese Gepflogenheit trotz mehrfacher Verbote nicht ausrotten ließ, sah sich der Bischof von Chur schließlich gezwungen, die Sache gezielt anzugehen. 1767 wurden zwei Männer und zwei Hebammen vereidigt, welche jeweils feststellen mussten, ob ein totes Kind vor dem Gnadenbild tatsächlich Lebenszeichen zeigte. Die Taufe war nur gestattet, wenn die Regungen des Kindes nicht auf äußere Einflüsse wie Luft, Hitze oder Kälte zurückgeführt werden konnten.[2]

Marienaltar in der Remigiuskirche zu Falera. Auf sen Altar wurden totgeborene Kinder gelegt, dan wieder zum Leben erweckt würden.

Vermutlich wurde die Kirche von Falera dem Bischof von Reims, Remigius, gewidmet, weil man im Frühmittelalter Mühe hatte, die alten vorchristlichen Vorstellungen unter den Einheimischen auszurotten. Das folgenreichste Ereignis im Leben dieses Heiligen war bekanntlich die Bekehrung des Frankenkönigs Chlodwigs I. und dessen Taufe an Weihnachten 496. Sein Leben lang kämpfte Remigius unermüdlich gegen das Heidentum und für die Reinerhaltung der christlichen Lehre. Wo immer prähistorische Kultstätten durch Kirchen ersetzt wurden, benötigte man einen starken Schutzpatron, dem man zutraute, dem neuen Glauben den Weg zu ebnen. Für diese Aufgabe schien der Bischof von Reims bestens geeignet.

Wenn es aber darum ging, Tote zum Leben zu erwecken, und sei es auch nur für die kurze Zeitspanne, welche für eine Taufe benötigt wurde, suchten die Gläubigen Zuflucht bei Maria, der wirkkräftigsten aller Heiligen. Selbst die nicht lesen konnten, hatten ja in der Predigt gehört, dass Jesus in Kana erst auf ihre Aufforderung hin Wasser in Wein verwandelt und damit einem Brautpaar aus der Patsche geholfen hatte.

Heute kommen die Menschen nicht mehr der Madonna wegen nach Falera, sondern weil es sich angeblich um einen ›Ort der Kraft‹ handelt, an dem spirituelle Energieströme aktiviert werden. Und natürlich, die Zeiten haben sich geändert, sind sie viel besser über den dort in Vorzeiten praktizierten Sonnenkult informiert, als über die Geschichte der Madonnenverehrung.

Wie unser Beispiel zeigt, ist die aber nicht nur von genuin christlichem Geist geprägt, sondern häufig auch überschattet, teilweise gar durchdrungen von archaischen Elementen und abergläubischen Vorstellungen.

Schon deshalb stellt sich immer wieder die Frage, ob der insbesondere von der römisch-katholischen und von den orthodoxen Kirchen gepflegte Madonnenkult tatsächlich eine legitime Entfaltung des neutestamentlichen Befunds darstellt und ob es nicht gelegentlich zu Übertreibungen und Auswüchsen kam, welche der Korrektur bedürfen.

Die diesbezügliche Problematik wird in diesem Buch von sehr unterschiedlichen Seiten her angegangen. Die einzelnen Kapitel sind so konzipiert, dass sie unabhängig voneinander gelesen werden können.

Mehrschichtiger Madonnenkult

> Marianische Bewegung und Verdammung der Frau, des sündhaften Fleisches, der ›bösen Frau Welt‹ gehören vom 12. bis zum 20. Jahrhundert eng zusammen.
> F. Heer, *Abschied von Höllen und Himmeln. Zum Ende des religiösen Tertiär*, München 1970, 155.

»Wenn Gott über einen Sünder zürnt und Maria die Verteidigung desselben übernimmt, so verhindert sie die Bestrafung und bewirkt, dass er selig werde.« So Alfons von Liguori in seiner 1750 veröffentlichen Schrift *Glorie di Maria* (»Die Ruhmwürdigkeiten der Gottesmutter«)[1], dem vielleicht erfolgreichsten Marienbuch aller Zeiten; es brachte es auf über hundert Auflagen. Obwohl sich die marianischen Aussagen dieses Heiligen wohltuend von denen mancher seiner Zeitgenossen und Zeitgenossinnen unterscheiden, ließ auch er sich in seinem Eifer gelegentlich zu Übertreibungen verleiten, denen ein schon fast ketzerisches Gerüchlein anhaftet.

Maria als Projektionsfigur

Gott zürnt und Maria besänftigt? Angesichts einer solchen Auffassung stellt sich spontan die Frage nach dem Gottesbild, das ihr zugrunde liegt. Und die wiederum veranlasst gleichzeitig zur Spurensuche nach den *psychologischen Gründen* einer *exzessiven* Marienverehrung, wie sie im Lauf der Jahrhunderte immer wieder praktiziert wurde.

Die Vorstellung, dass einzig Maria Gottes Zorn zu besänftigen vermag, ist schon im Mittelalter verbreitet. So weiß der Zisterziensermönch Cæsarius von Heisterbach (um 1180–1240) von einem Marienbild, das zu schwitzen begann, als sich einst zahlreiche Menschen vor einem Gewitter in die Kirche flüchteten. Ausgerechnet ein Besessener hatte eine Erklärung dafür, warum die Gottesmutter Wallungen bekam: »Der Sohn Marias hatte die Hand ausgestreckt zum Schlagen, und wenn sie ihn nicht gehalten hätte, so stünde die Welt jetzt nicht mehr. Das ist die Ursache des Schweißes.«[2]

Wenn Christus als Richter oder der *Vater*gott als Rächer auftritt, bewährt sich die Gottes*mutter* als Retterin. Es illustriert dies auch eine alte Legende; es handelt sich dabei um eine Vision Bruder Leos, des Gefährten und Sekretärs des heiligen Franz von Assisi.

Bruder Leo hatte diese Vision: Er sah im Schlaf, wie das Gericht vorbereitet wurde und die Engel die Trompeten bliesen und das Volk auf einer großen Wiese zusammenkam. Und siehe, es waren dort zwei Leitern aufgerichtet, die eine auf der einen Seite, die andere auf der anderen. Die eine war rot, die andere weiß, und beide reichten von der Erde bis zum Himmel. Es erschien aber Christus an der Spitze der roten Leiter, zornig und gekränkt. Und der heilige Franziskus stand darunter. Da stieg er einige Sprossen empor und rief mit mächtiger Stimme seine Brüder herbei, indem er sagte: »Kommt, Brüder, kommt! Steigt auf zum Herrn, der euch ruft! Habt Vertrauen! Fürchtet euch nicht, kommt!« Es kamen aber viele Brüder zum Gericht. Voll Vertrauen in den Ruf des Vaters eilten sie herbei und begannen, mutig die rote Leiter zu erklettern. Als sie aber hinaufstiegen, fiel einer von der dritten Sprosse herunter, einer von der vierten, einer von der zehnten, andere von der Mitte der Leiter und wieder andere fast von deren Ende. Als der heilige Franziskus dies sah, war er wegen des Misserfolgs von Mitleid gerührt, und er legte beim Richter Christus für seine Söhne Fürbitte ein. Christus aber zeigte dem Franziskus seine Hände und die Seite, und es wurden die neu aufgerissenen Wundmale sichtbar, aus denen frisches Blut floss. Und Christus sagte: »Siehe, das taten mir deine Brüder an.« Franziskus fuhr fort, für seine Brüder um Erbarmen zu bitten. Nach einer kleinen Weile stieg er wieder ein wenig herab und rief: »Verzweifelt nicht, vertraut! Eilt zur weißen Leiter! Rennt und steigt empor! Dort werdet ihr aufgenommen werden! Über sie findet ihr Eingang!« Gemäß der väterlichen Aufforderung rannten die Brüder zur weißen Leiter, und siehe da: Die Jungfrau Maria, die Mutter Christi, erschien an der Spitze der Leiter und nahm sie in Empfang, und sie gelangten ohne Mühe in das Reich.[3]

Diese dramatische (wohl fälschlicherweise Bruder Leo zugeschriebene) Legende ist in mehreren Schriften des 14. Jahrhunderts überliefert, sowohl auf Lateinisch, wie in der Volkssprache. Der Weg zum Paradies führt nicht mehr über den »zornigen« und »gekränkten« Christus, sondern über Maria. Dem Johannesevangelium zufolge ist Christus, der Erlöser, der eigentliche Menschheitsretter: »Ich bin die Tür, wer durch mich eingeht, wird gerettet werden« (Kapitel 10, Vers 9). Die ›fromme‹ Legende hingegen behauptet, dass Christus den Menschen den Zugang zum Paradies *verwehrt*; die Rettung kommt von Maria! *Sie* ist das Tor zur Seligkeit. Im Grunde nimmt die Legende hier auf narrative Weise jene Anrufung vorweg, die später in der Lauretanischen Litanei auftaucht: *janua cœli*, Maria, du Pforte des Himmels, beziehungsweise *zum* Himmel!

Und das zieht sich weiter, durch die Jahrhunderte. »Jesus will verdammen, Maria will retten. Bei Jesus ist Gerechtigkeit, bei Maria Milde.« So ein Pariser Gottesgelehrter im Jahre 1634.[4] Ähnliches liest man noch 1921 in einem in München erschienenen Gebetbuch: »O heiligste Maria! Wie oft habe ich für meine Sünden die Hölle verdient! Vielleicht wäre mein Verdammungsurteil schon nach meiner ersten Sünde vollzogen worden, *wenn nicht du, o gütige Mutter, die göttliche Gerechtigkeit aufgehalten*, meine Herzenshärte besiegt und mich zu dem Vertrauen auf dich angeregt hättest.«[5] Das Schema ist immer das gleiche: Das Kind flüchtet vor dem strengen Vater unter die Schürze der sanften Mutter. Unter dem Mantel Marias findet es Schutz vor einem übelwollenden Gott, der permanent mit Strafe und Verdammnis droht.

Was sich da tut zwischen Mensch und Gott und in den Herzen derer, die mit einem *solchen* Gottesbild leben, illustriert Ulrich Schaffer in seinem Roman *Die Verbrennung*. Im Mittelpunkt der Ereignisse steht eine nachdenkliche junge Frau namens Eva-Marie (!). Irgendwann wirft sie ihre Bibel ins Feuer. Warum sie das tut, sagt sie *ihrem* Gott, zu dem sie nach langem Suchen hingefunden hat: »Lange hattest du keine Chance gegen den Gott der Bibel, der in mir ist, dorthin platziert von den Worten, Handlungen und Gesten derer, die meinten, für mich glauben zu müssen. Ich laste es ihnen nicht an. Sie haben ihren Glauben so verstanden und darum auch so gelebt.«[6] Zu welchem Gott Eva-Marie *früher* gebetet hat, beschreibt sie in einem Brief an ihren verstorbenen Vater, der ein strenggläubiger Pfarrer war:

Du hattest doch immer so schnell Gott auf deiner Seite, und gegen euch beide waren wir nichts. Wenn du gewusst hättest, wie finster Gott dadurch damals in meinem Herzen geworden ist, aber ich konnte es dir nicht sagen, dafür hatte ich den Überblick nicht. […] Du hast uns mit einem heiligen Gott erzogen, einem Gott, der keinen Ungehorsam duldet, der jede Sünde sieht. Das hat sich mir ganz tief eingeprägt. […]

Einen letzten Gedanken möchte ich noch loswerden. Ich rede von der Frage der Schuld. Für dich war Schuld etwas ganz Wichtiges. Wenn etwas nicht stimmte, hatte jemand Schuld. Der Schuldige musste gefunden werden. Es musste um Vergebung gebeten werden. Es musste bereinigt werden. Schuld, Schuld, Schuld.

Bis heute verfolgt mich diese Frage. Ich will nicht so tun, als gäbe es keine Schuld, will mich weder damals noch heute als schuldlos darstellen. Aber musste die Schuld so im Zentrum stehen, dass wir Kinder manchmal an nichts anderes denken konnten als an unsere Schuld? Und das hörte ja nicht bei uns auf. Vor Gott waren wir immer schuldig, auch für Dinge, die wir nicht wussten. Wir mussten darum auch für unsere unbekannten Sünden um Vergebung bitten. Nie haben wir genügt. Und daran arbeite ich bis heute noch. Ich bin nicht gut genug. Ich leiste nicht genug. Ich mache zu viele Fehler. Ich liebe nicht genug. Nicht genug. Nicht genug. Ungenügend. Vater, weißt du, wie dunkel das Leben dann aussieht? Was für einen unerbittlichen, grausamen, fordernden Gott hast du uns vorgestellt! Und dann hast du uns befohlen, ihn zu lieben. Und natürlich konnten wir auch das wieder nicht genug. Es gab kein Ende.

In der Tat, es gibt kein Ende. Das fühlt man und spürt gleichzeitig, wie man unter den ständig drohenden Augen dieses Gottes seelisch verkümmert und psychisch zerbricht. Mit einer solchen Angst kann man nicht leben, geht es doch nicht nur um ein zerstörtes Selbstwertgefühl und um die daraus resultierende Selbstaufgabe, die oft bis zur Selbstverachtung reicht, sondern darüber hinaus auch um die ewige Seligkeit.

Wenn man schon kein Ende absieht, so kann man doch versuchen, sich zumindest zeitweilig etwas Erleichterung zu verschaffen, indem man sich vor dem gnadenlosen Vater zur verständnisvollen Mutter flüchtet. Und siehe da, bei ihr findet man all das, was man bei Gott vermisst: Liebe, Geborgenheit, Verständnis, Nachsicht, Vergebung … Es spricht einiges für die Annahme, dass die ›mütterlichen‹ Züge, die im Gottesbild, aus welchen Gründen auch immer, keinen Platz hatten, in Maria hineinprojiziert wurden.

Dass die Projektion der ›fehlenden‹ Eigenschaften Gottes auf die Madonna bloß eine Scheinlösung darstellt, bedarf keiner Erörterung. Indem Eva-Marie in Schaffers Roman die Bibel ins Feuer wirft, verbrennt sie ihre dunklen Seiten: ihr durch ein patriarchalisches Gottesbild bedingtes Minderwertigkeitsgefühl, ihren Zwang zur Anpassung, ihre nicht enden wollenden Schuldgefühle … Danach erst kann sie sich erneut an Gott wenden, der nun plötzlich ganz anders aussieht: »Gott, nur was nicht von dir verbrennt, hat das Recht zu überleben. Weil du selbst nicht verbrennbar bist, wirst du überleben.«[7]

Was nicht verbrennbar ist an Gott, ist nicht nur erträglich, sondern vermag einen Menschen auch aufzurichten. Das Projektionsbild der Großen Mutter wird damit überflüssig. Ob, wann und wie Eva-Marie entdeckt, dass sich hinter diesem Projektionsbild ein sehr schönes und sehr menschliches Antlitz verbirgt, wird auch davon abhängen, was sie in den Predigten über Maria zu hören bekommt.

Maria als Identifikationsmodell

Ganz anders fällt das Urteil über den Madonnenkult aus, wenn Maria als Beschützerin der Armen, der Verzagten und der Gescheiterten in Erscheinung tritt. In der Tat kann man unmöglich übersehen, dass gerade die *Schmerzensmutter* über Jahrhunderte hin unzähligen Unglücklichen als Identifikationsfigur diente, die ihnen Kraft gab, ihre aussichtslose Lage wenigstens halbwegs erträglich zu gestalten.

Während sich die Wohlbestallten und Gutsituierten an der im Himmel thronenden Gottesmutter mit dem Strahlenkranz und den festlichen Gewändern erbauten, gehörte die *mater dolorosa* vom Mittelalter bis hinein in die Neuzeit vorwiegend den Armen und Unwissenden, den Bettelmönchen auch und den Unterprivilegierten, ja überhaupt dem einfachen Volk, das sich sehr wohl Gedanken machte über die Unstimmigkeiten auf dieser Welt – und nichts daran ändern konnte, weil es nichts zu sagen hatte. In diesen Kreisen erging man sich nicht in Lobeshymnen auf die himmlische Patronin, sondern tröstete sich mit Mirakelgeschichten, in welchen eine mitfühlende und vor allem mitleidende Himmelsmutter den Mühseligen und Beladenen zu einem Recht verhilft, auf das die Messlatten irdischer Gerechtigkeit nicht passen. Diese Erzählungen wanderten von einem Land ins andere und wurden dabei mit immer neuen Details ausgeschmückt und in immer neue Sprachen übersetzt.[8]

Eine polnische Legende berichtet von einem Räuber, der Maria anruft, bevor der Strick um seinen Hals gelegt wird. Sie eilt herbei und stützt die Füße des Gehenkten während dreier Tage und dreier Nächte. Nachdem man den scheinbar Toten endlich vom Galgen geschnitten hat, geht er fröhlich von dannen, nicht ohne der Madonna seinen Dank abzustatten. Eine andere Geschichte handelt vom Sohn einer Witwe, der unschuldig ins Gefängnis kommt; vergeblich ruft seine Mutter Maria um Hilfe an. Des Betens überdrüssig geht sie in die Kirche, reißt das Jesuskind von der Marienstatue und versteckt es zu Hause in einer Tischlade. Was das Beten nicht bewirkt hat, vermag die Erpressung. In der folgenden Nacht erscheint Maria dem Sohn in dessen Zelle, befreit ihn von seinen Fesseln und trägt ihm auf, die Sache seiner Mutter zu berichten. Die eilt zur Kirche und legt Maria das Kind in den Schoß zurück. Wieder eine andere Geschichte berichtet davon, wie Maria eine Frau, die gerade zu einem Seitensprung unterwegs ist, vor dem Zorn ihres Gatten rettet. Weil die Unbesonnene immer fleißig zur Muttergottes gebetet hat, legt sich diese neben den Ehemann ins Bett, um die Gegenwart seiner Frau vorzutäuschen. Oder da ist eine Klosterschwester – nein, diese Geschichte soll man nicht nacherzählen, sie verdient es, im Wortlaut wiedergegeben zu werden:

Es war einmal eine Nonne, die hieß Beatrix, und die diente Maria, der Mutter Gottes sehr innig. Das verdross den Teufel und er versuchte sie durch einen reichen Jüngling. Die Nonne widerstand der Versuchung lange Zeit, aber der Teufel und die Natur des Fleisches überwanden sie, sodass sie sich mit dem Jüngling verabredete, sie wolle mit ihm aus dem Kloster gehen und in ein fremdes Land ziehen. Und sie bestimmte Tag und Stunde, wo er wiederkommen solle und ihr weltliche Kleider mitbringen. Die Nonne erwartete die Zeit und kam zu ihm. Denn sie war Küsterin, sodass sie alle Schlösser zu bewahren hatte. Und sie öffnete all die Türen und ging in den Chor vor das Bild unserer lieben Frau, kniete davor, seufzte und klagte Maria, sie zu beschirmen vor Sünde und Schande. Aber der Teufel schürte die weltliche Minne in ihr, sodass sie das Nonnengewand auszog und legte es vor unserer Lieben Frauen Bild. Auch die Schlüssel legte sie vor das Bild, sodass man sie besser finden konnte. Und so befahl sie Maria ihren Dienst und ging aus dem Kloster zu dem Jüngling.

Sie ritten von Land zu Land, bis sie in eine Stadt kamen. Da blieben sie sieben Jahre lang wohnen und Beatrix gebar ihrem Mann zwei Kinder. Aber im Lauf der sieben Jahre war das Geld verzehrt, und der Mann ließ sie in großer Armut mit den zwei Kindern sitzen.

Da verführte der Teufel sie zu noch größerer Sünde und brachte sie dazu, dass sie mit ihrem Leibe das Geld gewann, da sie mit ihren Kindern von lebte. Und in solcher Sünde, dass sie allen Männern gemein war, lebte sie noch sieben Jahre. Und sie bekam große Reue über ihr Leben und weinte Tag und Nacht. Aber dennoch verzweifelte sie nicht und hoffte auf die Barmherzigkeit Gottes und auf Maria, die Mutter der Barmherzigkeit. Und sie zog wieder nach ihrem Land zurück, um das Kloster zu suchen, aus dem sie fortgegangen war.

Und im Schlaf hörte sie eine Stimme, die sprach: »O Weib, du hast so sehr geweint und geklagt und um Gnade gebeten. Gott hat dein Gebet erhört, denn Maria, die Mutter der Barmherzigkeit, bat für dich. Darum steh auf und geh ins Kloster, dort wirst du alle Türen offen finden und dein Kleid, das du auszogst, das wirst du finden auf dem Altar vor unserer Lieben Frauen Bild, wo du es hinlegtest. Die Schlüssel hängen vor dem Bild von Maria, und sie hat für dich den Dienst der Küsterin versehen diese vierzehn Jahre lang, und man hat dich im Kloster nicht vermisst. Darum gehe ruhig hinein und nimm deinen Dienst wieder auf.«

Als sie zum Kloster ging, fand sie alles, wie ihr gesagt worden war. Denn Maria hatte in ihrer Gestalt gedient und hatte ihren Dienst wohl verwahrt.[9]

Eine ähnliche Geschichte findet sich in einer Elsässer Predigt aus dem 14. Jahrhundert; sie handelt von einem Priester, der auf dem Weg zu seiner Mätresse in den Fluss fällt und ertrinkt, aber von der Madonna den Teufeln entrissen wird, weil er immer fleißig das *Ave-Maria* gebetet hat:

Es war ein Mönch in einem Kloster, der diente Unserer Frau mit ganzem Fleiße und hatte die Gewohnheit, wenn er vor das Bild Unserer Frau trat, so grüßte er Unsere Frau mit einem *Ave-Maria* und einigen Kniebeugen. Nun zwang ihn seine menschliche Schwachheit dazu, dass er ein Weib beschlief und zu ihr des Nachts aus dem Kloster ging. Nun wollte er eines Nachts zu demselben Weibe gehen und ging vor Unserer Frauen Bild nach seiner Gewohnheit und befahl sich in ihren Schutz und ging aus dem Kloster. Da sollte er über ein Wasser gehen, über einen Steig, da fiel er in das Wasser und ertrank. Da kamen die Teufel, da er auf dem Wege der Sünden war gefunden worden, und nahmen die Seele und führten sie in die Hölle. Nun kam Unsere Frau, die himmlische Vögtin, und sprach zu den Teufeln: Wie getrauet ihr euch, den zu überwältigen, der in meinem Schutz ging! Und sie nahm den Teufeln die Seele und brachte sie wieder zum Leibe und hieß ihn ins Kloster gehen.[10]

Solche ›Predigtmärlein‹ (so der Fachausdruck) mögen uns heute merkwürdig anmuten; aber eines sind sie ganz bestimmt nicht, nämlich unmoralisch. In ihnen spiegelt sich bloß eine *andere* Moral. Oder eine andere *Moral*. Maria tritt als Komplizin der Benachteiligten und Übervorteilten in Erscheinung, als Helferin der Armen und Schwachen und als Wegweiserin der Vaganten und Landstreicherinnen in der unübersichtlichen Landschaft der Tugend. Illustriert wird das *Bitte für uns Sünder*. Und wer für die eintritt, muss die herrschenden Normen, welche ja immer die Normen der Herrschenden sind, manchmal unterlaufen. Es handelt sich um subversive Geschichten. Das lateinische Verb *subvertere* bedeutet umstürzen. Über den Haufen geworfen wird die noch immer häufig verbreitete Vorstellung, dass Maria, die reine, die duldsame, die unterwürfige Magd, *nur* der Konsolidierung der bestehenden Geschlechterrollen gedient habe und damit der Festigung der Interessen einer patriarchalischen Gesellschaft und, indirekt, der Stützung bürgerlicher Strukturen. Aber neben dieser Funktionalisierung Marias zum Zweck der Konsolidierung einer religiös verklärten Unterwerfungsstrategie setzen unsere vielleicht etwas unorthodoxen Geschichten ein Potential frei, welches auf eine im Lauf der Jahrhunderte verschüttete Tradition schließen lässt, in der Maria gerade den Schattenexistenzen und den Opfern immer wieder Hoffnung, Trost und Hilfe war. Trost und Hilfe den Randfiguren? Ist das vielleicht wenig? Das sollte man bedenken, bevor man über dergleichen Geschichten den Kopf schüttelt oder auch nur müde lächelt.

Maria als Kompensationsgestalt

Nochmals in einem anderen Licht erscheint die Marienverehrung, wenn wir bedenken, dass sich gerade unter den glühendsten Marienverehrern viele unbelehrbare Zölibatsfanatiker und unbekehrbare Frauenverächter befinden.

Vor allem in kirchenkritischen Publikationen wird gelegentlich gemutmaßt, dass gewisse Übertreibungen auf dem Gebiet des Marienkults *auch* mit dem gespaltenen Verhältnis zölibatärer Kleriker zur Sexualität zusammenhängen, wobei in manchen Fällen überdies eine übertriebene Mutterbindung mit im Spiel sei. Der Verdacht ist wohl nicht gänzlich von der Hand zu weisen.

Dass die persönlichen (und damit auch psychischen) Voraussetzungen die Gedanken selbst hochbegabter Geister häufig in die falsche Richtung lenken, wenn es um die Sexualität geht, zeigt (unter vielen anderen) das Beispiel eines Petrus Damiani (1007–1072), der einen Reinheitsbegriff vertrat, in dem alles, was mit dem menschlichen Körper zusammenhängt, keinen Platz findet. Damiani, ein zelotischer Verfechter einer Kirchenreform, brachte es fertig, in aller Herzenseinfalt und mit innigster Hingabe zur »gnädigen Mutter des Mitleids und des Erbarmens« zu beten[11] *und* gleichzeitig den Mailänder Pöbel zur physischen Ausrottung jener Priester zu mobilisieren, die mit einer Frau zusammenlebten (was damals weithin üblich war und auch toleriert wurde; Priesterehen waren bis ins zwölfte Jahrhundert zwar verboten, ohne jedoch als nichtig zu gelten).[12]

Nicht weniger beunruhigend ist ein anderer Aspekt innerhalb des Spannungsfeldes von Marienfrömmigkeit und Sexualfeindlichkeit. Demonstrierten manche Kleriker eine geradezu pathologische Leibfeindlichkeit, machten andere die »allerreinste Jungfrau« zum Objekt ihrer Begierde, allerdings ohne sich darüber Rechenschaft zu geben. Manche vorzugsweise ›mystische‹ Schriften lassen sich psychologisch erst richtig gewichten, wenn man sich über die von Triebstau und Triebunterdrückung aufgeheizte Atmosphäre im Klaren ist, in der sie entstanden. Gewiss wird sich niemand darüber wundern, dass die Sprache der Mystik häufig erotisch eingefärbt ist; aber das ist hier nicht das Problem. Problematisch ist vielmehr die Tatsache, dass man selber nicht merkt, dass jeder Gedanke just auf das zielt, was man verbal verteufelt und unbewusst eben doch schmerzlich herbeisehnt, nämlich die eigene Person ergänzende weibliche Partnerin.[13]

Wie die Verdrängung der eigenen Sexualität zur Obsession wird, hat Émile Zola intuitiv und ohne von Psychoanalyse etwas gehört zu haben, in seinem 1875 erschienenen Roman *Die Sünde des Abbé Mouret* anhand der Gestalt des Titelhelden dargestellt.[14]

Der gottverbundene und gleichzeitig völlig lebensabgewandte Abbé Mouret wirkt in dem kleinen Dorf Les Artaud. Er hat sein geringes Auskommen; er bedauert nichts, wünscht nichts, beneidet niemanden und ist zufrieden – bis er der jungen ungebundenen Albine, der Tochter eines Verwalters, begegnet, die in der Nähe von Les Artaud auf einem Landgut lebt.

Und wo sucht sich der Abbé Mouret vor der Verwirrung zu beruhigen, welche der Anblick Albines in seinem Gemüt hinterlassen hat? Richtig, vor dem geschmückten Marienaltar. Dort spricht er ein Gebet, in welchem die Bitte um die Gnade des Verzichts das Verlangen nur umso deutlicher zum Ausdruck bringt:

»Du reinste Mutter, du keuscheste Mutter, du unversehrte Mutter, bitte für mich!«, stammelte er angstvoll und drängte sich an die Füße der Muttergottes, als hätte er hinter seinem Rücken Albines hallenden Galopp vernommen. »Du bist meine Zuflucht, Quell meiner Freude, Tempel meiner Weisheit, elfenbeinerner Turm, in den ich meine Reinheit eingeschlossen habe. Ich gebe mich in deine makellosen Hände, ich flehe dich an, mich anzunehmen, mich mit einem Zipfel deines Schleiers zu bedecken, mich unter deiner Unschuld, hinter der heiligen Schutzwehr deines Gewandes zu verbergen, damit kein fleischlicher Hauch mich dort erreiche. Ich brauche dich, ich sterbe ohne dich, ich fühle mich auf ewig von dir getrennt, wenn du mich nicht in deinen hilfreichen Armen davonträgst, weit fort von hier, mitten in die lebendige Heiligkeit, in der du wohnst. [...] Dein Sohn Jesus ist aus dem Hauche Gottes geboren, du selber bist geboren, ohne dass der Leib deiner Mutter befleckt ward, und ich möchte glauben, dass diese Jungfräulichkeit so von Geschlecht zu Geschlecht zurückreicht in einer nicht endenden Unwissenheit des Fleisches. Oh, leben, aufwachsen, ohne die Schmach der Sinne! Oh, sich vermehren, gebären, ohne die abscheuliche Notwendigkeit der Geschlechtlichkeit, allein in der Berührung eines himmlischen Kusses!«[15]

Auch wer weder von Tiefenpsychologie noch von Psychoanalyse etwas versteht, begreift auf Anhieb, dass hier nicht von einer Sublimierung des Sexualtriebes, sondern von den fatalen Folgen gewaltsamer *Triebunterdrückung* die Rede ist. »Weit fort« soll die Madonna ihren zölibatären Verehrer »davontragen«, den es aber unbewusst doch, und dafür nur umso stärker, nach einem »himmlischen Kuss« verlangt. Weil Albine (und die steht hier für die Frau schlechthin) das Denken und Sinnen des *inbrünstig* Betenden beherrscht, muss die Madonna als Ersatz herhalten – was praktisch darauf hinausläuft, dass er an Albine denkt, wenn er Maria sagt. Angesichts einer derartigen Verwirrung der Gefühle ist es durchaus folgerichtig, wenn Abbé Mouret den inneren Konflikt auf seine Weise ›ins Gebet nimmt‹ – wobei er sich, natürlich, an die *Mutter* wendet:

Ich möchte immer nur ein Kind sein, das im Schatten deines Kleides wandelt. Ich war ganz klein, ich faltete die Hände, um den Namen Maria zu sagen. Meine Wiege war weiß, mein Leib war weiß, alle meine Gedanken waren weiß, ich sah dich deutlich, ich hörte, wie du mich riefst, lächelnd ging ich über die Rosenblätter auf dich zu. Und nichts anderes gab es, ich fühlte nicht, ich dachte nicht, ich lebte gerade genug, um eine Blume zu deinen Füßen zu sein. Man müsste nicht größer werden. Du hättest um dich her nur Blondköpfe, ein Volk von Kindern, die dich liebten mit reinen Händen, frischen Lippen, zarten Gliedern, makellos, wie einem Milchbad entstiegen. [...] O Maria, du ehrwürdige Jungfrau, warum bin ich nicht fünf Jahre alt, warum bin ich nicht das Kind geblieben, das seine Lippen auf dein Bildnis presste! Ich würde dich an mein

Herz nehmen, an meine Seite betten, ich würde dich wie eine Freundin küssen, wie ein Mädchen meines Alters. [...] Ich suchte nicht dein Haar zu küssen, denn das Haar ist etwas Nacktes, das man nicht sehen darf; aber ich würde deine nackten Füße küssen, erst den einen und dann den anderen, ganz Nächte lang, bis ich unter meinen Lippen die goldenen Rosen entblättert hätte, die geheimnisvollen Rosen aus deinem Blut.[16]

In Wirklichkeit gilt das Verlangen nach dem Einswerden mit der himmlischen Mutter Albine. Das fühlt auch Abbé Mouret; aber zugeben kann er es nicht. So führt denn die Selbstzensur schließlich zu einer geradezu erschreckenden Infantilisierung des Betenden, die in einen wahren Teufelskreis mündet. In dem Maß, als er Albine mit allen Fasern seines Wesens begehrt, sehnt er sich nach seiner unschuldigen Kindheit zurück. Und je mehr er sich wünscht, wieder Kind zu sein, desto heftiger verlangt es ihn nach der Vereinigung mit der Geliebten. Weil er es nicht schafft, seine sexuellen Kräfte zu sublimieren, muss er sie verdrängen, schon allein aufgrund seines Zölibatversprechens. Und je mehr er sich wehrt, desto verwirrter wird sein Geist. Dabei ahnt er nicht einmal, dass er faktisch mit aller Kraft gerade das *herbeibetet*, wovor ihn sein Bitten bewahren soll. Behauptet er zunächst, dass er nicht wagt, das Haar der Madonna zu küssen, äußert er im selben Atemzug den Wunsch, ihre nackten Füße zu liebkosen, nächtelang, und dabei die »goldenen Rosen« der Jungfrau zu »entblättern«!

Dabei ist das Ringen des Abbé Mouret durchaus ehrlich. Aber heldenhaft ist es deswegen noch lange nicht. Denn Heldinnen und Helden sind groß, weil sie Schwierigkeiten und Gefahren mutig ins Auge sehen und bekämpfen. Abbé Mouret hingegen, und das ist seine Tragik, die schließlich zur Katastrophe führen wird, *verdrängt*. Am Schluss findet der Abbé seinen Trost in Gott, aber nicht zur Reife. Und Albine? Scheidet freiwillig aus dem Leben.

Abbé Mouret ist kein Held, und schon gar nicht ist er ein Versager. Er ist das *Opfer* einer Erziehung und Ausbildung, welche die Verdrängung programmatisch betrieb.

Die schwülstigen Gebete, welche Zola den unglücklichen Priester sprechen lässt, könnten, wie Eugen Drewermann etwas überspitzt, aber der Sache nach richtig bemerkt, allesamt »aus den Andachtsbüchern der katholischen Kirche zusammengestellt« sein.[17]

Solches und Ähnliches konnte man früher nicht nur in Gebetbüchern, in hehren Predigten und in erbaulichen Schriften, sondern gelegentlich sogar in der marianischen Ikonografie orten. Ein Beispiel?

Bernhard von Clairvaux wird von der Muttergottes mit einem Milchstrahl bespritzt. Südniederländische Tafelmalerei, Ende 15. Jahrhundert.

Im Kölner Wallraf-Richartz-Museum befindet sich eine südniederländische Tafelmalerei eines unbekannten Meisters aus dem Ende des 15. Jahrhunderts, die eine Vision des heiligen Bernhard von Clairvaux darstellt. Der kniet im Mönchsgewand vor einer Muttergottes mit Kind. Maria betrachtet ihn mit lieblichem Blick, während sie mit den zierlichen dünnen Fingern der linken Hand ihre rechte Brust aufstützt, die das Jesuskind mit beiden Händen kräftig drückt, sodass der daraus sich ergießende Milchstrahl genau auf das Gesicht des Heiligen zielt. *Honni soit qui mal y pense?* Nein, Schlimmes gibt es da wahrlich nicht zu denken, handelt es sich doch um ein Gemälde, dessen Schönheit und Innigkeit selbst Nichtgläubige beeindrucken muss. Etwas seltsam hingegen muten einen die Hintergründe an. Dass Bernhard mit dem Milchstrahl aus der Brust Mariens zu einem Thema der religiösen Kunst geworden ist, hängt mit seinen Predigten zusammen. Und die sind, wenn immer er auf Maria zu reden kommt, derart mit Erotik durchtränkt, dass man sich manchmal schon fragt, von welcher Maria da eigentlich die Rede ist. Immer wieder lenkt er zuerst den eigenen Blick und dann den seiner Zuhörerschaft auf Marias Mund, auf ihren Schoß, auf ihre Brüste, die, wie er in einer Auslegung des *Hoheliedes* sagt, »sichtbar anschwellen und von Milch geradezu strotzen«.[18] Solange der Prediger Maria vor Augen hat, lässt er seinen geheimsten Gedanken freien Lauf und schreckt auch vor den gewagtesten Vergleichen nicht zurück. Wenn er hingegen auf die gewöhnlichen Sterblichen zu sprechen kommt, und das ist nun ebenso erstaunlich wie entlarvend, scheint alles Leibhafte vom Leibhaftigen besessen; nicht genügend kann er warnen vor dem »Jucken der Begierlichkeit« und nicht oft genug in Erinnerung rufen, dass die Menschen nicht etwa durch ihre schlimmen Gedanken oder Absichten oder durch ihre Bosheit, sondern durch ihre sündige Lust noch tiefer sinken als die Tiere![19] Zu Recht sieht Georg Denzler in solchen Äußerungen eine »tief greifende Missachtung der menschlichen Sexualität«.[20] Die aber lässt sich nicht einfach verdrängen. Die Frage stellt sich ja wohl ganz von selbst (und muss deshalb auch erlaubt sein), warum bloß der Zustand von Marias Jungfernhäutchen vor, während und nach der Geburt ihres Sohnes zeitweise zu *dem* theologischen (!) Thema wurde. Vermutlich nicht nur deshalb, weil es darum ging, ein Glaubensgeheimnis zu verteidigen. Je intensiver sich die Kirchenleute mit der Jungfräulichkeit Marias befassten (und dabei das Enthaltsamkeitsprinzip immer höher hängten), desto mehr ließen sie sich davon fesseln. Bestimmte Aspekte der Marienverehrung lassen sich besser verstehen, wenn man sie nicht religiös sondern psychologisch durchleuchtet. Wobei man sich gleichzeitig davor hüten muss, Bilder und Vergleiche, die uns heute gewagt oder unangemessen erscheinen, immer gleich erotisch zu interpretieren, zumal die Grenzen zwischen Exegese und Eisegese fließend sind. Tatsächlich besteht ja stets die Gefahr, dass die Ausleger zu ›Hereinlegern‹ werden. Praktisch bedeutet das, dass Interpretationen oft mehr Aufschluss geben über die Interpretierenden als über das Interpretierte.

Maria als Konsolidierungsmuster

Zu einem differenzierten Urteil gegenüber manchen Manifestationen der Marienverehrung gelangt man auch, wenn man die *zeitgeschichtlichen* (will sagen die soziokulturellen *und* die dadurch mitbedingten individuellen) Hintergründe ihrer konkreten Erscheinungsformen mitbedenkt. Vor allem aus feministisch orientierten Kreisen ist oft zu hören, dass aller Madonnenkult letztlich darauf hinauslaufe, bestehende patriarchalische Einrichtungen zu festigen, insofern die Prediger den Frauen im Lauf der Jahrhunderte vor allem Marias ›passive‹, also die ›typisch weiblichen‹ Tugenden zur Nachahmung empfohlen hätten, nämlich Demut, Opferbereitschaft, Hingabe, Verzicht, Gehorsam ... Wer sich in der Geschichte der christlichen Frömmigkeit etwas auskennt, verweist in diesem Zusammenhang wohl auf den berühmten Franziskaner und Volksprediger Bernhardin von Siena (1380–1444), der sich nicht nur um die Verehrung des Namens Jesu, sondern auch um die Verbreitung der Marienfrömmigkeit große Verdienste erworben hat. Was Letztere betrifft, werden allerlei Bedenken vorgebracht, die zumindest aus heutiger Sicht nicht ganz unbegründet erscheinen, so etwa wenn Bernhardin seine jugendlichen Zuhörerinnen ermahnt (und dabei auf eine augenscheinlich nur ihm bekannte Quelle zurückgreift):

Lass dir sagen, wo der Engel Maria fand. Wo glaubst du, dass sie gerade war? Etwa am Fenster oder sonst mit einer Eitelkeit beschäftigt? Nein. Sie war in ihrer Kammer eingeschlossen und las; dir, Mädchen, zur Lehre, dass du keine Freude daran haben sollst, unter der Haustüre oder am Fenster zu stehen, sondern zu Hause bleibest und das Ave Maria und Paternoster betest, oder, wenn du des Lesens kundig bist, mit frommer und guter Lektüre dich beschäftigst: lerne das Offizium [Stundengebet] Unserer Lieben Frau und habe daran Freude![21]

Dem heiligen Wanderprediger geht es beileibe nicht darum, mit dem Hinweis auf die lesende Maria den intellektuellen Ansprüchen der Frauen gerecht zu werden; vielmehr will er sie an ihre häuslichen und religiösen Pflichten erinnern. Und zweifellos zielte der in der kirchlichen Verkündigung häufige Hinweis auf die Opferbereitschaft und Zurückgezogenheit Marias in der Regel darauf, die Emanzipationsbestrebungen des weiblichen Geschlechts zu bremsen und den legitimen Wunsch nach Selbstverwirklichung in möglichst engen Schranken zu halten.

Wie sehr gerade Maria zeitweise zur Aufrechterhaltung der bürgerlichen Ordnung (oder was man dafür hielt) vereinnahmt wurde, vermag ein Liedtext zu illustrieren, der sich in einem zu Beginn des vorletzten Jahrhunderts gedruckten Gesangbuch findet.

> Lasst uns die Tugenden besingen,
> Die Zierden an Maria Bild,
> Lasst uns mit ihr nach Gnade ringen,
> Nach Ehre, die im Himmel gilt!
> Es muntere ihr Lebenslauf
> Uns Alle auch zur Tugend auf.
>
> Als Kind schon war sie sanft, bescheiden,
> War lernbegierig, hörte gern
> Die guten Lehren, that mit Freuden

der Eltern Willen, hielt sich fern
Von Eitelkeit und Eigensinn,
Schon früh war Tugend ihr Gewinn.

Als Jungfrau war sie keusch und züchtig,
In Mienen, Reden, Thun und Blick;
Ihr Herz blieb rein, ihr Fußtritt richtig,
Sie strebte nach dem höchsten Glück,
Nach Seelenruh und Frömmigkeit,
Der Jugend schönstem Ehrenkleid.

Als Gattin lebte sie zufrieden.
Ihr Herz und ihres Mannes Herz
Warn eins. Was ihr der Herr beschieden,
Das theilte sie mit Leid und Schmerz;
Und ging nach ihres Mannes Hand
Geduldig nach Egyptenland.

Auch lernen Mütter von Marien,
Was manche kaum zur Hälfte weiß,
Was Kinder tugendhaft erziehen,
Was ächte Muttertreue heißt.
Drum Mütter: folgt dem schönen Pfad,
Den sie als Mutter einst betrat.

Als Kristin hörte sie mit Freuden
Die schönen Lehren ihres Herrn,
War voll Geduld im schwersten Leiden,
Und that des Heilands Willen gern.
Sie gab in demuthsvollem Sinn
Sich ganz in seinem Opfer hin.

Nun stimmt sie dort in jenen Höhen
Mit allen Himmelsbürgern ein,
Was sie geglaubt, das wird sie sehen,
und erndten volle Gaben ein.
Wer selig werden will, wie sie,
Vergesse ja ihr Beyspiel nie.[22]

Dass der Verfasser bei der Niederschrift dieser Reime an das Dogma der Sündenlosigkeit Marias gedacht hat, ist nicht mit Sicherheit auszuschließen; aber es lässt sich auch nicht beweisen. Mehr als wahrscheinlich hingegen ist die Vermutung, dass er dabei eher die bürgerliche Familie seiner Zeit und die Rolle, welche diese der Frau zudachte, vor Augen hatte. Die damit verbundenen Vorstellungen von *Unter*ordnung, Ordnung, Wohlanständigkeit und Frömmigkeit (im Lied in dieser Reihenfolge!) wurden dann auf die historische Maria zurückprojiziert, welche *anschließend* (und jetzt beißt sich die Katze in den Schwanz) dem weiblichen Geschlecht problemlos als Vorbild und Tugendspiegel vorgehalten werden konnten. Im Klartext: Mädchen, seid bescheiden, lernbegierig und nicht eigensinnig; Jungfrauen, achtet auf eure Tugend, und das beginnt damit, dass ihr züchtig euren Blick senkt, so lernt ihr den Gehorsam leichter; Gattinnen, fügt euch dem Willen des Mannes; Mütter, erzieht eure Kinder zu guten Staatsbürgern, und dazu gehört auch die Religion! Nach alledem verwundern wir uns nicht darüber, dass die Mirjam jüdischen Glaubens in der zweitletzten Strophe auch noch als glaubensstarke »Kristin« vorgestellt wird.

Weil heutige Frauen sich auf eine solche Unterwerfungsmariologie keinen Reim machen können, reimen sie anders; die folgenden Verse stammen von Elisabeth Buhrmeister.

> Maria behalte dein glattes Gesicht,
> die falsche Demut, den falschen Verzicht,
> den falschen Gehorsam, die falsche Pflicht,
> die falsche Geduld bis zum Jüngsten Gericht –
> Ich will sie nicht, hörst du, ich will sie nicht![23]

Führt eine marianisch geprägte Frömmigkeit zur Untertänigkeit, zur Unterwürfigkeit, verleitet sie zur Kriecherei, zur Resignation? Gar zur Weltflucht?

Noch immer bietet die Verkündigungsszene im Lukasevangelium den Predigern reichlich Gelegenheit, den bedingungslosen Glaubensgehorsam der Nazarenerin und ihre bereitwillige Unterwerfung unter Gottes Willen zu betonen. Das ist nicht falsch. Aber das ist nicht alles. Und weil das nicht alles ist, ergibt sich ein schiefes Bild. Wer den Text genau liest, wird schnell merken, dass Lukas Maria nicht als die Jasagerin und Kopfnickerin porträtiert, als welche man sie noch immer gern darstellt. Das erste Wort, das er ihr in den Mund legt, ist gerade nicht: »Ich bin die Magd des Herrn, mir geschehe, wie du gesagt hast« (Lukas 1, 38). Das erste Wort, das Maria in den Evangelien überhaupt spricht, ist ein *Einwand* in Form einer Frage: »Wie soll das geschehen?« (Lukas 1,34). Erst *nachdem* der Bote Gottes ihr eine Erklärung abgegeben hat, erteilt sie ihre Zustimmung. Wenn man sich einmal vorstellt, welche Folgen das für die Frauen in einer patriarchalischen Gesellschaft oder für die Gläubigen in einer von autoritären Strukturen geprägten Kirche (gemeint ist hier die Amtsautorität und nicht die Sachautorität im Sinne von Kompetenz) haben müsste, ist selbst die längste Nacht zu kurz, um all jene Möglichkeiten durchzuträumen, die in der Marienfrage und in der Engelsantwort enthalten sind.

Anlass zu einer schrift- *und* gegenwartsbezogenen Glaubensrede von Maria gibt auch und vor allem jener Lobgesang, der nach dem ersten Wort der lateinischen Übersetzung als *Magnificat* bekannt ist. Dieses überschwängliche Dank- und Preislied stammt nicht von Maria selber und wohl auch nicht von Lukas, sondern vermutlich aus einer Überlieferung, die der Evangelist bereits vorgefunden hat. Es dokumentiert, dass die Erinnerung an die Mutter Jesu und das ehrende Andenken an sie in der Kirche schon von Anfang an gepflegt wurden. Wenn es darin heißt, dass die kommenden Geschlechter Maria wegen der an ihr gewirkten Gottestat selig preisen werden, ist das nicht nur ein Zeugnis urkirchlicher Marienverehrung, sondern gleichzeitig auch eine Grundlage für allen späteren Madonnenkult.

Maria weiß sich dem Gott Israels verbunden, der sich schon immer um die Verkümmerten kümmerte, der sich jener erbarmt, die ihre Not vertrauensvoll in seine Hände legen, der nicht auf Seiten der Hochmütigen steht, sondern die Armen und Hungernden mit seinen guten Gaben überschüttet.

Wenn Religion ein umstürzlerisches Element enthält, wie manche angesichts der früheren marxistischen Religionskritik behaupteten, dann spricht gerade das *Magnificat* im Mund der ungebildeten Mirjam aus Nazaret für diese ungewohnte These – ungewohnt deshalb, weil man die Religion aufgrund einiger historischer Fehlentwicklungen vielleicht doch etwas einseitig mit der unheiligen Allianz zwischen Thron und Altar in Verbindung brachte. Fest steht jedenfalls, dass der Gott, der »seine Magd erhöhte« (Lukas 1,48.52), sich mit dem *Status quo* nicht abfindet, sondern eine Gesellschaftsordnung statuiert, die verhindern soll, dass der Mensch des Menschen Opfer wird. Wer sich bei der Meditation des *Magnificat* die heutige Weltlage vor Augen hält, wird schnell erkennen, dass dieser fromme Lobpreis der Gottesmutter geradezu die *Magna Charta* der Befreiungstheologie darstellt.

De Maria numquam satis – Maria kann man nie genug rühmen. Es war dies eines der Schlagworte katholischer Glaubensverkündigung. Dass dieses *numquam satis* höchst problematisch ist, dürfte inzwischen klar sein. Es kann dazu führen, dass Gläubige sich plötzlich auf dem Weg zum Irrgarten der Häresie befinden, ohne es selber zu bemerken; dass falsche Glaubensvorstellungen und krank machende religiöse Praktiken unter der Hand Vorbildcharakter gewinnen, bloß weil sie von Heiligen propagiert wurden; dass überholte Frömmigkeitsformen und Verhaltensregeln dazu missbraucht werden, um Machtinteressen zu wahren oder durchzusetzen.

»Durch Maria zu Jesus!«, tönte es früher von den Kanzeln. Das mag in vielen Fällen gelingen. Tatsache ist aber auch, dass manche Gläubige dann doch auf halber Strecke stehen oder stecken bleiben – etwa wenn ihnen eine Maiandacht wichtiger ist als die Teilnahme an der sonntäglichen Eucharistiefeier. Oder wenn sie dem Rosenkranzgebet mehr Bedeutung beimessen als dem Apostolischen Glaubensbekenntnis.

Was die Bibel sagt

Auf den folgenden Blättern soll versucht werden, das Bild Mariens nach den Quellen zu zeichnen, mit Ausschaltung alles Erdichteten und Unbeweisbaren. *[Tatsächlich scheint der Verfasser sie persönlich gekannt zu haben:]* Man darf annehmen, dass sie schön war und dem Schönheitsideal ihres Volkes entsprach. Sanfte, dunkle, glänzende Augen, blauschwarzes Haar, gesunde weiße Zähne, purpurne Lippen, ein lieblicher Mund, blühende, leicht gerötete Wangen, ein edelgeformter Hals, ein fein modellierter Busen. […] Über die Zeit ihres Todes und das Alter Mariens fehlt uns jede verbürgte Nachricht. *[Trotzdem kennt der Autor die Umstände ihres Todes:]* Die Muttergottes starb an keiner Krankheit. Sie ging hinüber in der Glut ihrer Liebe zu Gott und in der Allgewalt ihres Heimwehs nach Jesus und dem Himmel. Diesem inneren Drang vermochte schließlich das Gefüge ihres Leibes nicht mehr standzuhalten.
J. Patsch, Maria, die Mutter des Herrn, Einsiedeln 1953, Seiten 9, 48 f., 234.

Vom Frühmittelalter bis ungefähr um die Mitte des vergangenen Jahrhunderts erlebte die Marienfrömmigkeit eine stets wachsende Verbreitung, die aber nicht selten zu fragwürdigen Auswüchsen führte. Dies erscheint umso erstaunlicher, als Maria im Neuen Testament keine zentrale Stellung einnimmt und in der frühen Geschichte der Kirche noch kaum in Erscheinung tritt.

Paulus und die ersten drei Evangelisten

Das älteste Zeugnis über sie stammt aus der Mitte des ersten Jahrhunderts und findet sich im *Brief des Paulus an die Galater*: »Als aber die Zeit erfüllt war, sandte Gott seinen Sohn, *geboren von einer Frau* und dem Gesetz unterstellt« (Galater 4,4). Mehr weiß der Völkerapostel von der Mutter Jesu nicht zu sagen. Ihre Herkunft, ihr Name, was sie gedacht oder gefühlt hat oder was aus ihr geworden ist, hat für Paulus offenbar keinerlei Bedeutung. Und selbst diese kurze Erwähnung geschieht einzig um Jesu willen; mit dem Hinweis »geboren von einer Frau« betont der Apostel, dass der gesandte Gottessohn voll und ganz Mensch war.

Das (in zeitlicher Reihenfolge) zweite Zeugnis über die Mutter Jesu findet sich beim Evangelisten *Markus*, der ihr gerade zwei kurze Bemerkungen widmet. Als Jesus in der Synagoge seines Heimatstädtchens Nazaret lehrt, gibt sich die Zuhörerschaft skeptisch: »Ist das nicht der Zimmermann, der Sohn der Maria (hebräisch: Mirjam) und der Bruder von Jakobus, Joses, Judas und Simon? Leben nicht seine Schwestern hier unter uns?« (Markus 6,3). Matthäus und Lukas, welche den Markustext als Vorlage benutzten, haben diese knappe Szene leicht verändert in ihre Darstellungen eingearbeitet (Matthäus 13,55f; Lukas 3,23; 4,22); auch Johannes nimmt darauf Bezug (Johannes 6,42). Wenig zuvor behauptet Markus, dass ausgerechnet Jesu engste Verwandten ihn für verrückt erklären. Mit der Begründung, er sei »von Sinnen«, wollen sie ihn von seiner Predigttätigkeit abhalten und »mit Gewalt zurückholen« (Markus 3,21). Während Jesus in einem Haus lehrt, kommen »seine Mutter und seine Brüder« und lassen ihn herausrufen. Bei dieser Gelegenheit entschließt sich Jesus zu einer Klarstellung: »Er blickte auf die Menschen, die im Kreis um ihn herumsaßen, und sagte: Das hier sind meine Mutter und meine Brüder. Wer den Willen Gottes erfüllt, der ist für mich Bruder und Schwester und Mutter« (Markus 3,34f). Das ist alles, was Markus über Maria zu berichten weiß, und dieses wenige reicht kaum aus, um einen Madonnenkult zu begründen. Oder um ihn zu erklären.

In dieser Hinsicht scheinen *Matthäus* und *Lukas* mehr herzugeben. Beide stellen ihrem Evangelium je zwei Kapitel mit einer ›Kindheitsgeschichte‹ Jesu und Aussagen über seine Mutter voran, wobei sie allerdings in wesentlichen Punkten voneinander abweichen.

Matthäusevangelium	**Lukasevangelium**
Jesu Stammbaum (Matthäus 1,1-17) beginnt mit Abraham und führt über David hinaus zu Josef, »dem *Mann Marias*; von ihr wurde Jesus geboren, der Christus genannt wird« (1,16).	Der Stammbaum Jesu (Lukas 3,23-38) führt über Josef und David zurück bis auf Adam, der »von Gott stammte«. *Maria wird nicht erwähnt.*
Maria ist mit Josef verlobt. Dieser erfährt in einem Traumgesicht, dass das Kind, das sie erwartet, »vom Heiligen Geist« (1,20) ist und übernimmt die gesetzliche Vaterschaft. Als Wohnsitz scheint *Betlehem* in Frage zu kommen.	Maria erfährt vom Engel Gabriel, dass der »Heilige Geist über sie kommen« und sie einen Sohn gebären wird (1,35). Sie wohnt mit ihrem Verlobten Josef in *Nazaret*.
	Maria besucht ihre Verwandte Elisabet; *Magnificat*
	Volkszählung durch Augustus
Geburt Jesu in Betlehem; Besuch der *Sterndeuter*	*Reise* nach Betlehem; Geburt Jesu in Betlehem; Besuch der *Hirten*
Flucht nach *Ägypten*; Kindermord	8 Tage nach der Geburt: Beschneidung Jesu. Darstellung Jesu *im Jerusalemer Tempel* »gemäß dem Gesetz« (2,22), also frühestens 33 Tage nach der Geburt (vgl. Levitikus 12,2-6); Weissagungen von Simeon und Hanna
Nach dem Tod des Herodes Rückkehr aus Ägypten und Niederlassung in Nazaret	*Sofortige* Rückkehr nach Nazaret
	Der 12-jährige Jesus reist in Begleitung seiner Eltern zum Paschafest nach Jerusalem, wo diese den verlorenen Sohn später im Tempel wieder auffinden. Rückkehr nach Nazaret.

Matthäus und Lukas kennen die Überlieferung von der jungfräulichen Mutterschaft Marias, die den übrigen neutestamentlichen Autoren offenbar unbekannt ist. Beiden gemeinsam ist auch, dass sie als Geburtsort Jesu Betlehem nennen (wovon Markus möglicherweise und Johannes mit Sicherheit nichts bekannt ist (vgl. Johannes 7,40-42!). Der Mehrzahl der Exegeten und Exegetinnen zufolge sprechen gewichtige Gründe dafür, dass Jesus nicht in Betlehem, sondern in Nazaret geboren wurde, unter anderem schon deshalb, weil die von Lukas erwähnte Volkszählung unter Augustus die erste dieser Art war und erst im Jahre 6/7 n. Chr. stattfand, zu einem Zeitpunkt also, als Jesus längst nicht mehr in den Windeln lag. Wahrscheinlich hat Lukas das Datum dieses Zensus sogar absichtlich vorverlegt, um dem Friedenskaiser Augustus das Krippenkind Jesus als den wahren Friedensfürsten gegenüberzustellen.[1]

Historische oder theologische Wahrheit?
Damalige Erwartung: Der Messias stammt aus der Davidsstadt Betlehem (Micha 5,1): »Aber du Betlehem, aus dir wird einer hervorgehen, der über Israel herrschen soll.« Matthäus 2,6 zitiert diese Stelle.
Jesus wird unter König Herodes (Matthäus 2,1; Lukas 1,5) geboren. Der aber starb im Jahr 4 v. Chr. Die Geburt Jesu findet demnach *spätestens* im Jahr 4 v. Chr. statt.
Lukas Kap. 2: Maria und Josef begeben sich von Nazaret nach Betlehem, um sich *unter dem Statthalter Quirinius* in die Steuerlisten eintragen zu lassen. Diese Volkszählung fand aber *erst im Jahr 6 oder 7. n. Chr.* statt. Es handelte sich um die erste Zählung dieser Art. Jesus war damals mindestens 10 Jahre alt.

Damit entfällt das Motiv für die Reise nach Betlehem.
Warum verlegt Lukas das Datum der Zählung vor?
a) Die davidische Abstammung Jesu soll betont werden.
b) Lukas will dem Friedenskaiser Augustus den wahren Friedensbringer, nämlich Jesus entgegenstellen, so wie er wenig später, als Jesus öffentlich auftritt, ihn dem Kaiser Tiberius entgegenstellt: »Es war im 15. Jahr der Regierung des Kaisers Tiberius ...« (Lukas 3,1). *Das wahre Heil kommt nicht von einer weltlichen Macht, sondern von Jesus Christus.*

Wo ist Jesus geboren?
Der vierte Evangelist weiß nichts von einer Geburt Jesu in Betlehem; vgl. Johannes 7,40-43: »Einige sagten: Jesus ist der Messias. Dagegen andere: Kommt denn der Messias aus Galiläa? Sagt nicht die Schrift: Der Messias kommt aus dem Geschlecht Davids und aus dem Dorf Betlehem, wo David lebte? So entstand seinetwegen eine Spaltung unter der Menge.« Wenn der Evangelist die Überlieferung von Betlehem als dem Geburtsort Jesu gekannt hätte, fände sich hier unvermeidlich ein Hinweis darauf, dass Jesus tatsächlich in Betlehem geboren wurde.
Dem vierten Evangelisten zufolge ist Jesus im galiläischen Nazaret geboren. *Wichtig ist für ihn nicht die Geburt in Betlehem oder die davidische Abstammung* (es handelt sich ja lediglich um eine damalige jüdische Erwartung!), sondern *die Abkunft vom »Vater«:* »Wie mich der Vater gesandt hat, so sende ich euch« (20,21).

Geburt Christi, 15. Jahrhundert. Frauenkloster St. Andreas, Sarnen (Schweiz). Josef, wie oft um diese Zeit, ohne Heiligenschein!

Tatsache ist, dass die dürftigen Angaben, welche das Matthäusevangelium über Maria enthält, nicht ausreichen, um ein auch nur einigermaßen präzises Bild von Jesu Mutter zu entwerfen. Der Verfasser konzentriert sich ganz auf Josef, der aus dem Geschlecht und der Stadt Davids stammt. Da er sein Evangelium für judenchristliche Kreise verfasst, kommt es ihm vor allem darauf an, Jesus als Nachkomme Abrahams und Davids und damit als Träger der messianischen Verheißung vorzustellen. Das geschieht auch dadurch, dass er mit seinen Erzählungen von Josefs Traumgesichten, vom Kindermord und von der Flucht nach Ägypten an Geschichten aus der Hebräischen Bibel anknüpft, wiederum in der Absicht, die Kontinuität zwischen Israel und Jesus hervorzuheben.[2]

Deutlich wird das anhand jener Episode, die von den Weisen aus dem Osten handelt, welche dem neugeborenen Kind ihre Aufwartung machen – was dazu führt, dass Maria und Josef sich zu einem Abstecher zu den Pyramiden genötigt sehen.

Als Jesus zur Zeit des Königs Herodes in Betlehem in Judäa geboren worden war, kamen Sterndeuter aus dem Osten nach Jerusalem und fragten: Wo ist der neugeborene König der Juden? Wir haben seinen Stern aufgehen sehen und sind gekommen, um ihm zu huldigen [vgl. Numeri 24,7]. Als König Herodes das hörte, erschrak er und mit ihm ganz Jerusalem. Er ließ alle Hohenpriester und

Schriftgelehrten des Volkes zusammenkommen und erkundigte sich bei ihnen, wo der Messias geboren werden solle. Sie antworteten ihm: In Betlehem in Judäa; denn so steht es bei dem Propheten: Du, Betlehem im Gebiet von Juda, bist keineswegs die unbedeutendste unter den führenden Städten von Juda; denn aus dir wird ein Fürst hervorgehen, der Hirt meines Volkes Israel [vgl. Micha 5,1]. Danach rief Herodes die Sterndeuter heimlich zu sich und ließ sich von ihnen genau sagen, wann der Stern erschienen war. Dann schickte er sie nach Betlehem und sagte: Geht und forscht sorgfältig nach, wo das Kind ist; und wenn ihr es gefunden habt, berichtet mir, damit auch ich hingehe und ihm huldige. Nach diesen Worten des Königs machten sie sich auf den Weg. Und der Stern, den sie hatten aufgehen sehen, zog vor ihnen her bis zu dem Ort, wo das Kind war; dort blieb er stehen.

Als sie den Stern sahen, wurden sie von sehr großer Freude erfüllt. Sie gingen in das Haus und sahen das Kind und Maria, seine Mutter; da fielen sie nieder und huldigten ihm [vgl. Jesaja 49,23; 60,5f]. Dann holten sie ihre Schätze hervor und brachten ihm Gold, Weihrauch und Myrrhe als Gaben dar. Weil ihnen aber im Traum geboten wurde, nicht zu Herodes zurückzukehren, zogen sie auf einem anderen Weg heim in ihr Land.

Als die Sterndeuter wieder gegangen waren, erschien dem Josef im Traum ein Engel des Herrn und sagte: Steh auf, nimm das Kind und seine Mutter und flieh nach Ägypten [vgl. 1 Könige 11,17.40; 2 Könige 25,26; Jeremia 26,21; 43]; dort bleibe, bis ich dir etwas anderes auftrage; denn Herodes wird das Kind suchen, um es zu töten. Da stand Josef in der Nacht auf und floh mit dem Kind und dessen Mutter nach Ägypten. Dort blieb er bis zum Tod des Herodes. Denn es sollte sich erfüllen, was der Herr durch den Propheten gesagt hat: Aus Ägypten habe ich meinen Sohn gerufen [vgl. Hosea 11,1]. Als Herodes merkte, dass ihn die Sterndeuter getäuscht hatten, wurde er sehr zornig, und er ließ in Betlehem und der ganzen Umgebung alle Knaben bis zum Alter von zwei Jahren töten, genau der Zeit entsprechend, die er von den Sterndeutern erfahren hatte (Matthäus 2,1-16).

Auf die Frage, wie viele Könige denn nun aus dem Osten nach Betlehem aufbrachen, werden wohl die meisten antworten: drei. Dabei ist schon die Frage falsch gestellt. Im griechischen Original des Matthäusevangeliums ist nämlich nicht von Königen, sondern von *magoi*, von Wahrsagern, Weisen oder Magiern die Rede – der Begriff hat viele Bedeutungen. Dass sie in manchen Bibelübersetzungen als Sterndeuter vorgeführt werden, hängt offensichtlich mit dem Gestirn zusammen, dem sie folgen. Außerdem behauptet der Evangelist nicht, dass sie zu dritt waren; er erwähnt lediglich drei Geschenke. Und die haben die bildenden Künstler dann eben auf drei Gestalten verteilt. Ihre angeblichen Namen – Caspar, Melchior und Balthasar – verrät uns erst die spätere Legende, und die ist im Gegensatz zur nüchternen Historie eine wahre Plaudertasche. Dass die Buchstaben C M B, welche wir an Epiphanie an die Türpfosten malen, sich nicht auf die legendären Namen beziehen, hat sich inzwischen herumgesprochen. Es handelt sich um eine lateinische Abkürzung: *Christus mansionem benedicat* – Christus möge diese Wohnstatt segnen. Die Abkürzung findet sich übrigens auch über der Klosterpforte der Abtei Muri Gries im Südtirol, welche in einer herrlichen Weingegend gelegen ist. Was frivole Weltleute gelegentlich zu der unfrommen Bemerkung veranlasst, C M B bedeute in Wirklichkeit Cabernet, Merlot, Blauburgunder.

Bekanntlich erwähnt einzig das Matthäusevangelium einen Besuch der Magier in Betlehem. Bei dieser Schilderung schwebt dem Verfasser offensichtlich die Mose-Geschichte vor Augen. Als dieser das Volk Israel ins gelobte Land führt, stößt er auf einen übel gesinnten König, der ihn vernichten will. Der ließ aus dem Osten den berühmten Magier Bileam kommen, welcher seine Künste gegen Mose einsetzen sollte. Aber statt Mose zu verfluchen, segnet er ihn. Und erklärt: »Ein Stern geht in Jakob auf, ein Zepter erhebt sich in Israel« (Numeri 24,7). Das bezieht sich hier auf den König David, dessen Geschlecht Jesus entstammen soll.

Der Hebräischen Bibel zufolge hat der Pharao in Ägypten Jahrhunderte vorher allen männlichen Neugeborenen der Israeliten nach dem Leben getrachtet – nur Mose wurde gerettet (Exodus 2,1-10). Dem Matthäusevangelium zufolge wird Herodes die männlichen Neugeborenen hinmetzeln lassen – einzig Jesus kommt mit dem Leben davon. Im Buch Numeri wird von dem Magier Bileam gesagt, dass er einen Stern erschaut, der aufgehen wird über dem Haus Jakob. Im Matthäusevangelium folgen die Weisen aus dem Osten einem Stern, der sie hinführt zur Krippe. Aus Ägypten gelangten die Israeliten ins Gelobte Land. Nachdem die Heilige Familie vor Herodes nach Ägypten geflohen ist, wird auch Jesus von dort ins Land der Verheißung zurückkehren. Der erste Evangelist zitiert in diesem Zusammenhang den Propheten Hosea: »Aus Ägypten rief ich meinen Sohn« (Hosea 11,1). Mit dem »Sohn« meint Hosea *das auserwählte Volk*, das von Mose aus Ägypten heraus und in die Freiheit geführt wurde. Die Botschaft des Evangelisten ist klar: *Jesus ist der neue Mose*; er ist *der Retter Israels*. Und nicht nur Israels! Denn wie Bileam ein Nichtisraelit war, so sind auch die

Magier im Matthäusevangelium nichtjüdischen Glaubens. Wiederum ist die Botschaft offenkundig: *Der von Israel erwartete Messias ist der Retter der gesamten Menschheit.* Uns Heutigen erscheint das alles etwas kompliziert. Die Leserschaft, für die der Evangelist schrieb, bestand vorwiegend aus Jesusgläubigen, die vom Judentum herkamen. Und denen leuchtete die in dieser Erzählung enthaltene theologische Lektion auf Anhieb ein. Denn um eine solche und nicht um einen historischen Bericht handelt es sich. Und die Geschenke, welche die Sterndeuter Jesus brachten? Der Genueser Bischof Jacobus de Voragine weiß in seiner im 13. Jahrhundert erschienenen *Legenda aurea* zu berichten, dass »sie Gold opferten für die Armut Mariens, Weihrauch wider den bösen Geruch des Stalles, Myrrhe, um des Kindes Glieder zu kräftigen und die bösen Würmer zu vertreiben«.[3] Das ist nun allerdings an recht langen Haaren herbeigezogen. In Wirklichkeit hat der Evangelist schlicht einen Jesajatext im Kopf: »Alle kommen von Saba, bringen Weihrauch und Gold und verkünden die ruhmreichen Taten des Herrn« (Jesaja 60,6). Mit einem Wort: Was der Prophet erschaute, hat sich in Jesus Christus erfüllt. Auch hier also stehen weder Maria noch Josef, sondern allein Jesus und seine Sendung im Mittelpunkt.

Ganz anders setzt *Lukas* in seiner ›Kindheitsgeschichte Jesu‹ die Akzente. Da er sich vorwiegend an eine heidenchristliche Leserschaft wendet, führt er die Nennung von Josefs Vorfahren über Abraham hinaus bis auf Adam zurück. Sein Bemühen zielt darauf, Jesus als den Erlöser der *ganzen* Menschheit darzustellen. Der Vergleich zeigt, dass die beiden Stammbäume Jesu (die bekanntlich nur teilweise miteinander übereinstimmen) in erster Linie nicht über historische Fakten referieren, sondern *theologische* Aussagen enthalten.

Das Gleiche gilt bis zu einem gewissen Maß auch für die Aussagen über die Mutter Jesu. Wenn uns die Legende Lukas als Madonnenmaler vorstellt, so hat sie damit recht, allerdings nur im übertragenen Sinn. In der Tat zeichnet der dritte Evangelist ein ergreifendes und gleichzeitig sehr menschliches Bild von Maria. Dabei lässt er sich allerdings nicht von einem biografischen, sondern seinem theologischen Interesse leiten.

Dies geht schon daraus hervor, dass er für die Erzählung von der Verkündigung der Geburt Jesu, die bekanntlich parallel zur Ankündigung der Geburt des Johannes aufgebaut ist, auf *literarische Vorbilder aus der Hebräischen Bibel* zurückgreift.

Schema der Verkündigungsgeschichte

	Ankündigung der Geburt Isaaks (Genesis 17,1-22)	Ankündigung der Geburt des Täufers (Lukas 1,5-17)	Ankündigung der Geburt Jesu (Lukas 1,26-33)
	Vgl. auch Genesis 16,7-16: *Ankündigung der Geburt Ismaels*; Richter 13,1-24: *Ankündigung der Geburt Simsons*		
Erscheinung eines himmlischen Wesens	Mit neunundneunzig Jahren hat Abraham eine Erscheinung des Herrn.	Im Tempel erscheint Zacharias ein Engel des Herrn.	Der Engel Gabriel erscheint Maria.
Ankündigung der Geburt eines Sohnes	»Ich will dir einen Sohn geben.«	»Deine Frau Elisabet wird dir einen Sohn gebären.«	»Du wirst ein Kind empfangen, einen Sohn wirst du gebären.«
Namensgebung	»Und du sollst ihn Isaak nennen.«	»Dem sollst du den Namen Johannes geben.«	»Dem sollst du den Namen Jesus geben.«
Vorhersage	»Ich werde einen Bund mit ihm schließen.«	»Er wird groß sein vor dem Herrn.«	»Er wird groß sein und Sohn des Höchsten genannt werden.«

Schema der Berufungsgeschichte

	Berufung des Mose (Exodus 3,4-22)	Berufung des Zacharias (Lukas 1,18-25)	Berufung der Maria (Lukas 1,34-38)
	Vgl. auch Jeremia 1,4-10: *Berufung des Jeremia*; Jesaja 6,1-8: *Berufung des Jesaja*		
Berufung	»Ich sende dich zum Pharao. Führe mein Volk, die Israeliten, aus Ägypten heraus!«		
Einwände	»Wer bin ich, dass ich zum Pharao gehen könnte?«	»Woran soll ich erkennen, dass das wahr ist?«	»Wie soll das geschehen, da ich keinen Mann erkenne?«
Erklärung	»Ich bin mit dir; ich habe dich gesandt.«	»Ich bin Gabriel, gesandt um mit dir zu reden.«	»Der Heilige Geist wird über dich kommen.«
Zeichen	»Als Zeichen dafür soll dir dienen: Ihr werdet Gott auf diesem Berg anbeten.«	»Du sollst stumm sein und nicht mehr reden können, bis zu dem Tag, an dem all das eintrifft.«	»Auch Elisabet ist jetzt schon im sechsten Monat, obwohl sie als unfruchtbar galt.« (Die Schwangerschaft ist bereits sichtbar; sie hat den Charakter eines Zeichens.)

Unser Überblick dokumentiert, dass Lukas seine Erzählungen von der Ankündigung der Geburt Jesu und des Johannes nach *Vorlagen der Hebräischen Bibel* gestaltet hat, und zwar indem er die literarisch vorgegebenen Formen der *Verkündigungs-* und der *Berufungsgeschichte* miteinander kombinierte. Diese Annahme wird durch den Umstand erhärtet, dass er bewusst Zitate aus erstbundlichen Verkündigungs- und Berufungsgeschichten verwendet (vgl. Lukas 1,13.31b mit Genesis 17,19; Lukas 1,15 mit Richter 13,4). Die Übereinstimmungen reichen teilweise bis ins Inhaltliche hinein. Zacharias ist alt und seine Frau unfruchtbar – was schon auf Abraham und seine Frau zutrifft (Lukas 1,7; Genesis 18,11), so wie auch die Mutter Simsons (Richter 13,4) und die Mutter Samuels (1 Samuel 1,2) unfruchtbar sind, denen aber schließlich (wie Elisabet) doch noch ein Sohn geschenkt wird; denn »für Gott ist kein Ding unmöglich« (Genesis 18,14 = Lukas 1,37).

Diese Beobachtungen erlauben den Rückschluss, dass Lukas bei der Gestaltung der Verkündigungsgeschichte keinerlei Absicht hat, irgendwelche Details über das Leben Marias auszubreiten. Vielmehr geht es ihm darum, *die heilsgeschichtliche Bedeutung der Mutter Jesu* hervorzuheben. Sie steht in einer Reihe mit Hagar, mit Sara, mit der nicht mit Namen genannten Gemahlin des Manoach, mit Hanna und Elisabet, mit jenen erstbundlichen Frauen also, an denen sich Gottes Kraft erwiesen hat und die wider Erwarten doch noch einen Sohn (Ismael, Isaak, Simson, Samuel, Johannes) gebaren. Gleichzeitig stellt Lukas Maria *über* all diese anderen begnadeten Mütter in Israel, wenn er einer einfachen Frau aus dem Volk im Anschluss an eine Unterweisung Jesu das Bekenntnis in den Mund legt: »Selig die Frau, deren Leib dich getragen und deren Brust dich genährt hat« (Lukas 11,27). Damit wird der dritte Evangelist zum eigentlichen Begründer jener theologischen Disziplin, die wir gemeinhin als *Mariologie* bezeichnen.

Der Gedanke, dass wir von Maria immerhin ein Gebet besitzen, nämlich das *Magnificat*, mag für viele Gläubige erhebend sein. Ernüchternd wird auf sie die Erkenntnis wirken, dass es sich bei diesem Lobpreis nicht um einen Gebetsruf der Gottesmutter handelt, sondern um eine Komposition, die auf den Evangelisten Lukas oder auf eine ihm vorliegende Überlieferung zurückgeht. Wie der folgende Vergleich zeigt, handelt es sich dabei zu einem großen Teil um eine ›Montage‹ aus ersttestamentlichen Schriftzitaten, wobei wiederum aufgezeigt werden soll, dass sich in Jesus die ersttestamentlichen Erwartungen erfüllt haben.

Meine Seele preist die Größe des Herrn, und mein Geist jubelt über Gott, meinen Retter.	1 Samuel 2,1: Mein Herz ist voll Freude über den Herrn. Jesaja 61,10: Meine Seele soll jubeln über meinen Gott. Habakuk 3,18: Ich will mich freuen über Gott, meinen Retter.
Denn auf die Niedrigkeit seiner Magd hat er geschaut. Siehe, von nun an preisen mich selig alle Geschlechter.	1 Samuel 1,11: Herr, wenn du das Elend deiner Magd ansiehst... Genesis 30,13: Lea sagte: Die Frauen werden mich beglückwünschen.
Denn der Mächtige hat Großes an mir getan, und sein Name ist heilig. Er erbarmt sich von Geschlecht zu Geschlecht über alle, die ihn fürchten.	Psalm 111,9: Furchtgebietend ist sein [des Herrn] Name und heilig. Psalm 103,17: Die Huld des Herrn währt immer und ewig für alle, die ihn fürchten und ehren.
Er vollbringt mit seinem Arm machtvolle Taten: Er zerstreut, die im Herzen voll Hochmut sind; er stürzt die Mächtigen vom Thron und erhöht die Niedrigen.	Psalm 89,11: Deine Feinde hast du zerstreut mit starkem Arm. Ijob 5,11: Er [Gott] spendet Regen um Niedere hoch zu heben. Ijob 12,19: Alte Geschlechter bringt er zu Fall.
Die Hungernden beschenkt er mit seinen Gaben und lässt die Reichen leer ausgehen.	Psalm 107,9: ...weil er [der Herr] die hungernde Seele mit seinen Gaben erfüllt hat.
Er nimmt sich seines Knechtes Israel an und denkt an sein Erbarmen,	Jesaja 41,8-9: Du mein Knecht Israel [...], den ich erwählte, Nachkomme meines Freundes Abraham... Psalm 98,3: Er [der Herr] dachte an seine Huld.
das er unsern Vätern verheißen hat, Abraham und seinen Nachkommen auf ewig. (Lukas 1,46-55)	Genesis 12,3: Durch dich [Abram] sollen alle Geschlechter der Erde Segen erlangen. Genesis 13,15: Das ganze Land will ich dir und deinen Nachkommen für immer geben.

Johannes und die Apostelgeschichte

Wie bei Lukas ist die geschichtliche Erinnerung an das Leben der Mutter Jesu auch im *Johannesevangelium* stark theologisch übermalt. Dazu kommt, dass Maria nur gerade an zwei Stellen in Erscheinung tritt, nämlich als Geladene bei der Hochzeit zu Kana (Johannes 2,1-5) und, zusammen mit anderen Frauen, unter dem Kreuz (Johannes 19,25-27). Auffallend ist, dass der vierte Evangelist Jesu Mutter nicht einmal mit Namen nennt.

Obwohl Maria zugunsten einer durstgeplagten Hochzeitsgesellschaft die Initiative ergreift, steht sie ganz am Rand.

In Kana in Galiläa fand eine Hochzeit statt, und die Mutter Jesu war auch dabei. Auch Jesus und seine Jünger waren zu der Hochzeit eingeladen. Als der Wein ausging, sagte die Mutter Jesu zu ihm: Sie haben keinen Wein mehr. Jesus erwiderte ihr: Was willst du von mir, Frau? Meine Stunde ist noch nicht gekommen. Seine Mutter sagte zu den Dienern: Was er euch sagt, das tut (Johannes 2,1-5).

Befremdlich scheint die Art, wie Jesus seine Mutter anredet: »Frau!« Und dann scheint er gleich noch eins draufzusetzen: »Was habe ich mit dir zu schaffen?« Diese Redeweise aber ist keineswegs außergewöhnlich; sinngemäß übersetzt müsste es etwa heißen: »Lass mich in Frieden!« Oder: »Was willst du eigentlich?« Damit gibt Jesus seiner Mutter zu verstehen, dass sie keinerlei Einfluss hat auf seine messianische Sendung. Dass die Anrede *Frau* keine Herabwürdigung oder Beleidigung darstellt, geht schon daraus hervor, dass der Evangelist sie Jesus auch in der Stunde seines Todes in den Mund legt: »Frau, siehe, dein Sohn!« (Johannes 19,26)

Wohl ist es Maria, die darauf hinweist, dass der Wein ausgegangen ist. Ob der Evangelist damit sagen wollte, dass Jesus die wichtigen Anstöße in seinem Leben seiner Mutter verdankte, lässt sich aus dem Text nicht ableiten.[4] Sicher ist, dass der Hinweis auf die Notlage literarisch gesehen schon deshalb unerlässlich ist, um Jesus zu der Feststellung zu provozieren, dass »seine Stunde« noch nicht gekommen ist – und *darum* geht es hier. Aus der theologischen Sicht des Evangelisten bezieht sich diese »Stunde« auf die Passion Jesu, über deren Wann und Wie allein Gott zu bestimmen hat. Unmissverständlich geht das aus dem Gebet hervor, welches Jesus vor seiner Verhaftung spricht: »Vater, *die Stunde ist da*. Verherrliche deinen Sohn, damit der Sohn dich verherrlicht.« (Johannes 17,1)

Und die Szene unter dem Kreuz? »Bei dem Kreuz standen seine [Jesu] Mutter und die Schwester seiner Mutter, Maria, die Frau des Kleopas, und Maria von Magdala. Als Jesus seine Mutter sah und bei ihr den Jünger, den er liebte, sagte er zu seiner Mutter: Frau, siehe, dein Sohn! Dann sagte er zu dem Jünger: Siehe, deine Mutter! Und von jener Stunde an nahm sie der Jünger zu sich« (Johannes 19,25-27). Höchstwahrscheinlich hat der Evangelist diese Episode frei gestaltet, und zwar in Kenntnis der Überlieferung, nach welcher einige Frauen bei der Kreuzigung Jesu »von Weitem zuschauten« (Markus 15,40). Weniger gewiss ist allerdings, was er damit letztlich sagen wollte.

Die Szene unter dem Kreuz hat in der Auslegungsgeschichte sehr verschiedene Deutungen erhalten. Vor allem haben katholische Exegeten Anlass gesehen, Gesichtspunkte, die im mariologischen Dogma begegnen, im Text angelegt zu finden. Dabei geht es im Prinzip darum, in Maria die Repräsentantin der das Heil Suchenden und Empfangenden zu sehen. Dies lässt sich dann bis dahin ausgestalten, dass Maria hier die Kirche symbolisiert. Auslegungsgeschichtlich fällt dabei auf, dass Ansätze solcher Deutung bei den Kirchenvätern erst dann begannen, als die Entfaltung der Mariologie einsetzte. [...] Im Übrigen wird von Maria [im Johannesevangelium] nichts Näheres berichtet, weder ihre Heilssuche, noch ihr stiller Glaube, noch ein besonderes Verhältnis zu Jesus außer ihrer natürlichen Verwandtschaft.[5]

Nicht von Maria handelt jene berühmte Stelle in der *Geheimen Offenbarung*, welche eine Frau mit einem Sternenkranz, den Mond zu ihren Füßen und angewandet mit der Sonne beschreibt (vgl. Offenbarung 12,1). Vielmehr versinnbildlicht diese Frau das Volk der messianischen Zeit, welches Christus hervorbrachte (vgl. Jesaja 54; 60; 66,7; Micha 4,9f). Erst seit dem Hochmittelalter hat man die Aussage vermehrt auf Maria bezogen, was unzählige Künstler zu Madonnendarstellungen inspirierte, die auf dem berühmten Passus basieren.

Die sicherste *und* gleichzeitig kürzeste Nachricht über Maria findet sich in der *Apostelgeschichte*, wo gesagt wird, dass sie in der Zeit der werdenden Kirche dazugehörte (Apostelgeschichte 1,14).

Marienfrömmigkeit neutestamentlich

Aufgrund der neutestamentlichen Schriften lässt sich keine Biografie über Maria schreiben. Daran gibt es nichts zu rütteln. Tatsache ist: Aufs Ganze gesehen berichtet das Neue Testament herzlich wenig über Maria. Was sich eigentlich von selbst versteht. Den Verfassern ging es ja in erster Linie darum, ihre Leserschaft im Glauben an Jesus, den Erlöser und Messias zu bestärken und *seine* Botschaft zu verkünden.

Obwohl die biografischen Hinweise sich auf ein Minimum beschränken, stoßen wir schon im Lukasevangelium auf deutliche Spuren jener Marienfrömmigkeit, die später in der Mariologie lehrhaft-systematisch entfaltet und im liturgischen Kult vertieft werden wird.

Maria ist die von Gott Begnadete und von ihm Erwählte (Lukas 1,28.30); deswegen verdient sie es, von »allen Geschlechtern« gepriesen zu werden. Als »Magd des Herrn« (1,38.48) hält sie sich ganz und gar verfügbar für Gottes Pläne; dem Verkündigungsboten erklärt sie, freilich nicht ohne zuvor kurz zu zögern: »Mir geschehe, wie du es gesagt hast« (1,38). Ein sinngemäß identisches Gebet lässt Lukas auch ihren Sohn in seiner letzten Stunde sprechen (»Nicht mein, sondern dein Wille soll geschehen«; 22,42), womit er Maria als Vorbild im Glauben hinstellt. Auch ihre Verwandte Elisabeth preist sie selig, weil sie geglaubt hat (1,45).

Immer wieder wird Maria im Neuen Testament vorgestellt als »die Mutter Jesu« (Markus 3,31f [vgl. Matthäus 12,46f und Lukas 8,19f]; Matthäus 13,55; Lukas 2,51; Johannes 2,1.3.5; 19,25f; Apostelgeschichte 1,14). Darin liegt ihre einzigartige Bedeutung – wobei damit gleichzeitig gesagt ist, dass Jesus kein ›verkleideter Gott‹, sondern wahrhaft und wirklich Mensch war.

Was die Legende vorgibt zu wissen

Aus dem Nichts entsteht eine sehr große Legende.
Properz, Elegien
Legenden sind der Weihrauch, der über der Geschichte schwebt.
Jaime Gild de Biedma

War Maria eine gute Mutter? Und Josef ein verständnisvoller Ehemann? Wie gestaltete sich die Beziehung beider zu ihrem Sohn? Wie heilig war eigentlich die Heilige Familie? Über diese Dinge schweigt das Neue Testament sich aus.

Kam es zwischen Josef und Jesus gelegentlich zu jenen kleineren (oder größeren?) Vater-Sohn-Konflikten, die einem jungen Menschen helfen, erwachsen zu werden? Nichts spricht dagegen, aber es spricht auch nichts dafür. Musste Maria manchmal vermitteln zwischen den beiden? Und wie hat Maria sich Josef gegenüber ausgedrückt, wenn sie ihm ihre Zuneigung bekundete? Mit welchen Worten und Gesten hat sie ihm ihre Liebe bezeugt? Mit welcher Partei hat ihr Mann sympathisiert? Mit den sadduzäischen Tempelaristokraten? Mit den Pharisäern, die sich aus soliden Handwerkern und kleinen Gewerbetreibenden rekrutierten? Unterstützte er die Zeloten? Hat er in der Synagoge vorgelesen? Auch darüber wissen wir nichts. Weil uns diesbezüglich nichts überliefert ist.

Die Heilige Familie

Nichts! Was für Maria gilt, trifft auch für ihren Mann zu. Was wir über das Alltagsleben im Josefsheim sagen können, hat auf einer Ansichtskarte Platz. Oder auf der Briefmarke, die wir darauf kleben. Zum letzten Mal erwähnen die Evangelisten Josef, als er zusammen mit Maria und Jesus nach Jerusalem zieht, um in der Heiligen Stadt die Bar-Mizwa, den Eintritt ins Mannesalter und damit die religiöse Mündigkeit des etwas über 12-jährigen Sohnes zu feiern. Dann verliert sich seine Spur im Dunkel der Geschichte.

Und die pflegt die Namen und Taten der Durchschnittsmenschen nicht aufzuzeichnen in ihren Annalen. Ganz nebenher nur, aus dem Mund seiner Landsleute in Nazaret (und auch nur, weil diese sich mit seinem Sohn anlegen), erfahren wir, dass der Mann Marias der gesellschaftlichen Mittelschicht angehörte (Markus 6,3) und somit – vermutlich – ein hinreichendes Auskommen hatte als Baumeister oder als Zimmermann oder als Schreiner. Auch als Steinmetz oder als Schmied könnte er sich betätigt haben. Oder als Bildhauer, möglicherweise gar als Kunsthandwerker. Die von Markus verwendete griechische Berufsbezeichnung *tektôn* ist vieldeutig; überdies lässt sich schwer sagen, welcher aramäische Begriff ihr zugrunde liegt. Da jede Aussage über Josefs berufliche Tätigkeit im Bereich des Hypothetischen bleibt, macht es keinen Sinn, über Qualifikationen zu spekulieren.

Wie alt war Maria, als sie mit Jesus schwanger ging? Auch darauf geben die Evangelien keine Antwort. Falls sie in den Jahren stand, in denen ein Mann damals seine Verlobte heimführte, war sie einiges unter zwanzig – was *vermutlich* auch für Josef zutraf. Dem Evangelisten Matthäus zufolge wollte Josef seine Braut verlassen, als ihre Schwangerschaft offenbar wurde. Denn Josef war *díkaios* (Matthäus 1,19), »rechtlich«, oder korrekt, wie wir heute sagen würden. Er war nicht willens, einem Kind seinen Namen zu geben, das von einem anderen Vater stammte. Deshalb erwog er, Maria den Scheidebrief auszustellen und sich von ihr »im Stillen«, also ohne große Formalitäten, zu trennen. Die andere Möglichkeit wäre gewesen, einen öffentlichen Prozess anzustrengen. Damit hätte er seine Braut nicht nur der Schande, sondern auch der Steinigung wegen Unzucht ausgeliefert (vgl. Deuteronomium 22,20-21) – und das wollte er ihr offenbar ersparen. Deshalb bezeichnet Matthäus ihn als einen redlichen Menschen mit Charakter.

Noch bevor Josef seine Gedanken in die Reihe gebracht hat, wird er von einem Engel heimgesucht. Auf dessen Zuspruch hin tritt er die Vaterschaft an – und gleichzeitig wieder in den Hintergrund.

Wenn zwei Menschen einander derart vertrauen, dass sie sich eine Trauung zutrauen, kann man den einen nicht erwähnen, ohne den anderen einzubeziehen. Zur Lebensgeschichte einer Mutter gehört die Entwicklung des Kindes und zum Heranwachsen des Kindes gehört das Mitwirken des Vaters.

Was Josef betrifft, leuchtete schon in den ersten Jahrhunderten vielen nicht ein, dass Josef zwar Jesu Vater, aber nicht dessen Erzeuger sein sollte. Dazu kommt, dass an einigen Stellen in den Evangelien ausdrücklich von Jesu Brüdern und Schwestern die Rede ist (Markus 3,32), von denen einige sogar mit Namen genannt werden, nämlich Jakobus, Joses, Judas und Simon (Markus 6,3). Dieser Sachverhalt gab naturgemäß Anlass zu allerlei Spekulationen über Josefs Vaterrolle und Marias Beziehung zu ihrem Mann.

Apokryphen

Dafür interessieren sich die Kirchenschriftsteller der ersten zwei Jahrhunderte bloß am Rand. Dabei bleibt Josef meist außen vor. Und wie schon die Evangelisten erwähnen sie Maria nur, wenn sie über Jesus sprechen.

Ein frühes diesbezügliches Zeugnis findet sich in einem Brief des kleinasiatischen Bischofs Ignatios von Antiocheia († nach 110): »Einer ist der Art, fleischlich sowohl als geistig, geboren und ungeboren, im Fleische wandelnd ein Gott, im Tod wahrhaftiges Leben, *sowohl aus Maria als aus Gott*, zuerst leidensfähig, dann leidensunfähig, Jesus Christus, unser Herr.«[1] Erwähnt wird Maria hier, um die Gottmenschlichkeit Jesu herauszustellen. Sein Gottsein ergibt sich aus seinem göttlichen Ursprung, der wiederum dadurch betont wird, dass kein menschlicher Vater genannt ist; sein Menschsein resultiert aus der Geburt von Maria. Auch bei anderen frühen Kirchenschriftstellern führt der Weg von Jesus zu Maria hin. Das hat seinen Grund in jener Parallele, die Paulus im Römerbrief zwischen Adam und Christus herstellt:

Ist durch die Übertretung des Einen [nämlich Adams] der Tod zur Herrschaft gekommen durch diesen Einen, so werden erst recht alle, denen die Gnade und die Gabe der Gerechtigkeit reichlich zuteil wurde, leben und herrschen durch den Einen, nämlich Jesus Christus. Wie es also durch die Übertretung eines Einzigen für alle Menschen zur Verurteilung kam, so wird es auch durch die gerechte Tat eines Einzigen für alle Menschen zur Gerechtigkeit kommen, die Leben gibt. Wie durch den Ungehorsam des einen Menschen die Vielen zu Sündern wurden, so werden durch den Gehorsam des Einen [nämlich Jesu, des ›neuen Adam‹] die Vielen zu Gerechten gemacht werden (Römer 5,17-19).

Der Stammvater, der Leben zeugen sollte, wurde faktisch zum Totengräber. Der am Kreuz sterbende Jesus hat der Menschheit das verlorene Leben wiedergebracht.

Aber war beim Fall Adams nicht Eva mitbeteiligt, die Mutter aller Menschen? Lag es da nicht auf der Hand, eine ähnliche Parallele, wie Paulus sie zwischen Adam und Christus aufgezeigt hatte, auch zwischen Eva und Maria herzustellen? Ausformuliert findet sich dieser Gedanke bereits bei Eirenaios von Lyon († um 202): »Der Knoten des Ungehorsams der Eva wurde durch den Gehorsam Marias gelöst; denn was die Jungfrau Eva durch ihren Unglauben verschnürt hatte, das löste die Jungfrau Maria durch ihren Glauben.«²

In späteren Jahrhunderten werden die beiden ›Gegenspielerinnen‹ immer häufiger und vielfältiger aufeinander bezogen, und zwar in der Predigt wie in der Kunst.³ So hat Eva die Tür zum Paradies verschlossen; Maria hat sie wiederum geöffnet. Ein frühmittelalterlicher Hymnus unterstreicht dies sogar durch ein

Maria Knotenlöserin, St. Peter am Perlach, Augsburg. Um 1700.

Wortspiel: »Ave gab die Kunde / aus des Engels Munde, / Evas Name wende, / uns den Frieden sende!« In der Tat ist das Ave des Engelsgrußes die Umkehrung (›Wende‹) des Namens Eva. Sehr anschaulich zum Ausdruck kommt die Antithetik Eva – Maria etwa in dem von Berthold Furtmayr 1481 illustrierten *Missale des Salzburger Erzbischofs Bernhard von Rohr*, das in der Bayrischen Staatsbibliothek zu München aufbewahrt wird. Eine der Buchmalereien zeigt Eva und Maria unter dem Paradiesbaum. Eva liebkost die Schlange. Sie pflückt Äpfel und verteilt sie an die Menschen. Dass die sich so den Tod einhandeln, zeigt der Schädelknochen im Baum. Auf der anderen Seite reicht Maria den Gläubigen Hostien, die sie vom Lebensbaum pflückt. Über ihr ist das Kreuz, welches daran erinnert, dass sie den Erlöser, das wahre Lebensbrot, geboren hat, welcher der Menschheit das neue Leben schenkt. Dem Engel zu ihrer Rechten entspricht auf der anderen Seite der Mohr zu Evas Linken.

Berthold Furtmayr, Eva und Maria. Messbuch des Salzburger Erzbischofs Bernhard von Rohr, 1481. Bayrische Staatsbibliothek München.

Je öfter man in der Folge von Maria spricht, umso stärker wird das Bedürfnis der Gläubigen, mehr über sie zu erfahren. Diesem Wunsch kommen manche neutestamentliche Apokryphen entgegen, unter anderen das *Protoevangelium des Jakobus*, ein *Armenisches Evangelium von der Kindheit Jesu*, das *Evangelium des Pseudo-Matthäus*, sowie eine *Geschichte des Zim-*

mermanns [Josef].[4] Es handelt sich dabei um evangelienähnliche Schriften, die nicht in die Bibel aufgenommen wurden. Obwohl – oder vielmehr gerade weil – diese Apokryphen häufig erbauliches Legendengut überliefern (wobei die Grenze zur Geschmacklosigkeit gelegentlich überschritten wird), haben sie auf die christliche Kunst und Frömmigkeit einen nicht zu unterschätzenden Einfluss ausgeübt. Das hängt damit zusammen, dass sich die Verfasser den Anschein geben, ihre Leserschaft mit immer neuen Details und Informationen zu versorgen. Das gilt schon für das um 150 entstandene *Protoevangelium des Jakobus*, welches die Namen von Marias Eltern, Joachim und Anna, nennt. Außerdem ist dort nachzulesen, wie Anna ihre Kinderlosigkeit beklagt:

»Weh mir! Wem kann ich mich vergleichen? Nicht kann ich mich vergleichen den Tieren der Erde, denn auch die Tiere der Erde erben sich fort vor dir, Herr! Weh mir! Wem kann ich mich vergleichen? Nicht kann ich mich vergleichen diesen Wassern hier, denn auch diese Wasser erben sich fort vor dir, Herr! Weh mir! Wem kann ich mich vergleichen? Nicht kann ich mich vergleichen diesem Lande hier, denn auch dieses Land bringt seine Früchte zu seiner Zeit und preiset dich, Herr!« Und siehe, ein Engel des Herrn trat herzu und sprach zu ihr: »Anna, Anna! Erhört hat der Herr deine Bitte. Du sollst empfangen und sollst gebären, und dein Same soll in aller Welt genannt werden.« Und Anna sagte: »So wahr der Herr mein Gott lebt, wenn ich dann gebären werde, ob männlich oder weiblich, will ich es dem Herrn, meinem Gott, als Gabe darbringen, und es soll ihm alle Tage seines Lebens nach Priesterart dienen.«

Und siehe, da kamen zwei Boten und meldeten ihr: »Siehe, Joachim, dein Mann, ist im Anmarsch mit seinen Herden.« Ein Engel des Herrn nämlich war zu ihm hinabgestiegen und hatte ihm gesagt: »Joachim, Joachim! Erhört hat der Herr Gott deine Bitte. Geh hinab von hier! Denn siehe! Dein Weib Anna wird schwanger werden.« Und Joachim war hinabgezogen und hatte seine Hirten gerufen und geheißen: »Bringet mir zehn Lämmer hierher, ohne Makel und Fehl! Die sollen dem Herrn, meinem Gott, gehören. Und bringt mir zwölf zarte Kälber! Die sollen für die Priester und die Ältestenschaft sein. Und hundert Ziegenböcke für das ganze Volk!« Und siehe, Joachim kam mit seinen Herden gezogen, und Anna stand an der Tür und sah Joachim kommen. Da lief sie und hängte sich an seinen Hals und sagte: »Jetzt weiß ich, dass der Herr Gott mich reichlich gesegnet hat. Denn siehe, die Witwe ist keine Witwe mehr, und ich Kinderlose soll schwanger werden.« Und Joachim gab sich den ersten Tag der Ruhe hin in seinem Hause.

Am anderen Tag aber brachte er seine Gaben im Tempel dar und sprach bei sich: »Wenn der Herr Gott mir gnädig geworden ist, dann soll mir das Stirnblatt des Priesters es offenbar machen.« Und Joachim brachte seine Gaben dar und gab acht auf das Stirnblatt des Priesters, als er zum Altar des Herrn hinzutrat, und er sah keine Sünde an sich. Da sprach Joachim: »Jetzt weiß ich, dass der Herr mir gnädig geworden ist und alle meine Sünden vergeben hat.« Und er ging hinab aus dem Tempel des Herrn gerechtfertigt und kehrte heim in sein Haus.

Es gingen aber ihre Monate vorüber. Im neunten Monat dann gebar Anna. Und sie sagte zur Hebamme: »Was habe ich geboren?« Die sagte: »Ein Mädchen.« Da sprach Anna: »Erhoben ist meine Seele an diesem Tage.« Und sie legte es nieder und bettete es. Als aber die Tage um waren, wusch sich Anna und gab dem Kinde die Brust und nannte seinen Namen Maria.

Tag um Tag aber wurde das Kind kräftiger. Als es sechs Monate alt geworden war, stellte seine Mutter es auf die Erde, um zu sehen, ob es stehe. Und es lief sieben Schritte und kam zu ihrem Schoß zurück. Und sie nahm es hoch und sagte: »So wahr der Herr, mein Gott, lebt, du sollst nicht auf dieser Erde einhergehen, bis ich dich in den Tempel des Herrn bringen werde.« Und sie richtete in ihrem Schlafgemach ein Heiligtum her, einen kleinen heiligen Bezirk zum dauernden Aufenthalt für das Kind und duldete nicht, dass irgendetwas Gemeines oder Unreines an Nahrung ihm eingegeben wurde. Und sie rief die Töchter der Hebräer, die unbefleckten, herzu; die brachten ihm Abwechslung.[5]

Solche Geschichten haben eine ganz bestimmte Funktion. Durch die Schilderung ungewöhnlicher Ereignisse im Leben der Mutter soll der Leser oder die Zuhörerin auf die außerordentliche Sendung des Kindes vorbereitet werden. Religionsgeschichtlich betrachtet spiegelt sich in der Kindheitsgeschichte Marias eine weitverbreitete Tendenz; der Glanz, den eine große Persönlichkeit ausstrahlt, wird später auch auf deren Umgebung, auf ihre Verwandtschaft oder auf ihre Eltern übertragen.

Weiter erfahren wir, dass das Mädchen Mirjam im Alter von drei Jahren bei den Tempeljungfrauen Aufnahme findet:

Da sagte Joachim: »Rufet die Töchter der Hebräer, die unbefleckten, als Begleiterinnen herbei! Sie sollen je eine Fackel nehmen, und die sollen zur Ablenkung für das Kind brennen, damit das Kind sich nicht nach hinten umdreht und sein Herz nicht verführt werde weg vom Tempel des Herrn.« Und sie hielten es so, bis sie zum Tempel des Herrn hinaufkamen. Und der Priester nahm Maria in Obhut, küsste und segnete sie und sprach: »Groß gemacht hat der Herr deinen Namen unter allen Geschlechtern. An dir wird am Ende der Tage der Herr sein Lösegeld den Kindern Israel offenbaren.« Und er ließ sie sich auf der dritten Stufe des Altars niedersetzen, und der Herr Gott legte Anmut auf sie. Da begann sie auf ihren Füßen zu tanzen, und das ganze Haus Israel gewann sie lieb. Und ihre Eltern zogen wieder hinab, waren voller Staunen, und sie lobten Gott, den Gebieter, dafür, dass das Kind sich nicht ihnen zugewandt hatte, um bei ihnen zu bleiben. Maria aber war im Tempel des Herrn, wie eine Taube mit ganz wenig Speise sich beköstigend, und empfing Nahrung aus der Hand eines Engels.[6]

Erzählt wird ferner, dass Josef – alt, verwitwet und Vater von vier Söhnen und zwei Töchtern – seinen Wohnsitz in Betlehem hat. Als Maria ins heiratsfähige Alter kommt, rufen die Priester alle Witwer Israels zusammen; ein jeder soll mit seinem Hirtenstab in Jerusalem erscheinen. Nachdem die Priester einen Tag und eine Nacht gebetet haben, sprießt aus Josefs Stab eine Blüte, deren Duft die ganze Umgebung erfüllt, ein himmlisches Zeichen dies, welches darauf hindeutet, dass er dazu bestimmt ist, die Jungfrau heimzuführen.[7] Nach anfänglichem Widerstreben nimmt er Maria zu sich. Die Vermählung findet ohne große Feierlichkeiten statt. Allerdings handelt

Unbekannter Meister, Mariä Vermählung, 15. Jahrhundert (?) Pinakothek München.

es sich bloß um eine Scheinhochzeit, da die Priester das Mädchen Mirjam dem betagten Josef nicht zur Frau, sondern lediglich in seine Obhut gegeben haben. Nur unter dieser Voraussetzung nämlich hat Maria eingewilligt, mit Josef unter einem Dach zu leben. Der wird so, ähnlich wie Abraham, zu einem Spätberufenen der Heilsgeschichte.

Die in den Apokryphen enthaltenen Schilderungen von der Empfängnis Marias und der Geburt Jesu unterscheiden sich von den entsprechenden Darstellungen der Evangelien vor allem durch die die Ereignisse begleitenden Wunderzeichen. Um die Tempelpriester zu überzeugen, dass er keinen ehelichen Umgang mit Maria gehabt hat, unterzieht sich Josef der Bitterwasserprobe.[8] Dabei handelte es sich um ein veritables Gottesurteil, das man sonst vorwiegend über Frauen verhängte, welche von ihren eifersüchtigen Ehemännern der Untreue verdächtigt wurden. Die Probe bestand darin, dass die Angeklagten aus einem Rinnsal in der Nähe des Tempels trinken mussten, das angeblich aus einer giftigen Quelle gespeist wurde. Da Josef nach dem Genuss des Bitterwassers weder von Schmerzen in den Eingeweiden noch von Entzündungen in der Bauch- und Hüftgegend gepeinigt wird, gelten seine Unschuld und die geistgewirkte Empfängnis Marias als erwiesen.

Dass Maria das Kind ohne Zutun eines Mannes empfangen und geboren hat, wird anschließend von einer Hebamme bestätigt, welche diesen Sachverhalt anfänglich bezweifelte.

Und die Hebamme ging hinein und sagte zu Maria: »Lege dich zurecht! Denn kein geringfügiger Streit ist um dich im Gang.« Und Salome untersuchte unter Anlegen ihres Fingers ihren Zustand. Dann stieß sie Klagerufe aus und rief: »Wehe über mein Unrecht und meinen Unglauben! Denn ich habe den lebendigen Gott versucht. Siehe da, meine Hand fällt verbrannt von mir ab!« Und sie beugte ihre Knie vor dem Gebieter und sprach: »Gott meiner Väter! Gedenke meiner, dass ich Same Abrahams und Isaaks und Jakobs bin! Gib mich nicht vor den Kindern Israels der Schande preis, sondern gib mich den Armen wieder! Denn du weißt, Gebieter, dass ich auf deinen Namen hin meinen Dienst an Armen und Kranken ohne Entgelt ausübe und meinen Lohn dafür von dir empfing.« Und siehe, ein Engel des Herrn trat herzu und sprach zu ihr: »Salome, Salome! Erhört hat dich der Herr. Leg deine Hand an das Kindlein und trage es! Rettung und Freude wird dir zuteil werden.« Und Salome trat heran und trug es und sagte dabei: »Ich will ihm meine Verehrung darbringen, denn als großer König für Israel ist es geboren worden.« Und siehe, sogleich war

Salome geheilt, und sie verließ die Höhle gerechtfertigt. Und siehe, eine Stimme sprach: »Salome, Salome! Erzähle nicht weiter, was du alles Wunderbares gesehen hast, bis der Knabe nach Jerusalem hineinkommt!«[9]

Während der Ägyptenreise drohen den Flüchtlingen mancherlei Gefahren, wobei das Jesuskind sich immer wieder als Helfer erweist. Es bändigt Drachen, Löwen und Panther[10] und rettet seine Eltern vor dem Verhungern und Verdursten:

Am dritten Tag ihrer Reise, während sie weiterzogen, traf es sich, dass die selige Maria von der allzu großen Sommerhitze in der Wüste müde wurde und als sie einen Palmbaum sah, sagte sie zu Josef: »Ich möchte im Schatten dieses Baumes ein wenig ausruhen.« So führte Josef sie denn eilends zur Palme und ließ sie vom Lasttier herabsteigen. Als die selige Maria sich niedergelassen hatte, schaute sie zur Palmkrone hinauf und sah, dass sie voller Früchte hing. Da sagte sie zu Josef: »Ich wünschte, man könnte von diesen Früchten der Palme holen.« Josef aber sprach zu ihr: »Es wundert mich, dass du dies sagst, denn du siehst doch, wie hoch die Palme ist, und es wundert mich, dass du auch nur daran denkst, von den Palmfrüchten zu essen. Ich für mein Teil denke eher an den Mangel an Wasser, das uns in den Schläuchen bereits ausgeht, und wir haben nichts, womit wir uns und die Lasttiere erfrischen können.« Da sprach das Jesuskind, das mit fröhlicher Miene in seiner Mutter Schoß saß, zur Palme: »Neige, Baum, deine Äste und mit deiner Frucht erfrische meine Mutter.« Und alsbald senkte die Palme auf diesen Anruf hin ihre Spitze bis zu den Füßen der seligen Maria, und sie sammelten von ihr Früchte, an denen sich alle labten.

Nachdem sie alle ihre Früchte gesammelt hatten, verblieb sie aber in gesenkter Stellung und wartete darauf, sich auf den Befehl dessen wieder aufzurichten, auf dessen Befehl sie sich gesenkt hatte. Da sprach Jesus zu ihr: »Richte dich auf, Palme, werde stark und geselle dich zu meinen Bäumen, die im Paradies meines Vaters sind. Und erschließe unter deinen Wurzeln eine Wasserader, die in der Erde verborgen ist, und die Wasser mögen fließen, damit wir aus ihr unseren Durst stillen.« Da richtete sie sich sofort auf, und eine ganz klare, frische und völlig helle Wasserquelle begann an ihrer Wurzel zu sprudeln. Als sie aber die Wasserquelle sahen, freuten sie sich gewaltig, und sie löschten ihren Durst, sie selber, alle Lasttiere und alles Vieh. Dafür dankten sie Gott.[11]

Jean Colombe, Flucht nach Ägypten: Die Palme beugt sich auf Geheiß des (recht großen) Jesuskindes zu Maria hin. Aus dem Stundenbuch Très Riches Heures des Duc de Berry, Musée Condé, Chantilly.

Im ägyptischen Exil und später in Nazaret kriegen Maria und Josef jede Menge Ärger, weil sich der Jesusknabe konstant danebenbenimmt. So finden es die Leute ein bisschen übertrieben, dass er einen fünfjährigen Spielgefährten mit dem Tod bestraft, weil dieser sich im Sandkasten mutwillig gebärdet ... Allerdings erweckt der kleine Jesus dieses »Kind der Bosheit« dann wiederum zum Leben, mit der seltsamen Begründung, es sei nicht würdig, »in die Ruhe seines Vaters« einzugehen.[12]

Die Tatsache, dass sich das Leben wegen derartiger Vorkommnisse manchmal etwas schwierig gestaltet, vermag Josefs beruflicher Karriere nicht zu schaden. Immerhin schafft er es, eine Filiale in Kafarnaum zu eröffnen. Zeitweise siedelt die Familie sogar ganz in diese Stadt über, nicht zuletzt um dem lästigen Gerede zu entgehen, das Jesus in Nazaret durch sein auffälliges Verhalten verursacht.

Der *Geschichte des Zimmermanns* zufolge stirbt Josef im Alter von hundertelf Jahren nach einer kurzen Krankheit in den Armen seines inzwischen neunzehnjährigen Sohnes einen gottseligen Tod. Erwähnenswert scheint dem Verfasser der Umstand, dass er »in seinem Mund keine einzige Zahnlücke hatte«.[13]

Und Maria? Ihren Hinschied erwähnen weder die biblischen noch die apokryphen Schriften. Wie wir gesehen haben, tritt sie im Neuen Testament zum letzten Mal in der Apostelgeschichte (1,13f) in Jerusalem in Erscheinung, wo sie mit Jesu Jüngern, seinen »Brüdern« und einigen Frauen im »Obergemach« eines Hauses »im Gebet verharrt«. Aus dem Zusammenhang geht hervor, dass sie sich am Pfingstfest unter diesen ersten Jesusgläubigen befand (vgl. Apostelgeschichte 1,14 mit 2,1). Und dann? Entschwebt sie und geht auf im strahlenden Licht der Heilsgeschichte.

Einer alten Tradition zufolge hat Maria in Jerusalem auf dem Berg Zion gewohnt. Dort soll sie auch gestorben sein. Eine andere Überlieferung behauptet, dass sie ums Jahr 47 oder 48 mit dem Apostel Johannes nach Ephesos gezogen und dort verstorben sei.

Zwischen Verehrung und Vergötterung

Wenn es nach der Meinung der Masse geht, vermag die Gottesgebärerin fast noch mehr als der Sohn.
Erasmus von Rotterdam, Lob der Torheit, München 1968, 71.

Zu Beginn des 5. Jahrhunderts erregt ein Prediger namens Nestorios im kleinasiatischen Antiocheia ein derartiges Aufsehen, dass sogar der Kaiser, Theodosios II., auf ihn aufmerksam wird. Dieser ernennt den berühmten Mann im Jahre 428 zum Patriarchen von Konstantinopel. Dort ist gerade ein heftiger Streit im Gang, den ein paar eifrige Marienprediger entfacht haben, die Maria als ›Gottesgebärerin‹ preisen. Nun gibt es aber dort unter den Gläubigen welche, denen partout nicht einleuchten will, wie oder warum Gott eine Mutter haben sollte; sie betrachten Maria lediglich als ›Menschengebärerin‹. Nestorios versuchte zu vermitteln und schlägt die Bezeichnung ›Christusgebärerin‹ vor. Weil aber keine der Parteien nachgeben will, hat Nestorios jetzt alle gegen sich. Längst nimmt auch das einfache Volk lebhaften Anteil an diesen Auseinandersetzungen. Auf dem Markt kommt es zu Tumulten und Schlägereien, die Gottesdienste werden gestört, organisierte Sprechchöre unterbrechen die Prediger.

Da der Streit sich immer mehr ausweitet und schließlich die ganze damalige Christenheit in zwei Lager zu spalten droht, beruft der Kaiser auf das Pfingstfest des Jahres 431 eine allgemeine Kirchenversammlung in die kleinasiatische Stadt Ephesos ein, welche die Einheit wiederherstellen soll. Dort entscheiden die Konzilsväter, dass der Ehrentitel *Gottesgebärerin* Maria angemessen ist – und setzen Nestorios als Patriarchen von Konstantinopel ab.

Wie aus der Entscheidung des Konzils eindeutig hervorgeht, ging es in dieser ganzen Auseinandersetzung nicht um Maria, sondern um die Person Christi: »Wer nicht bekennt, dass Emmanuel wahrhaftig Gott und deshalb die heilige Jungfrau *Gottesgebärerin* (*theotókos*) ist (denn sie hat das Wort, das aus Gott ist und Fleisch wurde, dem Fleisch nach geboren), der sei mit dem Anathema belegt.«[1] Obwohl dieses Dogma sich nicht auf die Rolle Marias innerhalb der Heilsgeschichte, sondern auf Christus – genauer: auf die *Gottheit Jesu* – bezieht, rückt in der Folge die Gottesgebärerin immer mehr in den Mittelpunkt. Was zur Folge hat, dass sie nach dem Konzil von Ephesos der dort verehrten Muttergöttin Artemis den Platz streitig macht und sie schließlich ganz verdrängt.

Maria statt Artemis

In der griechischen Mythologie nimmt Artemis eine zentrale Stellung ein. Sie galt als die Tochter des Gottes Zeus und der Leto. Dargestellt wurde sie als vielbrüstige Frau. Manche Experten allerdings sind der Ansicht, dass es sich bei den ›Brüsten‹, die ihren ganzen Leib bedecken, in Wirklichkeit um Stierhoden handle. Sicher ist, dass die Frauen Artemis bei der Geburt eines Kindes um Beistand baten. Als Fruchtbarkeitsgöttin wachte sie zudem über die Natur und die Ernte. Außerdem galt sie als Beschützerin der Jugend, insbesondere junger Frauen. Ihr Tempel, das berühmte Artemision, wurde im 4. Jahrhundert durch einen Brand zerstört. In der Antike zählte dieses Bauwerk zu den sieben Weltwundern und war der mit Abstand meistbesuchte Artemis-Wallfahrtsort.

Das Christentum scheint in Ephesos schon früh Fuß gefasst zu haben. So berichtet Lukas in seiner Apostelgeschichte von einem Aufruhr der dortigen Silberschmiede, welche Nachbildungen des Artemistempels herstellten und nun durch die Verbreitung der neuen Religion ihre Existenzgrundlage gefährdet sahen (vgl. Apg 19,23-40). Über den Ausgang der tumultartigen Querelen mit den ortsansässigen Souvenirverkäuferinnen und Devotionalienhändlern weiß der Verfasser der Apostelgeschichte leider nichts zu sagen. Aus der Art seiner Darstellung geht hervor, dass er eine Quelle zitiert, die ihrerseits keine Details überliefert. Sicher ist, dass es in Ephesos schon sehr früh Christusgläubige gab, welche die Fruchtbarkeitsgöttin Artemis als eine Erfindung des Teufels betrachteten.

Dass die Stadt sich gerade nur gut zweieinhalb Jahrhunderte später zu einem Hauptzentrum der Marienverehrung entwickelte, ist indirekt ausgerechnet der von den Neugläubigen entthronten Artemis zu verdanken. Zusammen mit ihr nämlich hatten die Jesusleute auch die weibliche Seite der Religion ins Abseits – psychologisch gesprochen: ins Unterbewusstsein – verdrängt. In der Gestalt der *Gottesgebärerin* fand dieses weibliche Element dann gleichsam durch die Hintertür wieder Eingang in eine fast ausschließlich patriarchalisch geprägte Religion. Dazu kam, dass sich die Standbilder

Artemis von Ephesos. Kapitolinisches Museum, Rom.

der Göttin mittels ein paar Meißelschlägen leicht in Madonnenfiguren verwandeln ließen – wobei im Einzelfall offen bleibt, ob sich die Steinmetze mehr von religiösen Motiven oder vom neuen Zeitgeschmack und damit von finanziellen Interessen leiten ließen. »Die christliche Archäologie wird wohl kaum je erfassen können, wie viele Bilder oder Statuen über Nacht zu gefälligen und beliebten Darstellungen der Gottesmutter Maria umfunktioniert wurden. Bei Denkmälern der Kunst war oft nur die Änderung der Inschrift oder die Zugabe eines Heiligenscheins notwendig, bei Gebeten und Gesängen handelte es sich nur um die Wandlung des Namens, um ohne psychologische Vergewaltigung den zeitlosen Gefühlen und Sehnsüchten der gläubigen Verehrer eine neue Zielrichtung zu geben.«[2]

Was die »Gebete und Gesänge« betrifft, wurde Maria bald nicht weniger inbrünstig angerufen als ihre Vorgängerin.[3] Dass der neue christliche Kult sich gelegentlich mit alten heidnischen Praktiken vermischte und so mancherorts zu Fehlformen führte, ist verständlich – und beweist einmal mehr, dass die Grenze zwischen Glaube und Aberglaube fließend ist. Schon bevor Artemis in Ephesos für Maria das Feld räumen musste, sah sich der Kirchenvater Epiphanios von Salamis († 403) genötigt, in Ägypten gegen eine Vergöttlichung Marias zu protestieren. In seinem *Panarion* – wörtlich: *Arzneikasten*; häufig auch unter dem Titel *Hæreses*, d. h. *Irrlehren* zitiert – bietet er »den von der Schlange der Häresie Gebissenen« seine »Heilmittel« an, unter anderem auch denen, welche die Gottesmutter als Göttin verehren: »Obwohl Maria die Schönste und heilig und ehrenwert ist, verdient sie doch keine Anbetung.«[4]

Der psychischen Verfassung der Gläubigen kam zweifellos entgegen,

Säugende Isis. Mittelägypten, 4. Jahrhundert n. Chr. Die Isiskrone auf dem Kopf der Figur wurde nachträglich abgearbeitet. Die säugende Isis, die Isis »lactans«, wurde so zur Maria lactans.

dass mit Maria eine Frau an der Heilsgeschichte beteiligt war. Auf diese Weise ließ sich die Verehrung der Artemis von Ephesos ohne größere Widerstände auf Maria von Nazaret übertragen. Es ist sicher kein Zufall, dass auch andere marianische Heiligtümer auf den Fundamenten weiblicher Gottheiten erbaut wurden. So erhebt sich die Kathedrale von Le Puy-en-Velay im Departement Haut-Loire, welche eine Nachfertigung der 1794 mutwillig zerstörten Schwarzen Madonna birgt, über einem Isistempel. *Stella maris*, Meerstern, ist sowohl ein Titel der ägyptischen Isis als auch ihrer ›Nachfolgerin‹ Maria. Im ersten nachchristlichen Jahrhundert ist die Bezeichnung *Mater Deum* (Göttermutter) für Venus bezeugt. Maria hingegen wird als *Mater Dei*, als *Gottesmutter* verehrt. Als solche galt aber Isis schon im zweiten vorchristlichen Jahrtausend. Die Bezeichnung *Mutter des Herrn* im Lukasevangelium (1,43) entspricht wörtlich dem griechischen Isis-Beinamen *mäter basiléôs*. Viele Anrufungen, mit denen sich die Gläubigen im Altertum an Isis, an die anatolische Kybele, an die syrische Astarte oder an andere weibliche Gottheiten wandten, finden sich Jahrhunderte später in der *Lauretanischen Litanei* wieder (erstmals bezeugt in Loreto, 1531), zum Teil wörtlich.

Das bedeutet natürlich nicht, dass damit auch die vorchristlichen Glaubensinhalte auf Maria übertragen wurden. Wir reden hier von Analogie, nicht von Genealogie. Letztere wäre auf der historischen Ebene anzusiedeln; wir würden dann von einer (Fort-)Entwicklung sprechen. Um Analogie handelt es sich, wenn bestimmte (in unserem Fall religiöse) Verhaltensformen, Denkmodelle oder Sprachmuster aufgegriffen und auf ein anderes ›Objekt‹ übertragen werden.

Eindeutig trifft das zu auf viele Ehrentitel, mit denen Maria seit dem 5. Jahrhundert überhäuft wird. Immer mehr und immer intensiver ergehen sich die Kirchenschriftsteller in der Ost- und Westkirche im Lauf der Zeit in Ruhmesreden, Preisgesängen und Lobeshymnen, wenn sie auf Maria zu sprechen kommen. »Du bist gebenedeit unter allen Frauen, du, die einzige, die der trauernden Eva Heilung gebracht hat, die die Tränen der Betrübten trocknet, die den Preis für die Erlösung der Welt beigebracht hat,«[5] so Proklos († 446), ein Gegner und zweiter Nachfolger des verfemten Nestorios auf dem Patriarchenstuhl von Konstantinopel.

Allerdings meldeten sich schon sehr früh auch Stimmen zu Wort, die zur Zurückhaltung mahnten.[6] Eireneios von Lyon († um 202) tadelte Maria wegen ihrer »unzeitigen Eile«, mit der sie ihren Sohn anlässlich der Hochzeit von Kana (vgl. Johannes 2,3) auf den Mangel an Wein hinwies. Der

Patriarch von Konstantinopel Ioannes Chrysostomos (349–407) sprach diesbezüglich von »unbedachtem Handeln«. Der bedeutende Theologe und Kirchenschriftsteller Origenes (um 185 – um 254) deutete das Schwertwort des greisen Simeon anlässlich der Darstellung Jesu im Tempel (»Dir selbst aber wird ein Schwert durch die Seele dringen«; Lukas 2,35) auf ziemlich eigenwillige Art; offenbar meine Simeon, dass Maria anlässlich der Kreuzigung ihres Sohnes Ärgernis nehmen und von der »Lanze des Zweifels« und vom »Schwert des Unglaubens« durchbohrt werde. Was zeige, dass Jesus auch für ihre Sünden gestorben sei. Da sind wir noch meilenweit entfernt von dem 1854 definierten Dogma von der Erbsündenfreiheit der Mutter Jesu!

Aber solche Einwände vermochten die wachsende Marienverehrung nicht zu bremsen. Immer deutlicher wurde die Muttergottes zur Großen Mutter und immer häufiger wurde sie von den Gläubigen um ihre Hilfe angegangen.

Hatte man Maria zuerst nur eine wichtige Rolle *innerhalb der Heilsgeschichte* zuerkannt, so verlagerten sich seit dem Frühmittelalter die Gewichte. Es mag mit der damals sich überall ausbreitenden Heilsunsicherheit und der damit verbundenen Seelenangst der Gläubigen zusammenhängen, dass diese sich vermehrt fragten, welche Bedeutung der Gottesmutter im Erlösungswerk Christi und damit für sie selber zukomme. Besonders interessierte man sich für Marias Gnadenvorzüge. Denn je größer ihre Privilegien waren, desto mehr Garantien hatte man, dass Gott die Bitten, die man auf dem Umweg über sie an ihn richtete, tatsächlich erhörte. Dies wiederum bedingte, dass man sie mit mehr und größeren Ehrentiteln überhäufte als Gott selber. Dafür ließe sich eine ganze Bandbreite von Zeugnissen anführen. Zitiert sei ein kurzer Abschnitt aus einer Predigt des Patriarchen von Konstantinopel, Germanos I., aus dem Jahr 733:

Wer wollte dich [Maria] nicht selig preisen? Wer sollte dich nicht bewundern, die unumstößliche Schutzwehr, die rastlose Zuflucht, die beständige Fürsprache, das verlässliche Heil, die sichere Hilfe, das unzerstörbare Bollwerk, die unüberwindliche Mauer, die Schatzkammer der Freude, den untadeligen Wonnegarten, die schützende Burg, den mächtigen Wall, den starken Turm der Zuflucht, den bergenden Hafen, die Beruhigung der Verwirrten, die Bürgschaft für die Sünder, den Zugang der Verzweifelten, die Aufnahme der Verbannten, die Annahme der Entfremdeten, die Empfehlung der Verurteilten, den Lobpreis der Verfluchten, den Tau für die seelische Trockenheit, den Regen für das verdürstende Gras; denn durch dich, sagt die Schrift, »werden wir aufblühen wie frisches Gras« (Jesaja 56,14).[7]

Marias Hilfe ist flächendeckend; es gibt keine Notlage, aus der sie einen Menschen nicht erretten könnte. Solch unbegrenztes Vertrauen steht nicht notwendigerweise im Widerspruch zur kirchlichen Gotteslehre. Problematisch aber ist, dass der Prediger sich dazu hinreißen lässt, einen Jesaja-Spruch auf Maria anzuwenden, der sich beim Propheten auf Gott bezieht. Was wiederum zeigt, dass die Grenze zur Vergötterung der Gottesmutter zumindest gestreift wird. Überschritten wird sie eindeutig durch die folgende Äußerung:

Niemand kann Gott erkennen, außer durch dich, o Heiligste. *Niemand wird gerettet, außer durch dich, o Gottesmutter.* Niemand wird vor Gefahren verschont, *außer durch dich*, o Jungfrau. Niemand wird erlöst, *außer durch dich*, o Mutter des Herrn, niemand erfährt Barmherzigkeit, *außer durch dich*, die du würdig warst, Gott selber [in deinem Leib] zu tragen.[8]

Solche quasihäretischen Ansichten über die Gottesmutter wurden im Mittelalter in unzähligen Predigten verbreitet. Ein weiteres krasses Beispiel findet sich in einem Sermon des Erzbischofs von Nikaia, Theophanes III., mit dem dieser im Jahr 1381 seine Zuhörerschaft beeindruckte: »Unmöglich kann ein Engel oder ein Mensch der vom Sohn Gottes kommenden Gaben teilhaftig werden, es sei denn durch seine Mutter.«[9]

Angesichts solch emphatischer Äußerungen verwundert es nicht, dass Maria schließlich sogar als Blutzeugin verehrt wurde, wobei ihre *passio in anima* (das seelische Leiden) höher bewertet wurde als die *passio in carne* (der physische Schmerz) der ›eigentlichen‹ Märtyrer und Märtyrerinnen. Was wiederum mit sich brachte, dass Maria zur »Königin der Märtyrer« aufrückte.

In der Folge wurde die christliche Frömmigkeitspraxis zunehmend von einer Hyperdoulie (auf Neudeutsch: von einem Superkult) gegenüber der Gottesmutter geprägt, die an Idolatrie grenzte. In Roermond überhäufte der Kartäusermönch Dionysius, bekannt als *doctor ecstaticus* und gerühmt als »letzter Scholastiker«, 1471 die Mutter Jesu mit Titeln wie *Salvatrix* und *Erlöserin der Welt*; ganz nebenher erwähnt er noch, dass Maria Jesus in der mystischen Theologie unterwiesen habe![10]

Spekulationen

Andere fromme Eiferer wussten Bescheid über die Farbe des Engelsgewandes bei der Verkündigung und über das Geschlecht des himmlischen Boten (erwartungsgemäß männlich, weil die Verkündigung seitens der würdigeren Menschengattung erfolgen musste); sie wiesen nach, dass Maria beim Apostel Johannes regelmäßig zur Beichte ging und dass sie nicht nur eine eifrige Beterin war, sondern sich auch in den Wissenschaften, vorab in physikalischen und medizinischen Dingen, bestens auskannte. Und vollkommen schön war sie auch, denn: »Der Leib ist auf die Seele hingeordnet. Die edlere Seele aber bedarf des edleren Leibes. So hängt also die Schönheit des Leibes von der Seele ab. Wo demnach die vollkommenere Seelenschönheit ist, dort muss auch die vollendete Schönheit des Leibes sein.«[11]

Je mehr Maria in den Mittelpunkt rückte, desto größere Aufmerksamkeit widmeten die mittelalterlichen Gottesgelehrten den Details ihres Lebens. So fanden sie nicht nur eine Antwort auf die Frage, auf welche Weise Maria Jesus empfangen habe (Antwort: durchs Ohr[12]), sondern suchten auch den exakten Zeitpunkt, will sagen Tag und Stunde der Empfängnis selbst zu bestimmen.

Den Monat und den Tag meinte man feststellen zu können, indem man die biblischen Zeugnisse mit dem kirchlichen Festkalender in Verbindung brachte. Dem Lukasevangelium zufolge wird Gabriel »im sechsten Monat« zu Maria gesandt (Lukas 1,26) – gemeint ist, wie aus dem Zusammenhang hervorgeht, sechs Monate, nachdem Marias Verwandte Elisabet Johannes den Täufer empfangen hat. Dessen Geburtsfest wurde im kirchlichen Kalender schon im Mittelalter am 24. Juni begangen. Rechnen wir die neun Monate von Elisabets Schwangerschaft zurück, fällt seine Empfängnis auf den 25. September. Ergo wurde Jesus sechs Monate später, also am 25. März, empfangen.

Bei diesen Berechnungen handelte es sich nach mittelalterlichem Empfinden nicht einfach um waghalsige Hypothesen, sondern um theologisch bedeutsame Indizien bezüglich der Messianität Jesu und seiner heilsgeschichtlichen Stellung. Der Tag der Empfängnis Jesu fällt mit der Tagundnachtgleiche im Frühjahr zusammen. Demzufolge findet seine Geburt am 24. Dezember, also zur Wintersonnenwende statt (es galt damals noch der julianische Kalender!). Johannes hingegen wird am 25. September empfangen, wenn der Herbst beginnt (Herbstäquinoctium!). Nach der Sommersonnenwende werden die Tage kürzer, nach der Wintersonnenwende hingegen gewinnen sie an Länge. Bestätigt sich damit nicht, wie der angelsächsische Mönch Beda Venerabilis († um 734) in seinem Lukaskommentar bemerkt, das Wort Johannes des Täufers, der bekennt: »Er [Jesus] muss wachsen, ich aber muss kleiner werden« (Johannes 3,30)?[13]

Dass sich die mittelalterlichen Theologen über die Stunde der Empfängnis nicht einigen konnten, hängt mit einem damaligen, schon vom heiligen Augustinus formulierten Auslegungsprinzip der Bibel zusammen: »*Novum Testamentum in Vetere latet, et in Novo Vetus patet* – Das Neue Testament ist im Alten verborgen, das Alte Testament wird im Neuen offenbar.« Praktisch bedeutet das, dass die neutestamentlichen Verfasser im Grunde nur *aus*deuten, was im Ersten Testament bereits *an*gedeutet ist.

Andeutungen bezüglich der Stunde, in der Maria Jesus empfing, meinten die Bibelkundigen im Ersten Testament an mehreren Stellen zu finden. Die einen wiesen darauf hin, dass Gott sein Schöpfungswerk am Morgen begann. Ergo habe auch die Erlösung der Menschheit an einem Morgen ihren Anfang genommen. Andere erinnerten daran, dass die Sonne am Mittag am hellsten scheine. Also müsse die vom Propheten Maleachi angekündigte neue »Sonne der Gerechtigkeit« (Maleachi 4,2), nämlich Christus, zur Mittagszeit die menschliche Natur angenommen haben – dies umso mehr, als Gott auch den Stammeltern des auserwählten Volkes, Abraham und Sara, zur Mittagszeit einen Nachkommen verheißen habe (vgl. Genesis 18,1-16). Der bereits erwähnte Beda Venerabilis hingegen optierte für die Abendstunde als Zeitpunkt der Verkündigung der Geburt Jesu. Am Abend erst findet ja der Tag seine ›Erfüllung‹. Folglich geziemte es sich, dass Christus, der Paulus zufolge die »Fülle der Zeit« (Galater 4,4) darstellt, bei Sonnenuntergang empfangen wurde.

Solche Spekulationen mögen uns heute skurril erscheinen. Aber belächeln sollten wir sie deswegen nicht, sondern das Anliegen, das dahinter steckt, zu verstehen suchen. Die Absicht der mittelalterlichen Theologen zielte nicht darauf, die Neugierde ihrer Zeitgenossen zu befriedigen. Vielmehr ging es ihnen darum, die Kontinuität zwischen dem Ersten und dem Neuen Testament und damit Gottes gezieltes Wirken innerhalb der Heilsgeschichte herauszustellen.

Im Hochmittelalter war es vor allem der Zisterzienserabt und Kirchenreformer Bernhard von Clairvaux (1090–1153), der sich, weniger durch seine Marienlehre als durch die von ihm propagierte Marienfrömmigkeit, um die Verbreitung des Madonnenkults verdient machte. 25 *Predigten zur Ehre der Jungfrau Maria* sind erhalten geblieben. In diesen *sermones* preist Bernhard immer neu und mit kaum zu überbietender Begeisterung Maria als Helferin in allen nur möglichen Versuchungen und Nöten:

> Wenn du auf den Wogen des Hochmuts, des Ehrgeizes, der Verleumdung, der Missgunst hin- und hergeworfen wirst: Blick auf den Stern, der den Namen Maria trägt! Wenn Zorn, Habgier oder die Lockungen des Fleisches das Schiff deines Geistes schütteln: Blick auf Maria! [...] In Gefahren, Ängsten und Zweifeln: Denk an Maria! [...] Wenn *sie* dich hält, wirst du nicht fallen, wenn *sie* dich beschützt, brauchst du nichts zu fürchten.[14]

Hier wird rhetorisch aufgearbeitet, was die im Mittelalter beliebte und überaus einflussreiche *Theophiluslegende* auf narrative Weise vermittelt. Deren älteste Fassung geht vermutlich auf einen nicht näher bekannten Kleriker namens Eutychianos zurück und wurde im 9. Jahrhundert ins Lateinische übersetzt. Später entstehen Bühnenstücke, in welchen wir erstmals auch dem Faust-Motiv begegnen. Protagonist ist Theophilus, der in Kilikien ein Bistum verwaltet. Als er aus seinem Amt gedrängt wird, versucht er dieses mittels eines schriftlichen Teufelspakts wieder zu erlangen, was ihm gelingt. Bald schon geht der Unglückliche in sich und ruft während vierzig Tagen Maria an, welche dem Reuigen den Vertrag zurückbringt. Der verbrennt ihn und braucht sich fortan vor dem ewigen Feuer nicht mehr zu fürchten. Unzählige Prediger griffen auf diese Legende zurück, um einer staunenden Zuhörerschaft die Macht Marias augenfällig zu demonstrieren.

Allerdings gab es auch Theologen, welche sich in Sachen Marienverehrung etwas zugeknöpfter gaben – so Albertus Magnus (um 1200–1280), welcher eine Verbindung zwischen der häufig eigenständigen Marienpredigt und der Christusverkündigung herzustellen versucht. Zwar steigert auch er sich in eine rechte Begeisterung hinein, wenn er von Maria redet oder über sie schreibt. Gleichzeitig aber betont er ausdrücklich, dass die Gottesmutter auf gar keinen Fall angebetet werden dürfe – was Rückschlüsse auf damals verbreitete Praktiken erlaubt!

Alberts Schüler Thomas von Aquin (1224 oder 1225–1274) mahnt ebenfalls zu mehr Zurückhaltung. Im Gegensatz zu anderen damaligen Gottesgelehrten widersprach er der Ansicht, dass Maria nicht mit der Erbsünde behaftet gewesen sei. Wohl aber war er der Meinung, dass sie ihr Leben lang von jeder persönlichen Sünde frei geblieben sei.

Neben diesen und anderen Theologen waren es im Hoch- und Spätmittelalter insbesondere die Bettelorden, welche den Marienkult förderten.[15] So hat der heilige Bonaventura immerhin 24 Marienpredigten hinterlassen – gerade nur eine weniger als ein Bernhard von Clairvaux. Als Ordensgeneral der Franziskaner verfügte Bonaventura 1269, dass in deren Klosterkirchen abends die Glocke läuten müsse und die Brüder drei *Ave Maria* beten sollten.

Wie die Jünger des Franziskus übten auch die Dominikaner durch ihre Predigttätigkeit einen nicht zu unterschätzenden Einfluss auf die Volksfrömmigkeit aus. Zur Marienverehrung trugen sie besonders durch die Verbreitung des Rosenkranzgebetes bei, was ihnen zeitweise die Bezeichnung »Brüder Marias« eintrug.

Eigentlich gebührte diese Benennung eher dem den Mendikanten zugeordneten Orden der Diener Marias (Serviten), dessen Mitglieder die Gottesmutter als eigentliche Gründerin ihrer Gemeinschaft betrachteten. Die Vereinigung ging in Florenz in der ersten Hälfte des 13. Jahrhunderts aus frommen Bruderschaften hervor und wurde 1233 offiziell bestätigt. Ein weiblicher Zweig kam später hinzu. Den Bettelorden nahe standen auch die »Brüder der seligsten Jungfrau vom Berg Karmel« – so die offizielle Bezeichnung der Karmeliten seit dem 13. Jahrhundert. Deren Mitglieder unterstellten sich von Anfang an dem Schutz der seligen Jungfrau, was sich selbstverständlich auf die Verkündigung auswirkte. Im Zuge einer Reform kam es 1452 zur Gründung der Karmelitinnen, zu deren herausragenden Persönlichkeiten Teresa von Ávila gehörte. Zu den großen Marienverehrerinnen zählten im Mittelalter unter anderen Klara von Assisi, Katharina von Siena und Birgitta von Schweden, die für den von ihr gegründeten Orden ein eigenes marianisches Stundengebet verfasste.

Die vierte Person der Dreifaltigkeit

Gleichzeitig stoßen wir immer wieder auf Zeugnisse, welche durchblicken lassen, dass die Marienverehrung oft recht seltsame Blüten trieb. So neigte der Franziskaner und Wanderprediger Bernhardin von Siena (1380–1444) in seinen Muttergottespredigten zu derart maßlosen Übertreibungen, dass sich vermutlich schon damals die Gläubigen an den Kopf griffen.[16] Unter anderem versichert er, dass der Himmel uns seine Gaben nur durch Maria spende – ohne sich allerdings zu fragen, wer dieses Geschäft vor ihrer Geburt besorgt habe. Ein andermal wiederum lässt er Jesus zu seiner Mutter sagen, dass die Erlösung der Welt ohne ihr Leiden angesichts seines Todes nicht möglich wäre:»Eines nur ist notwendig, dass ich, dein Sohn, auf furchtbare Art sterbe, und du, meine Mutter, in ähnlicher Weise mit mir stirbst und die Welt so in geziemender Form erlöst wird.« Dass derartige Äußerungen von übereifrigen, gelegentlich gar fanatischen Predigern keine kritischen Rückfragen auslösten, hängt wohl nicht nur mit dem niedrigen theologischen Wissensstand der Gläubigen zusammen, sondern auch mit deren Schutzbedürfnis, das eine fast allmächtige Patronin bestens zu befriedigen vermochte. Sicher ist es kein Zufall, dass die Schutzmantelmadonna ausgerechnet im Hochmittelalter in die kirchliche Kunst Einzug hielt und im Lauf der Zeit immer beliebter wurde.[17] Clevere Mönchsprediger erzählten damals einer staunenden Zuhörerschaft, dass ein Mitglied ihres Ordens im Himmel lange vergeblich nach einem Mitbruder gesucht habe, bis er ihn schließlich unter dem Mantel der Himmelskönigin entdeckt habe. Die Botschaft war klar. Unklar hingegen war, für welchen Orden sich die jungen Leute entscheiden sollten, nachdem sie die gleiche Geschichte zuerst von einem Franziskaner, dann von einem Karmeliten und schließlich noch von einem Dominikaner vernommen hatten.

Mit fortschreitender Zeit blühte die Marienverehrung immer mehr auf, und zwar nicht nur dank des religiösen Eifers der Gläubigen, sondern auch aus religionspsychologischen Gründen.[18] Angesichts dieser ganzen Entwicklung wird man den Eindruck nicht los, dass dabei die theologischen und liturgischen Proportionen bei Weitem nicht immer gewahrt blieben – und dass Maria im Volksglauben, zumindest faktisch, nicht selten wichtiger war als Gott selber.

Im 17. Jahrhundert geriet der Madonnenkult häufig zu einer »hemmungslosen Schwärmerei«[19], die nicht selten an Abgötterei grenzte. Geradezu gierig griff man nach Büchern mit abstrusen Titeln wie *Liebeszündhölzer aus dem wonnigen Garten der Rosenkranzbruderschaft*.[20] Fanatische Verfechter und Anhängerinnen der (damals noch nicht dogmatisierten!) Lehre von der Unbefleckten Empfängnis legten ein »Blutgelübde« ab, mit dem sie sich verpflichteten, diese Doktrin »bis aufs Blut« zu verteidigen. Es entstanden »Bruderschaften der Sklaven Marias«. Man verlieh der Mutter Jesu den Ehrentitel einer »Göttin« und betrachtete sie – innerhalb *dieses* Denkschemas durchaus folgerichtig, aber arithmetisch absolut unlogisch – als vierte Person der Dreifaltigkeit.[21] Dass abergläubische, magische und ans Götzendienerische grenzende Formen der Marienverehrung im katholischen Lager keine Seltenheit waren, geht auch daraus hervor, dass nüchtern

Jean Fouquet, Krönung der Jungfrau, 1452–1460. Aus dem Livre d'Heures d'Etienne Chevalier, Musée Condé, Chantilly.

denkende Theologen sich immer wieder gezwungen sahen, in ihren Schriften gegen Missbräuche anzukämpfen – meist mit mäßigem Erfolg. Ein paar illustre Namen seien hier stellvertretend für viele andere angeführt: der Spanier Francisco de Suárez († 1619), der erste deutsche Jesuit Petrus Canisius († 1597), der Italiener Roberto Bellarmino († 1621), der Franzose Pierre de Bérulle († 1629) … Einen etwas höheren Bekanntheitsgrad als diese Theologen erreichten Gestalten wie der heilige Jean Eudes († 1680) oder der heilige Louis Grignion de Montfort († 1716).

Unter allen Frömmigkeitsformen scheint ausgerechnet der Madonnenkult am anfälligsten zu sein für Übertreibungen, wobei die Grenzen zwischen Orthodoxie und Häresie nicht selten überschritten wurden. Jedenfalls kam es immer wieder vor, dass Marienbegeisterte derart übers Ziel hinausschossen, dass es sogar den römischen Glaubenswächtern zu viel wurde. So sah sich der fromme Papst Innozenz XI. höchstpersönlich genötigt, die spanische Franziskanerin María de Agreda († 1665) zurückzupfeifen und ihr Werk *Mystische Stadt Gottes – Die göttliche Geschichte und das Leben der jungfräulichen Gottesmutter* auf den Index der verbotenen Bücher zu setzen. 1672 von der spanischen Inquisition aus dem Verkehr gezogen, wurde das Buch dank einer Intervention des spanischen Königs 1686 wieder freigegeben, 1691 vom Heiligen Offizium zu Rom verboten, aber nach drei Monaten wieder erlaubt, 1696 anlässlich einer im Jahr zuvor in Marseille erschienenen französischen Übersetzung von der Sorbonne verurteilt, von anderen Universitäten und Theologen hingegen verteidigt, 1704 auf den Index gesetzt, 1705 wieder gestrichen. Diese Schrift, die geradezu vor theologischen Ungereimtheiten und fantastischen Übertreibungen strotzt, erfreut sich noch immer einer außerordentlich großen Verbreitung.

Eine neue große marianische Begeisterungswelle erfasste die Gläubigen im 19. und zu Beginn des 20. Jahrhunderts, als die Weltpresse über einige aufsehenerregende Marienerscheinungen berichtete (Rue du Bac, Paris: 1830; La Salette: 1846; Lourdes: 1858; Fatima: 1917). Der dadurch ausgelöste marianische Boom führte nicht nur zur Entstehung neuer marianischer Stätten und Wallfahrten, sondern auch dazu, dass die Mutter Jesu schließlich sogar als Priesterin dargestellt wurde.

Maria als Priesterin?

Als gegen Ende des 19. und zu Beginn des 20. Jahrhunderts vermehrt solche Andachtsbilder zirkulierten, wurde man in Rom scharfsichtig – und aktiv. Am 29. März 1916 sah sich das für die Glaubenslehre zuständige Heilige Offizium (die Nachfahrin der Heiligen Inquisition und Vorfahrin der heutigen Glaubenskongregation) zu einer Stellungnahme genötigt:

> Da vor allem in neueren Zeiten damit begonnen wurde, Bilder zu malen und zu verbreiten, welche die seligste Jungfrau Maria mit priesterlichen Kleidern angetan darstellen, [...] beschlossen die Kardinäle: Ein Bild der seligen Jungfrau Maria in liturgischen Gewändern ist abzulehnen« (DSH 3632).

Fraglich ist, ob die römischen Instanzen sich bewusst waren, dass Maria ungestraft und über Jahrhunderte hin priesterliche Funktionen zugeschrieben wurden, angefangen von den Kirchenvätern bis hinauf zu den Päpsten der Neuzeit. Angesichts der Fülle der Zeugnisse lohnt es, wenigstens einige davon in Erinnerung zu rufen.[22]

Die Sache begann damit, dass Augustinus (354–430) und andere Kirchenväter behaupteten, dass Maria einer priesterlichen Familie entstammte (was historisch nicht zu verifizieren ist). Im Zug einer zunehmenden Verherrlichung der Gottesmutter verfielen dann manche Theologen auf den Gedanken, Maria mit priesterlichen Funktionen auszustatten – so unter anderen der heilige Theodoros Studites (759–826). Als Priesterin (!) hat sie ihren Sohn vierzig Tage nach ihrer Niederkunft im Jerusalemer Tempel und, später, auf dem Kalvarienberg Gott zum Opfer dargebracht. Diese These wurde in späteren Jahrhunderten immer wieder einmal aufgegriffen, unter anderem auch von Nicholas Patrick Stephan Wiseman (1802–1856), dem ersten Kardinal in England seit der Reformation:

> Maria stand aufrecht am Fuße des Kreuzes, und das war so, dass sie um der verlorenen Menschheit willen ein öffentliches und freiwilliges Opfer all dessen bringen konnte, was ihrem Herzen teuer war. [...] So wurde sie – soweit es möglich ist – Mitarbeiterin Gottes bei seiner großen Aufgabe: sie wurde Priesterin; sie, die ermächtigt war, auf ihre menschliche Art mitzuwirken, der Vernichtung ihres geliebten Kindes.[23]

Solche Äußerungen kann man damit entschuldigen, dass sie analog oder allegorisch zu verstehen seien oder (was wahrscheinlicher scheint) dass der Hang zur Rhetorik den dogmatischen Verstand ein wenig getrübt habe. Weniger verständlich ist, dass nicht etwa einfache Gläubige, sondern Bischöfe (also Lehramtsträger) und Theologen sich dazu verstiegen, Maria im Lauf der Jahrhunderte mit Vollmachten auszustatten, die nach kirchlicher Lehre den Priestern vorbehalten sind. Proportional zu den Privilegien, mit denen man die Mutter Jesu bedachte, nahmen offenbar auch ihre Befugnisse zu. Die Namen derer, welche Maria als Opferpriesterin verehrten (und propagierten) lassen sich sehen: Ubertino da Casale (1273–1317), der Heilige und Kirchenlehrer Antonius von Florenz (1389–1459), der heilige Thomas von Villanova (1486–1555) … Diese und alle späteren Verfechter des Priestertums Marias konnten sich auf eine Albertus Magnus (1200–1280) zugeschriebene Äußerung stützen. Der argumentierte, dass die Vorgesetzten in jeder Hierarchie alle Macht und Würde ihrer Untergebenen besitzen. Da Maria in der Kirche an höchster Stelle stehe, besitze sie in Fülle, was immer an Würde und Macht Priester, Bischöfe und sogar der Papst besitzen. Auf Anhieb vermögen solche Sophistereien vielleicht zu überzeugen. Bei näherem Hinsehen oder nach längerem Nachdenken jedoch fragt man sich vielleicht schon, ob der eine oder andere Gottesgelehrte nicht doch das Zeug zum Staranwalt gehabt hätte.

Aber nicht nur Prediger und Schriftgelehrte, sondern sogar Päpste haben sich zu missverständlichen Äußerungen hinsichtlich des Priestertums Marias hinreißen lassen.

Als Leo XIII. 1903 ein Gemälde von Silvio Capparoni zum Geschenk gemacht wurde, welches Maria in priesterlichen Gewändern darstellte, äußerte sich der Papst »höchst erfreut« über dieses Kunstwerk.[24] 1907 versah Pius X. ein Gebet mit einem Ablass von 300 Tagen, welches mit der Anrufung endet: »Maria, jungfräuliche Priesterin, bitte für uns!« Dass das Heilige Offizium 1916 verbot, Maria als Priesterin darzustellen, wurde bereits erwähnt. Als das italienische Klerusorgan *Palestra del Clero* 1917 einen Beitrag über die Verehrung der jungfräulichen Priesterin Maria veröffentlichte, sah sich das Heilige Offizium genötigt, daran zu erinnern, dass derlei Überlegungen innerhalb der katholischen Glaubenslehre keinen Platz hätten. Und dass es deshalb angebracht sei, dieses Thema nicht mehr aufzugreifen, da weniger erleuchtete Gläubige (sprich: das einfache Volk) ohnehin nicht in der Lage seien, diese Sache differenziert zu beurteilen.[25]

Nach heutigem Kenntnisstand wird Maria in der Kunst schon seit dem 6. Jahrhundert als Priesterin dargestellt – und dabei nicht etwa dem niederen Klerus zugerechnet. Vielmehr tritt sie bekleidet mit dem bischöflichen Pallium in Erscheinung. Dabei handelt es sich um einen anfänglich mantelartigen Überwurf, der später zu einer Art Stola stilisiert wurde. Im 3. Jahrhundert gehörte das Pallium zur Amtskleidung hochrangiger staatlicher Beamter. Nach der konstantinischen Wende wurde es von den Päpsten, später auch von Bischöfen und anderen hohen geistlichen Würdenträgern übernommen. Und zwar trug der Bischof das Pallium *nur bei priesterlichen Zeremonien.*

Spätestens im 7. Jahrhundert wurde auch Maria mit dem Pallium ausgestattet, wie ein Mosaik im Oratorium des heiligen Venantius bei der römischen Lateranbasilika dokumentiert (Zugang durch das nahe gelegene Baptisterium San Giovanni in Fonte). Im Zentrum des 642 entstandenen Apsismosaiks ist Christus dargestellt, unter ihm Maria, bekleidet mit einer Kasel; darüber trägt sie das Pallium. Möglicherweise handelt es sich dabei um eine Anspielung auf eine Stelle im Hebräerbrief (5,1), wo es vom Hohepriester heißt, dass er die Menschen vor Gott vertritt.

Ähnliche Darstellungen finden sich *unter anderem* in der Basilika von Parenzo/Kroatien (um 540), wo übrigens auch Elisabet mit dem Pallium ausgestattet ist, in Ravenna (Relief in Santa Maria in Porto; 6./7. Jahrhundert), ebenfalls in Ravenna über dem Altar der dortigen erzbischöflichen Kapelle (11. Jahrhundert?) und in der am Palatin auf der Seite des Forum Romanum gelegenen Kirche Santa Maria Antiqua. Das schlecht erhaltene Fresko, das Maria auf einem (bischöflichen?) Thron mit dem Jesuskind auf dem Schoß zeigt, ist schwer zu datieren. Das Pallium ist unter ihrem linken Arm gerade noch zu sehen.

Seit dem 11. Jahrhundert mehren sich die Darstellungen, auf denen Maria mit priesterlichen Gewändern bekleidet ist. Das bekannteste Gemälde dieser Art ist heute im Louvre zu besichtigen. Das Werk eines unbekannten Meisters aus dem frühen 15. Jahrhundert aus der Schule von Amiens trägt den Titel *Le sacerdoce de la Vierge* (Das Priestertum der heiligen Jungfrau). Die mit Messgewand und Stola bekleidete Maria steht vor dem Altar und ist im Begriff, die Kommunion auszuteilen. In ihrer Rechten hält sie ein Gefäß mit den Hostien, während sie mit der Linken die Hand des Jesuskindes stützt. Der Papst kniet vor ihr. Dessen Tiara wird von einem Engel getragen. Alles klar?

Klar ist zumindest, weshalb das Heilige Offizium einschreiten *musste*, als die Vorstellung von der jungfräulichen Priesterin gegen Ende des 19. und zu Beginn des 20. Jahrhunderts Prediger und Gläubige gleicherweise faszinierte.

Nie genug?

Auftrieb zu einem vorläufig letzten Höhepunkt des Madonnenkults gab die feierliche Verkündigung des Dogmas von der leiblichen Aufnahme Marias in den Himmel durch Papst Pius XII. im Jahr 1950.

Es war dies die Zeit, als sich verschiedene marianische Vereinigungen kräftig ins Zeug legten, mit dem Ziel, ein neues Dogma durchzuboxen, welches Maria zur Miterlöserin erklären sollte. Über ein solches – neutestamentlich und theologisch gesehen – unsinniges Ansinnen brauchen wir uns nicht weiter zu unterhalten. Konsequent zu Ende gedacht, müsste man dann auch die Stammeltern, welche durch den Sündenfall eine Erlösung erst notwendig machten, zu Miterlösern erklären, weil sie ja letztendlich ursächlich daran beteiligt waren, dass die Gottesmutter, die den Erlöser gebar, geboren wurde.

Theologische Entgleisungen fanden sich nach dem Zweiten Vatikanischen Konzil sogar noch in kirchlich approbierten Texten, so in dem Lied *Alle Tage sing und sage Lob der Himmelskönigin*, dessen zweite Strophe lautet:

> Ihr [Maria] vertraue, auf sie baue,
> dass sie dich von Schuld befrei
> und im Streite dir zur Seite
> wider alle Feinde sei!
> Gotterkoren hat geboren
> sie den Heiland aller Welt,
> der gegeben Licht und Leben
> und den Himmel offen hält.[26]

Da kann man nur hoffen, dass die Gläubigen sich beim Absingen der ersten Zeilen nichts gedacht haben! Seit wann denn besitzt Maria die Vollmacht, Menschen von ihrer Schuld zu befreien und Sünden zu vergeben?! Vielleicht sollte die Römische Glaubenskongregation nicht nur die Schriften von Theologinnen und Theologen nach ketzerischen Äußerungen durchforsten, sondern sich ab und an auch ein bisschen Zeit nehmen, die in der kirchlichen Liturgie verwendeten Texte auf ihre Orthodoxie zu überprüfen, zumal diese – sogar mit der Autorität kirchlicher Amtsträger verbreitet – einen größeren Personenkreis erreichen als die in der Regel etwas hochfliegenden Spekulationen der Gottesgelehrten.

Unser knapper Überblick über die Entwicklung der Marienverehrung könnte leicht den Verdacht nähren, dass die Geschichte des Madonnenkultes von Auswüchsen geradezu durchsetzt sei. Bei allen Einseitigkeiten und zeitweiligen Exzessen, die es *auch* gegeben hat, würde eine derart summarische Beurteilung der Wirklichkeit nicht gerecht. Tatsächlich hat es nicht nur in den Zeiten der Kirchenväter, sondern auch vom Mittelalter bis zum Zweiten Vatikanischen Konzil immer wieder Theologen gegeben, welche ihr Herz an Maria verschenkten, ohne beim Schreiben über sie den Kopf zu verlieren. Im Gegensatz zu vielen anderen förderten sie nicht eine süßschwüle Pseudomystik, sondern bedachten die biblischen Aussagen über Maria neu. Sie holen die Gottesmutter vom Podest herunter und stellten sie an ihren ursprünglichen Platz, mitten hinein in die Gemeinschaft der Gläubigen. »Urbild der Kirche« – dieser Buchtitel von Otto Semmelroth (^{2}1954) verweist auf die Stellung, die Maria innerhalb der Heilsgeschichte einnimmt und damit auf die richtige Art der Verehrung. Sie ist, wie das Zweite Vatikanische Konzil sagt, mit der »höchsten Aufgabe und Würde beschenkt, die Mutter des Sohnes Gottes zu sein. Durch dieses hervorragende Gnadengeschenk hat sie bei Weitem den Vorrang vor allen anderen himmlischen und irdischen Kreaturen. Zugleich aber findet sie sich mit allen erlösungsbedürftigen Menschen in der Nachkommenschaft Adams verbunden.« Sie *gehört* nicht nur zur Kirche, sondern ist auch ihr »*klarstes Urbild* im Glauben und in der Liebe«.[27]

Ist das vielleicht zu wenig?

Der Protest der Reformatoren

Und nehest der heiligen Schrifft ist ja kein nutzlicher buch fur die Christenheit denn der lieben heiligen Legenden, sonderlich welche rein und rechtschaffen sind. Als darinn man gar lieblich findet, wie sie Gottes wort von hertzen gegleubt und mit dem munde bekand, mit der that gepreiset und mit yhrem leiden und sterben geehret und bestettigt haben. Solchs alles aus der massen trostet und sterckt die schwach gleubigen, und noch viel mutiger und trotziger macht, die zuvor starck sind.
Martin Luther, Vorrede zu Lazarus Sprengler, Bekenntnis. 1535, Weimarer Ausgabe Bd. 38, 313.

Sub tuum præsidium confugimus, Sancta Dei Genetrix.
Nostras deprecationes ne despicias in necessitatibus nostris,
sed a periculis cunctis libera nos semper,
Virgo gloriosa et benedicta.
Amen.
Unter deinen Schutz und Schirm fliehen wir, o heilige Gottesgebärerin.
Verschmähe nicht unser Gebet in unseren Nöten,
sondern erlöse uns jederzeit von allen Gefahren,
o du glorreiche und gebenedeite Jungfrau.
Amen.

Dieses älteste bekannte Gebet zur Gottesmutter gehörte schon um die Mitte des dritten Jahrhunderts zum festen Bestandteil der koptischen Weihnachtsliturgie. Von Ägypten aus verbreitete es sich im Lauf der Zeit in der gesamten christlichen Welt. Die heute geläufige Schlussbitte kam erst später hinzu:

Unsere Frau, unsere Mittlerin, unsere Fürsprecherin!
Versöhne uns mit deinem Sohne,
empfiehl uns deinem Sohne,
stelle uns deinem Sohne vor.

Das *Sub tuum præsidium* wurde im Mittelalter in den Klöstern zu Beginn der Nachtruhe rezitiert und fand so Eingang ins kirchliche Stundengebet.

Indirekt wird Maria darin als *patrona*, als Schutzherrin angesprochen. Das lateinische *præsidium* entstammt der Militärsprache und bedeutet ursprünglich Schutz, Hilfe und Unterstützung bei Feindgefahr. Der diesen Schutz gewährt, ist der *patronus*, der Schutzherr. Im zivilen Recht verstand man im alten Rom unter einem *patrocinium* die Schutzpflicht, die der *patronus* seinen Untergebenen schuldete. Zwischen dem Patron und seinen Schutzbefohlenen bestand ein wechselseitiges Treueverhältnis. Als Erster unter den westlichen Kirchenvätern scheint Ambrosius den Patronatsbegriff auf die Märtyrer angewandt zu haben. In der Folge setzte sich die Sitte durch, eine Kirche, in der eine Blutzeugin oder ein Märtyrer beigesetzt war, nach diesen zu bezeichnen (vor allem, um sie von anderen Kirchen in derselben Stadt zu unterscheiden).

Heilige als Schirmherren und Schutzherrinnen

Wann genau die Christgläubigen auf den Gedanken verfielen, ihre Kinder mit Heiligennamen zu benennen und sie so deren Schutz anzuvertrauen, lässt sich nicht mehr mit Sicherheit feststellen. Erste diesbezügliche Zeugnisse verdanken wir dem Kirchenschriftsteller und Bischof von Karthago, Cyprian, und einem seiner Zeitgenossen, dem Bischof Dionysios von Alexandreia (die selber noch nicht Namen von christlichen Heiligen trugen!). Beide starben um die Mitte des 3. Jahrhunderts. Im 4. Jahrhundert ermahnt der Bischof und Patriarch von Konstantinopel, Ioannes Chrysostomos, die Eltern, ihre Kinder nicht nach ihren Vorfahren, sondern nach den Heiligen zu benennen:

Siehst du, dass auch in den bloßen Benennungen ein reicher Schatz an Gedanken liegt? Nicht nur zeigt sich darin die Frömmigkeit der Eltern, sondern auch ihre Sorgfalt für die Kinder, nämlich wie sie sofort und von Anfang an ihre Neugeborenen durch die Namen, die sie ihnen geben, zum Streben nach Tugend anleiteten, und wie sie nicht wie heute, nämlich zufällig und aufs Geratewohl, die Namen wählten. Nach dem Namen des Großvaters oder des Urgroßvaters, sagen sie, soll das Kind heißen. Aber die Alten taten nicht so, sondern sie wandten alle Mühe an, um solche Namen den Neugeborenen zu geben, die nicht nur die Benannten auf die Tugend aufmerksam machten, sondern auch allen anderen und den kommenden Geschlechtern ein vollständiger Unterricht in vernünftiger Lebensführung wurden. So sollen wir nicht irgendwelche Namen den Kindern geben, weder von Großvätern und Urgroßvätern noch von solchen, die durch adelige Geburt sich auszeichneten, sondern sie nach heiligen Männern nennen [wo, heiliger Chrysostomos, bleiben bloß die Frauen?], die durch Tugend hervorragten und mit Zuversicht vor Gott auftreten konnten. Auch nicht auf solche Namen an und für sich sollen Eltern und Kinder Vertrauen setzen; denn eine Benennung bringt keinen Nutzen, wenn sie leer an Tugend ist, sondern auf die Übung der Tugend muss man die Hoffnung des Heiles aufbauen.[1]

Auffallenderweise bleibt der Patronatsgedanke hier völlig ausgeklammert. Johannes Goldmund (so die wörtliche Übersetzung *seines* Namens!) denkt überhaupt nicht daran, dass die Täuflinge durch die Namensgebung dem Beistand der Heiligen unterstellt werden! Dem berühmten Bischof zufolge haftet dem Patronatswesen eher der Ruch des Aberglaubens an. Der angenommene Name garantiert keinen besonderen Schutz, sondern verweist auf das Vorbild, nach welchem die Getauften ihr Leben ausrichten sollen.

Ähnlich denkt Theodoretos von Kyros, einer der bedeutendsten Gottesgelehrten der griechischen Kirche im 5. Jahrhundert. Auch er verurteilt den Brauch, »Kinder nach den Märtyrern zu benennen, um ihnen dadurch Sicherheit und Schutz zu erwirken«.[2] Offenbar ist diese Gewohnheit für ihn Ausdruck eines magischen Denkens. Dazu passt, dass Heiligennamen in der ausgehenden Antike häufig auf Amuletten und in Zaubersprüchen auftreten, von denen man sich Sicherheit vor Abergeistern und Heilung von Krankheiten versprach. Die Kirchenlehrer und Synoden sahen sich deswegen immer wieder gezwungen, vor magischen Gebräuchen und Praktiken zu warnen.

Trotz gelegentlicher Kritik (die sich vor allem gegen abergläubisches Denken richtete) vermochte sich die Vorstellung vom besonderen Schutz, den der Taufpatron den Getauften angedeihen lässt, schließlich doch durchzusetzen.

Einen weiteren Aspekt hinsichtlich der Namensgebung hebt Ambrosius hervor, wenn er eine Witwe zu ihrem Sohn sprechen lässt: »Beherzige, wem du dein Dasein verdankst; du bist mehr ein Sohn meiner Gebete als meiner Schmerzen. Erwäge, zu welchem Beruf dein Vater dich bestimmte, als er dich Laurentius nannte. An jenen Heiligen haben wir unsere Gebete gerichtet, nach ihm haben wir dich benannt. Unsere Gebete wurden erhört. [...] Er hat dich uns erfleht. Du aber erstatte, was wir von dir durch die Erteilung dieses Namens versprochen haben.«[3]

Die Äußerung lässt durchblicken, dass die Eltern mit ihren Gebeten den heiligen Diakon Laurentius bestürmt haben, ihnen ein Kind zu erwirken. Offensichtlich hat der inzwischen verstorbene Gatte ein Gelübde abgelegt. Im Fall einer Erhörung sollte der Sohn nach seinem Fürsprecher Laurentius heißen und dessen Beispiel folgen – also in den Kirchendienst treten. Wir haben es hier mit dem ersten bekannten Fall einer erhörten Fürbitte und einem damit verbundenen Versprechen zu tun, das durch die Namensgebung besiegelt wird. Der Brauch, erbetete Kinder Gott zu weihen und diese Weihe durch den Namen des Fürsprechers oder der Fürbitterin zu besiegeln, ist bis in die Neuzeit hinein belegt. Gleichzeitig wird so der ursprünglich profane Patronatsgedanke konsequent ins Religiöse integriert; hier wie dort gehen die Beschützten ihren Beschützern und Beschirmerinnen gegenüber eine *Verpflichtung* ein.

Zunächst orientierte man sich bei der Namensgebung vor allem an den frühchristlichen Märtyrergestalten. Von daher versteht es sich, dass der Name Maria (genauso wenig wie der des heiligen Josef) ursprünglich nicht zu den *Top Ten* gehörte. Das änderte sich erst, als Papst Gregor IX. 1232 für den gesamten Bereich der römischen Kirche alle Marien- und Apostelfeste, außerdem die Gedenktage Johannes' des Täufers, der Märtyrer Stephanos und Laurentius sowie den St.-Michaelstag zu Feiertagen erklärte. Nun wurden diese Heiligen bei der Namensgebung immer öfter bevorzugt. Ebenfalls im 13. Jahrhundert avanciert auch der Gedenktag des heiligen Nikolaus von Myra zu einem kirchlichen Hochfest (was die Verpflichtung zur Sonntagsruhe einschließt). Es ist also sicher kein Zufall, dass Jehan (Jean), Pierre, Nicolas, Thomas, Etienne (Stephan), Simon, Jacques, Philippe, Michiel, Lorenz, aber auch Jehanne, Marie, Petronelle und Nicole in den Pariser Steuerlisten von 1292 und 1313 zu den meistgenannten Vornamen gehören.

Als man dem Patronatsgedanken trotz der Vorbehalte eines Chrysostomos mehr Gewicht beimaß, mauserten sich die Vorbilder ziemlich schnell zu Helfern und Schirmherrinnen. Dies wiederum brachte es mit sich, dass man bei der Taufe auf möglichst ›große‹ Heilige setzte, von deren Fürbitte man sich im Bedarfsfall bessere Erfolgschancen erwartete. So kam es, dass Maria als Taufname immer häufiger gefragt war. Zum Spitzenreiter wurde er aber erst zu Beginn des 16. Jahrhunderts.[4] Im 18. und 19. Jahrhundert behauptete er vielerorts mit Abstand den ersten Platz. Eine gewisse Konkurrenz bildeten allenfalls die Vornamen von Adeligen oder Landesfürstinnen – Schauspielerinnen und Tennisstars gab es damals noch keine.

Im Lauf der Zeit weitete sich das Patronatswesen immer mehr aus; nicht nur einzelne Personen, sondern auch Stände und Städte, Bruderschaften und Zünfte, ja ganze Nationen erwählten sich aus der Schar der Heiligen einen Patron oder eine Patronin. Und weil das Leben den Menschen gelegentlich übel mitspielt, was zu allen nur denkbaren Misshelligkeiten und Mängeln führt, suchten die vom Schicksal Gebeutelten in ganz bestimmten Situationen bei jenen Heiligen Zuflucht, welche ähnliche Leiden entweder am eigenen Leib erfahren oder zu Lebzeiten erfolgreich bekämpft hatten.

Dass ausgerechnet Maria zur Patronin der ganzen Christenheit aufrückte, ist religionspsychologisch nahe liegend; in der Tat kommt den Muttergottheiten in vielen Kulturen eine zentrale Bedeutung zu. Als Große Mutter kann sie überdies nicht nur in besonderen Anliegen, sondern grundsätzlich in jeder Notlage angerufen werden: »Verschmähe nicht unser Gebet in unseren Nöten, sondern erlöse uns jederzeit von allen Gefahren!«

»Maria breit den Mantel aus«

Dass die Große Mutter seit dem 12./13. Jahrhundert als Schutzmantelmadonna dargestellt wird, geht auf das mittelalterliche Adoptionsverfahren zurück. Nicht- bzw. voreheliche (und damit rechtlose!) Kinder wurden damals legitimiert, indem der Vater im Lauf einer öffentlichen Zeremonie seinen Mantel über sie breitete. 1179 legte Papst Alexander III. fest, dass eine solche Legitimation ausschließlich durch die nachfolgende Ehe der Eltern erfolgen konnte.[5] Kinder, die auf diese Weise in den Genuss des Rechtsstatus gelangten, bezeichnete man als *filii mantellati*, als Mantelkinder. Daran erinnern noch mehrere Darstellungen der Geburt Jesu aus dem 15. und 16. Jahrhundert, die vorwiegend im süddeutschen Raum entstanden sind. Während Maria sich in frommer Anbetung dem Kind zuwendet, denkt Josef ans Essen; genauer noch, er kocht. Die Kelle in der einen und ein Pfännlein in der anderen Hand rührt er den Brei. Gelegentlich bläst er gar kräftig in die Glut, um ein Feuerchen zu entfachen, über dem er die Mahlzeit zubereiten will. Offensichtlich wird hier jene theologische Lehre ins Bild umgesetzt, nach welcher Josef nicht der leibliche, sondern der Nährvater Jesu ist. Diesen Sachverhalt unterstreichen manche Künstler dann noch zusätzlich, indem sie den kochenden Josef in einen Mantel hüllen. Damit führen sie den Betrachtenden auf anschauliche Weise vor Augen, dass Jesus ein Mantelkind, will sagen der Adoptivsohn Josefs, ist.[6]

Das mittelalterliche Adoptionsritual war es, das schließlich dazu führte, dass sich immer mehr Gläubige als *filii mantellati*, als ›Mantelkinder‹ Marias, betrachteten. Diese Sichtweise gewann an Bedeutung, als heimkehrende Kreuzfahrer die byzantinische Legende von der Marienvision des seligen Andreas Salos († 936 oder 946) verbreiteten. Der soll gesehen haben, wie die Gottesmutter in der Blachernen-Kirche zu Konstantinopel ihren Schleier (Maphorion) vom Haupt nahm und schützend über die Gläubigen hielt. Dazu wiederum passte eine von Cæsarius von Heisterbach (um 1180 – nach 1240) überlieferte Vision, derzufolge Maria die Zisterzienser unter ihrem Mantel wärmte.[7] Seit dem 13. Jahrhundert verbreiteten neben den Zisterziensern insbesondere die Dominikaner und Franziskaner in ihren Predigten immer neue Schutzmantelvisionen, in denen Maria im Jenseits die verstorbenen Ordensmitglieder unter ihren Mantel nimmt – womit sie gleichzeitig die Vorzugsstellung ihrer Gemeinschaften propagierten.

Seither breitet die Große Mutter in der bildenden Kunst ihren Mantel aus über Päpste und Prälaten, über Kardinäle, Könige und Kaiser, über Mönche und Nonnen, Bürger, Bauern und Bettelvolk, über Frauen und Männer und Arme und Reiche – kurzum über die gesamte Christenheit (wobei geistliche und weltliche Stände häufig getrennt dargestellt sind). Und alle diese *mantellati* stimmen seit über dreieinhalb Jahrhunderten ein in ein Lied, mit dem sie die Schutzmantelmadonna um ihre Hilfe angehen:

> Maria breit den Mantel aus,
> mach Schirm und Schild für uns daraus,
> lass uns darunter sicher stehn,
> bis alle Stürm vorübergehn.
> Patronin voller Güte
> uns alle Zeit behüte.

> Dein Mantel ist sehr weit und breit,
> er deckt die ganze Christenheit,
> er deckt die weite, weite Welt,
> ist aller Zuflucht und Gezelt.
> Patronin voller Güte
> uns alle Zeit behüte.

> O Mutter der Barmherzigkeit
> den Mantel über uns ausbreit,

uns all darunter wohl bewahr
zu jeder Zeit in aller G'fahr
Patronin voller Güte
uns alle Zeit behüte.

Entstanden ist dieser Liedtext in Innsbruck im Jahr 1640, in einer Zeit also, da ganz Europa heimgesucht war von den Wirren des Dreißigjährigen Krieges.

Marianische Vereinigungen

Später wurde diese Mantelkindschaft durch die Weihe an Maria gewissermaßen institutionalisiert. Diese Andachtsform pflegten insbesondere die seit dem 16. Jahrhundert aufblühenden Marianischen Kongregationen. Diese Sodalitäten (wie sie auch genannt wurden) verdanken ihre Entstehung dem flämischen Jesuiten Johannes Leunis. Der fasste im Jahr 1563 am Römischen Kolleg die Schüler zu einer »religiös-apostolischen« Kerngruppe zusammen mit dem Ziel, die Wissenschaften und die Werke der Nächstenliebe zu fördern. Am 1. Januar 1564 unterstellte sich die Gruppe dem besonderen Schutz Marias. Zwei Jahrzehnte später erfolgte die offizielle kirchliche Anerkennung als Kongregation (religiöse Vereinigung). Mit dem Wachsen des Jesuitenordens verbreitete sich die Bewegung immer mehr und fasste schließlich in allen sozialen Schichten Fuß. Schon bald gehörten diese Marianischen Kongregationen zu den stärksten Kräften der katholischen Reformbewegung.

Charakteristisch für diese Art von Spiritualität ist die unbedingte Weihe an Maria, wie sie in dem Weihegebet des Jesuiten Nicola Zucchi (1586–1670) zum Ausdruck kommt:

O meine Gebieterin, meine Mutter, ich opfere mich dir ganz. Und um dir meine Hingabe zu beweisen, weihe [consecro] ich dir heute meine Augen, meine Ohren, meinen Mund, mein Herz und mich ganz und gar. Da ich also dein bin, o gute Mutter, bewahre mich und beschütze mich als dein Gut und Eigentum.[8]

In der Folge entstanden immer mehr kirchliche Gemeinschaften, deren Mitglieder sich dem Schutz Marias unterstellten. Allein in den letzten 150 Jahren wurden rund 900 Vereinigungen mit marianischer Ausrichtung gegründet.⁹ Die Gruppierungen nennen sich *Gemeinschaften, Söhne, Töchter, Schwestern*, oft auch *Mägde Mariens*. Da stoßen wir auf eine *Compagnie de Marie* (gegründet 1713), lernen eine *Société des Filles du Cœur de Marie* (1790) kennen, können uns über eine italienische Priesterkongregation mit dem Namen *Oblati della Beata Vergine Maria* (1815) informieren oder bei der *Congregatio Sancti Spiritus sub tutela Immaculati Cordis Beatissimæ Virginis Mariæ* (1848) unsere Lateinkenntnisse auffrischen. 1849 entstanden die *Schwestern der christlichen Liebe, Töchter der allerseligsten Jungfrau Maria von der Unbefleckten Empfängnis* und die *Söhne des Unbefleckten Herzens Mariens* (Clarentiner). Natürlich gab und gibt es immer wieder neue Gründungen, wie die *Una Voce Gruppe Maria* (1972) oder die *Weiß-blaue Armee Mariens, der Patrona Bavariæ* (1972). Die Bezeichnungen einiger dieser Gemeinschaften sind sehr viel friedvoller als die Aktionen, die sie manchmal in die Wege leiten. Warum viele Kirchenobere ausgerechnet mit diesen eher aggressiven Gruppierungen sympathisieren, gehört wohl zu jenen Mysterien des Glaubens, die man bloß zur Kenntnis nehmen, aber nie begreifen kann.

In seltenen Fällen sahen sich die Lehramtsträger aber doch genötigt, angesichts des Madonnenkults gewisser Fanatiker und Schwärmerinnen ein Machtwort zu sprechen. Es gilt dies unter anderem für eine marianische Bewegung im 17. Jahrhundert, deren Mitglieder sich als »Sklaven der Muttergottes« bezeichneten. »Ein ausdrückliches und strenges Dekret des Heiligen Offiziums, welches unter Clemens X. am 5. Juli 1673 erlassen wurde, verbietet und hebt diese Bruderschaften mit allen äußeren Kennzeichen, Medaillen, Ketten usf. auf.« So der französische Jesuit Antoine Maurel in seinem Traktat über den Ablass.¹⁰ Anschließend zitiert der gelehrte Gesellschafter Jesu den 1841 in Rom gedruckten *Index der verbotenen Bücher*:

> Dort liest man [...]: Verboten sind die Bilder und Medaillen, welche den Bruderschaften der Sclaven Mariä eigen sind und auf denen man gefesselte Mitglieder abgeprägt, gemalt oder gravirt [sic!] sieht. Die Bruderschaften selbst, welche den Mitgliedern beiderlei Geschlechts Ketten austheilen, um dieselben als Pfand ihrer Verpflichtung am Arme oder um den Hals zu tragen, werden verboten und aufgehoben. Und die Vereine, welche noch ähnliche Gebräuche und Uebungen, wie sie jener Bruderschaft eigen sind, beibehalten, müssen dieselben sofort verwerfen.¹¹

Offenbar hat die damalige Kirchenleitung noch darum gewusst, dass Marienverehrung und Masochismus sich nicht miteinander vertragen. Die gegenwärtig von Rom favorisierte Bewegung *Prælatura Sanctæ Crucis et Opus Dei* sieht das ein bisschen anders. Deren Mitglieder tragen außer an Sonn- und Feiertagen zwei Stunden täglich einen schmerzhaften Bußgürtel. Damit setzen sie um, was der 2002 heiliggesprochene Gründer dieser Bewegung, der spanische Priester Josemaría Escrivá (1902–1975), predigte, nämlich dass der Schmerz heilig sei und die Menschen adle.

Marienfrömmigkeit statt Christusglaube?

Hat Maria sich als Schirmherrin bewährt? Oder *glaubten* die Menschen damals bloß, dass sie helfen könne und helfen würde? Grundsätzlicher noch gefragt: Erwarten sich manche Gläubige von der Gottesmutter mehr als von Gott selber?

Die inbrünstigen Bitten, die man Maria entgegenbrachte, die überbordenden Lobpreisungen und die mythisch-mystischen Ruhmeserhebungen und, nicht zuletzt, ein vom Klerus begünstigter und von den Massen der Gläubigen gepflegter Marienkult erwecken gelegentlich schon den Eindruck, dass der christliche Glaube in erster Linie nicht die Verkündigung Jesu, sondern die Verehrung seiner Mutter zum Inhalt habe. Dagegen polemisiert Martin Luther in einer 1522 zum Fest Mariä Geburt gehaltenen Predigt. Entgegen allem Anschein geht es ihm dabei nicht etwa darum, die Muttergottesverehrung zu diskreditieren. Wohl aber weist er darauf hin, dass eine schon fast ans Fanatische grenzende Marienschwärmerei den Blick auf Jesus zu verstellen droht:

»Sei gegrüßt, eine Königin der Barmherzigkeit, unser Leben, unsere Süßigkeit, unsere Hoffnung!« Ist das nicht zu viel? Wer will das verantworten, dass sie »unser Leben, Barmherzigkeit und Süßigkeit« sein soll, wo sie sich doch [daran] genügen lässt, dass sie ein armes Gefäß sei? Dies Gebet singt man durch die ganze Welt und läutet große Glocken dazu! Also ist es auch mit dem *Regina cœli*, das ist auch nicht besser, da man sie eine »Königin des Himmels« nennet. Ist das nicht eine Unehre Christo angetan, dass man einer Kreatur zuleget, was allein Gott gebühret? Darum lasse man ab von den unverschämten Worten.[12]

Der Ehrentitel »Königin des Himmels« war auch anderen Reformatoren ein Dorn im Auge. Der streitbare Matthias Flacius (1520–1575; genannt der Illyrier), dem Luther 1544 an der Universität Wittenberg eine Professur für Hebräische Sprache verschaffte, stimmt seinem Förderer in dieser Sache voll zu:

Die Evangelischen geben dem Allmechtigen Gott allein die gantze Regierung, versehung oder Providentiam (wie man es nennet) der Welt, das er allein in allem sey. Die Papisten theilen die Regierung oder Providentiam unter unzehliche Heiligen, doch also, Das das meiste thu und behalte die Regina Celi, die Königin des Himmels, Stella Maris, Domina mundi, wie sie sie nennen.[13]

Ähnlich stößt sich der Tübinger Theologe Jacob Heerbrand (1521–1600), auch er ein Gefolgsmann Luthers, in seinem *Compendium Theologiæ* (1573) an dem marianischen Ehrentitel *Regina*, wobei er allerdings nicht an den Hymnus *Regina cœli*, sondern an das *Salve Regina* denkt.

Im Grunde beruhen diese Kritiken auf einer Verwechslung literarischer Gattungen. Bezeichnenderweise handelt es sich in allen Fällen um Marien*hymnen*, die abgelehnt werden. Der Hymnus jedoch bedient sich nun einmal der Bildersprache (man denke etwa an die Vaterlandshymnen!); dass er Begeisterung wecken oder diese steigern will, ist nicht nur erlaubt, sondern beabsichtigt. Offensichtlich haben die Reformatoren diesem Sachverhalt keinerlei Rechnung getragen und die hymnischen Preisungen mit dogmatischen (Sach-)Aussagen verwechselt. Der damals praktizierte Madonnenkult hat diesem Missverständnis zweifellos Vorschub geleistet. Die Sorge der Reformatoren, dass man das Geschöpf Maria höher stelle als seinen Schöpfer und auf diese Weise Gott die Ehre nehme, war sicher nicht unbegründet. Tatsächlich hatte Martin Luther gegen eine gesunde Heiligen- und Muttergottesverehrung nichts einzuwenden; im Gegenteil. In einer in seinem Todesjahr 1546 gehaltenen Predigt bezeichnete er Maria als »die heiligst und reinste Jungfraw«.[14] Ähnliche Äußerungen finden sich in zahlreichen anderen seiner Schriften. Darin unterschied er sich von Zwingli und Calvin, welche die Heiligenverehrung ganz allgemein als Teufelswerk ablehnten. Heiligendienst führt ihrer Ansicht nach zum Personenkult, der in letzter Konsequenz darauf tendiert, die Einheit und Einzigkeit Gottes aufzuheben. Unter diesen Voraussetzungen, darin sind Calvin und Zwingli sich einig, muss man die Ausrottung der Heiligenverehrung geradezu als Gottesdienst betrachten.[15]

Während der Zürcher und der Genfer Reformator die Heiligenbilder mit dem Götzendienst in Verbindung brachten, hatte Luther in seiner Stube ein Marienbild an der Wand hängen.[16] Allerdings missbilligte er die seit dem 13. Jahrhundert verbreiteten Schutzmantelmadonnen, weil diese angeblich die alleinige Mittlerschaft Christi verdunkelten. Wenn immer daher von Fürsprache der Heiligen die Rede ist, wird Luther hellhörig und sieht rot, nicht ganz ohne Grund. Denn die unter den Gläubigen seit Jahrhunderten übliche Fürbittpraxis führte nicht selten zu dem Missverständnis, dass man einzig auf dem ›Umweg‹ über Maria oder anderer Heiliger der Gnadengaben Gottes teilhaftig werden könne. Von einer Fürsprache der Heiligen will Martin Luther nichts wissen. Weil auch das Neue Testament nichts davon weiß.

Exkurs: Heilige als Vermittler und Fürsprecherinnen?

Sollen (oder dürfen) Jesusgläubige die Heiligen ersuchen, bei Gott um Erhörung ihrer Bitten vorstellig zu werden? Dem ersten Timotheusbrief zufolge ist Christus ja der einzige Mittler zwischen Gott und den Menschen. Im Zusammenhang mit der Heiligenverehrung hat diese im Neuen Testament verankerte Lehre zwischen den Kirchen der Reformation einerseits und der West- und den Ostkirchen andererseits zu erregten Auseinandersetzungen geführt, die nicht nur den Madonnenkult, sondern auch die Andacht zu den Heiligen ganz allgemein betreffen. Diese kontrovers diskutierte theologische Frage gilt es im Folgenden ausführlich zu behandeln.

Ein *Fürsprech* (der Duden kennt den alten Ausdruck noch!) ist ein Anwalt. Dessen Aufgabe ist es, seinen Mandantinnen und Auftraggebern aus der Patsche zu helfen und ihnen allenfalls noch irgendwelche Vorteile zu verschaffen. So weit, so gut.

So weit, so ungut, wenn man das Bild von der juristischen auf die Glaubensebene überträgt; aber gehen wir der Reihe nach vor!

Hat man Maria mit so vielen Ehrentiteln überhäuft, weil sie so mächtig ist? Oder ist sie so mächtig, weil sie eine *unvergleichlich* hohe Stellung einnimmt in der Heilsgeschichte (und damit in der Hierarchie der Heiligen)? Letzteres scheint der Fall zu sein, schließt aber Ersteres nicht aus. Frömmigkeitsgeschichtlich betrachtet handelt es sich wohl um einen ›Schaukeleffekt‹, will sagen, dass das eine das andere bedingt! Je mehr Maria verehrt wurde, desto mehr traute man ihr zu, und je mehr man ihr zutraute, desto höher

Schutzmantelmadonna, Sogn Gieri, Rhäzüns (Graubünden). Freskenmalerei aus dem 14. Jahrhundert.

stufte man sie ein; das Mädchen Mirjam aus Nazaret wurde zur Königin des Himmels, die arme Magd zur allmächtigen Fürsprecherin. Fromme, gelegentlich auch fanatische Prediger waren an dieser Karriere nicht ganz unbeteiligt.

So wurde die Mutter des Erlösers in den Augen vieler praktisch zur Miterlöserin. Für die Reformatoren ergab sich so ein Problem, das bis anhin nicht hinreichend gelöst ist und das heute nicht nur den Kirchen der Reformation zu schaffen macht. Konkret geht es dabei nicht nur um den Madonnenkult, sondern ganz allgemein um die Fürbitte der Heiligen.

Auch im katholischen Lager verstehen viele Gläubige nicht mehr so recht, warum man sich für die Heiligen erwärmen oder gar von ihnen schwärmen kann. Ihr Verhalten ihnen gegenüber ist von einer kühlen Korrektheit charakterisiert. Sie zollen ihnen Ehrerbietung und Respekt. Aber nicht einmal im Traum würde es ihnen einfallen, einen Märtyrer oder eine Bekennerin mit irgendwelchen Wünschen zu inkommodieren. Sie halten es mit den Reformatoren und deren geistigen Nachfahren, die den *direkten* Zugang zu Gott suchen und es daher vermeiden, subalterne Chargen dazu zu bewegen, sich für sie *in spiritualibus* auf höchstinstanzlicher Ebene zu verwenden.

Andere sehen das anders. Sie stehen mit den Heiligen auf Du und Du, und dies auf eine Art, die beim Freiherrn von Knigge ein leichtes Zucken der Mundwinkel ausgelöst hätte. Sie reden mit ihren himmlischen Schirmherren und Schutzpatroninnen wie mit der Nachbarin von nebenan, die ihnen bisweilen einen Gefallen tut, weil sie ihr allwöchentlich den Müllsack zum Container tragen. Warum also sollten nicht auch der heilige Judas Thaddäus, die heilige Rita von Cascia oder eben die Madonna ein offenes Ohr haben für ihre alltäglichen Sorgen?!

Angesichts dieses sehr menschlichen Umgangs mit den Heiligen wird sich niemand wundern, wenn da ab und an Allzumenschliches durchscheint. So besitzen wir hinreichend Zeugnisse dafür, dass die Beziehung zwischen den Heiligen und ihren Getreuen nicht immer vor Belastungsproben verschont blieb. Elisabeth von Thüringen beispielsweise, die 1235, gerade viereinhalb Jahre nach ihrem Tod, heiliggesprochen wurde, musste sich an ihrem Grab in Marburg immer wieder schlimme Drohungen gefallen lassen, wenn sie die dort vorgebrachten Anliegen nicht sofort zur Kenntnis nahm.[17] Ähnliches ist in Neapel noch heute anzutreffen, wenn der Stadtheilige San Gennaro den Wünschen der Bittenden nicht hinlänglich Beachtung schenkt. Gelegentlich kam es auch vor, dass man Heiligen einen Denkzettel verpasste, wenn sie eine ihnen zugedachte Aufgabe nicht erfüllten. Im 6. Jahrhundert berichtet Gregor von Tours, dass Bischof Franco von Aix-en-Provence sich an dem Bistumsheiligen Metrias mit Kultentzug rächte, als dieser ihm gegen einen räuberischen Gegenspieler keinen Beistand leistete. Er ließ das Grab des diözesanen Schutzpatrons mit Dornengestrüpp überdecken und die Kirche verriegeln. Erst nachdem ihm Gerechtigkeit widerfahren war, bedachte er den heiligen Metrias wieder mit den gebührenden liturgischen Ehren.[18] Vom Frühmittelalter bis hinauf in die Jahrtausendwende war es offenbar üblich, gegen unbotmäßige Heilige nicht nur die Stimme, sondern auch die Hand zu erheben. Jedenfalls sah sich das zweite Konzil von Lyon (1274) genötigt, diese Unsitte aufs Schärfste zu verurteilen. Dennoch lebten die Missbräuche noch lange fort. Im Württembergischen, wo die Reformatoren in der Bilderfrage keine eindeutige Haltung bezogen, gestand man dem Winzerpatron Papst Urban I. († 230), dessen Festtag mit dem Endtermin der Weingartenbestellung zusammenfällt, weiterhin seine Prozession zu. Bei anhaltendem schlechten Wetter wurde der Bedauernswerte regelrecht abgestraft; man beschimpfte ihn als »Rebenmännle« und wässerte seine Statue im Stadtbrunnen.[19]

Wenn wir den Chronisten glauben dürfen, kam es gelegentlich vor, dass man die Heiligen buchstäblich erpresste. So weiß der Zisterziensermönch Cæsarius von Heisterbach († 1240) von einer Frau, deren Töchterlein von einem Wolf geraubt worden war (die durchaus ähnliche Geschichte von einer Witwe, deren Sohn unschuldig im Gefängnis schmachtete, haben wir bereits kennengelernt). Die verzweifelte Mutter rannte zu einer von ihr verehrten Marienstatue, riss der Madonna das Kind vom Schoß und schwor, es ihr nicht wiederzugeben, bevor sie nicht ihr eigenes Kind unversehrt in ihre Arme geschlossen hätte. Und siehe da – »als fürchte die Himmelskönigin, um ihren Sohn zu kommen, wenn das Weib nicht ihre Tochter zurückbekäme, befahl sie sogleich dem Wolf, und er ließ das Mädchen frei«.[20]

Aber längst nicht alle aus der Schar der Seligen waren bereit, Derartiges hinzunehmen; manche schlugen zurück. Vom heiligen Anno von Köln († 1075) wird berichtet, dass er eine Frau mit Blindheit strafte, als diese einige Gläubige verspottete, die zu seinen Reliquien nach Siegburg gepilgert waren. Erst nachdem die Unglückliche an seinem Grab Abbitte geleistet hatte, schenkt ihr der schon zu Lebzeiten wegen seiner Unduldsamkeit gefürchtete Bischof das Augenlicht wieder.[21]

Derartige Episoden sind nicht bloß von anekdotischem Interesse. Vielmehr dokumentieren sie gleichzeitig die *Entwicklung vom Grabeskult zur Heiligenverehrung*. Ursprünglich war die Ehrfurcht, die man den Grabstätten der Verstorbenen entgegenbrachte, Ausdruck des ehrenden Andenkens, das man an die Toten bewahrte. Dass der Gedächtnistag ihres Hinschieds über oder in der Nähe des Grabes begangen wurde, entsprach einem damals auch in der heidnischen Umwelt verbreiteten Brauchtum.

Indessen war es nicht bloß der Besuch an den Grabstätten, der später zur Heiligenverehrung führte. Bis um die Mitte des zweiten Jahrhunderts finden sich im Christentum noch keine Spuren von einem Heiligenkult. Das hat seinen Grund darin, dass die Christenheit in ihren Anfängen sich von der griechischen und jüdischen Umwelt bewusst distanzierte, wo Heroen, Gerechte und Glaubenszeugen als Mittler und Fürbitter angerufen wurden (eine Sitte, die übrigens im Judentum nicht unumstritten war).

Auf Dauer aber konnten die Christen dem in der menschlichen Natur verankerten Impuls, anerkannte Vorbilder zu verehren, nicht widerstehen. Dazu kam schon bald das Bedürfnis, die Verstorbenen als Fürbitter und Fürsprecherinnen in Dienst zu nehmen. Die theoretische – also theologische – Begründung dafür war schnell gefunden. Bekanntlich hegte die Kirche von Anfang an die Gewissheit, dass die Verstorbenen nicht bloß im Gedächtnis der Hinterbliebenen, sondern auch in der Gemeinschaft mit Gott weiterleben. Obwohl von ihren Angehörigen entrückt, blieben sie ihnen doch weiterhin verbunden. War es denn so falsch, was die Juden unter Verweis auf das zweite Makkabäerbuch (15,11-16) behaupteten, dass nämlich die Gerechten nach ihrem Tod bei Gott für ihre Glaubensgeschwister Fürsprache einlegten? Warum sollten die christlichen Bekennerinnen und Glaubenszeugen weniger wirkmächtig sein? Aus solchen, teils anthropologischen, teils theologischen Prämissen zog man schließlich die praktische Schlussfolgerung. Man wandte sich an die verstorbenen Gerechten, um sie zur Fürsprache bei Gott zu bewegen.[22] Schon Origenes (um 185 – um 254), der bedeutendste Kirchenschriftsteller der frühen griechischen Kirche, hegt diesbezüglich klare Vorstellungen. Erlaubt ist das Gebet zu den Verstorbenen mit der Bitte um Fürsprache nur, wenn es sich um Heilige handelt! Damit richtet er sich offenbar gegen den Brauch, beliebige Verstorbene um ihre Fürbitte anzugehen, eine Gewohnheit, die durch manche frühchristliche Inschriften und später auch durch Äußerungen einiger Kirchenväter belegt ist. Gregorios von Nazianz (330–390) etwa machte keinen Hehl daraus, dass er zu seiner Mutter Nonna betete, während ein Ambrosius von Mailand (339–397) auf die himmlische Fürsprache seines früh verstorbenen Bruders Satyrus zählte.

Seit der Spätantike wurde das Gebet zu den Heiligen allgemein praktiziert. Man wusste, was ein Heiliger ist, man glaubte an die Kraft ihrer Fürsprache, und insgeheim hoffte man wohl auch, nicht in die Lage zu kommen, allzu sehr darauf angewiesen zu sein. Weil aber kein Verlass darauf war, dass man vor Notlagen verschont blieb, wäre es töricht gewesen, die Heiligen nicht zu ehren und ihr Segensangebot auszuschlagen. Denn, so die allgemeine Überzeugung,»nur die Ehrung hält den Gnadenstrom in Fluss – und was konnte den Menschen hilfreicher sein?«[23] Jedenfalls stellte die Anrufung der Heiligen (vorerst) kein theologisches, sondern, wenn überhaupt, ein rein pragmatisches Problem dar. *Die Frage war nicht, ob man zu den Heiligen beten dürfe, sondern wie man sich ihrer Hilfe am besten versicherte.* Als bewährte Mittel galten Wallfahrten, Reliquienkult und Bilderverehrung, sowie Gelübde, Gebete und Gaben.

Der durch die Jahrhunderte ungebrochen geübte nicht nur ehrfürchtige, sondern auch familiäre und häufig sogar etwas joviale oder auch abergläubische Umgang mit den Seligen Gottes führt uns drastisch vor Augen, was der Glaubenssatz von der Gemeinschaft der Heiligen meint, nämlich dass nicht nur das durch die Zeiten pilgernde Gottesvolk[24] die Kirche konstituiert, sondern dass zu dieser Kirche auch jene gehören, die ihr Ziel, nämlich die beseligende Gemeinschaft mit Gott, bereits erreicht haben – und dass beide, die auf die Vollendung Hoffenden und die in der Herrlichkeit des

Herrn Lebenden, miteinander verbunden bleiben. Diese Verbundenheit wiederum kommt aufs Schönste dadurch zum Ausdruck, dass die Schwächeren keine Hemmungen haben, sich in ihren Nöten an die Stärkeren zu wenden, und dass diese sich für jene nach Kräften einsetzen.

Die Frage, ob damit nicht die irdischen Verhältnisse gleichsam auf eine überirdische Leinwand projiziert würden, erscheint höchst zweitrangig. Wir müssen uns ja notgedrungen mit menschlichen Bildern und Vorstellungen behelfen, wenn wir transzendente, die empirische Wirklichkeit übersteigende Sachverhalte verständlich machen wollen. Insofern weisen alle Jenseitsvorstellungen und auch alle Gottesbilder die *Strukturen* der Projektion auf. Problematisch, weil theologisch nicht mehr einwandfrei, erscheint die Sache erst, wenn man die hinter dem Bild verborgene Wirklichkeit mit diesem gleichsetzt. Beunruhigend sind außerdem gewisse theologische Konstrukte, welche das Gebet zu den Heiligen um ihre Fürbitte bei Gott mittels anthropologischer Verhaltensmodelle plausibel machen wollen. *Faktisch* trifft es zweifellos zu, wenn gesagt wird, hinter dem Glauben an die Fürsprache der Heiligen stünden menschliche Erfahrungen, die uns allen vertraut seien. In der Tat ist man dankbar, wenn man in einer aussichtslosen Angelegenheit die Unterstützung einer einflussreichen Persönlichkeit gegenüber den zuständigen Instanzen erfährt. Mittels dieses Modells versucht Thomas von Aquin das Gebet zu den Heiligen zu rechtfertigen. Dass die Seligen *in patria*, in der himmlischen Heimat, sich bei Gott für uns verwenden, steht für ihn außer Frage; dass sie dort die Liebe vollkommener leben als zur Zeit ihres irdischen Exils, scheint ihm einleuchtend; dass sie von Gott um ihrer großen Verdienste willen besonders geliebt werden, ist für Thomas ebenso gewiss wie die Tatsache, dass sie immer erhört werden, weil sie nämlich nur das erbitten, was Gott will.[25]

Angesichts unserer gesellschaftlichen Gepflogenheiten mag diese Theorie in etwa überzeugen. Allerdings hat sie den Nachteil, dass Gott, der doch der ganz Andere ist (»Ich bin Gott, nicht ein Mensch«; Hosea 11,9), hier mit allzumenschlichen Zügen ausgestattet wird. Wenn man sich überdies vergegenwärtigt, wie sich der Vater in Jesu Gleichnis vom Verlorenen Sohn gegenüber dem Heimkehrenden verhält (Lukas 15,11-32) und wie der Erzähler dieses Gleichnisses auf den Sünder Zachäus zugeht (Lukas 19,1-10), verursachen die Überlegungen des Aquinaten doch einiges Unbehagen. Freiwillig – und willig! – und ohne dass er von einem *intercessor*, einem ›Dazwischentreter‹ oder Fürsprecher dazu überredet werden müsste, gewährt der Vater im Gleichnis seinem verloren geglaubten Sohn und gewährt auch

Jesus dem Zöllner Zachäus die größte aller denkbaren Gnaden, nämlich bedingungslose Vergebung.

Die Lehre des heiligen Thomas von der Fürsprache der Heiligen, die seit der Reformation in fast allen katholischen Dogmatikhandbüchern verbreitet wird, ist also durchaus nicht so unproblematisch, wie es zunächst den Anschein hat.

Während Thomas bei der Behandlung unserer Frage allgemein menschliche Verhaltensweisen zum Vergleich heranzieht, suchen seine theologischen Nachfahren immer häufiger bei der Gilde der Psychologen Schützenhilfe. Dagegen wäre an sich nichts einzuwenden. Bedenklich wird dieses Vorgehen erst, wenn die angeführten Beispiele nicht den Nagel, sondern die Gläubigen auf den Kopf treffen. So verweist der seinerzeit nicht nur als Theologe, sondern auch als Mitbegründer der Görres-Gesellschaft geschätzte Johann Baptist Heinrich in seiner 1904 erschienenen *Dogmatischen Theologie* darauf, dass die Verehrung bedeutender Menschen menschlich sei (was zutrifft), und dass es auch menschlich sei, sie anzurufen (was die Psychologen bestätigen), so wie ja auch Kinder vor dem gestrengen Vater gern zur Mutter flüchteten (was die Pädagogen zu begründeten Rückfragen veranlasst).[26]

Vom christlichen Standpunkt aus jedoch ist ein solcher Vergleich schon deshalb verfehlt, weil ihm ein völlig verkehrtes Gottesbild zugrunde liegt. Offensichtlich hat die Lehre von der Fürsprache der Heiligen gerade deswegen zu mancherlei Abirrungen Anlass gegeben, weil der gestrenge Vatergott allzu häufig die mitleidlosen Züge eines rächenden Richters zeigte und damit so unnahbar schien, dass man sich genötigt sah, einen seiner himmlischen Lieblinge vorzuschicken, wenn man in den Genuss eines auch noch so geringen Gnadenerweises gelangen wollte. Eine solcherart motivierte Heiligenverehrung geht in jedem Fall auf Kosten des jesuanischen Gottesbildes. Wenn der Anschein nicht trügt, war (und ist teilweise noch immer?) die Heiligenverehrung eben nicht nur ein Zeichen der Hochschätzung gegenüber den Vollendeten, sondern häufig auch Ausdruck der Angst vor Gott und seiner unerbittlichen Härte. Gewiss waren die Heiligen *auch* dazu da, um ihre Bewunderer und Verehrerinnen vor allerlei Unbill, Leiden und Not zu bewahren und ihnen in ausweglosen Situationen beizustehen. Ihre Aufgabe ist es, »für die auf Erden im Lebenskampf sich Abmühenden zu bitten«, wie der 882 verstorbene Erzbischof Hinkmar von Reims in einer von ihm verfassten Lebensgeschichte seines Vorgängers Remigius († 533) betont.[27] Dies ist jedoch nicht nur materiell, sondern auch und vor allem geistlich zu verstehen. Ausdrücklich heißt es, dass die Himmlischen ihren Schutzbefohlenen auf dieser Erde bei der Bereinigung jener Sünden beistehen, die sie seit der Taufe begangen haben. Hinkmar setzt hier eine theologische Unterscheidung voraus, nach welcher in der Taufe durch die Verdienste Christi alle zuvor begangenen Sünden vergeben werden; für ihre Verfehlungen nach der Taufe jedoch müssen die Menschen selber geradestehen. Aber können sie das? Ist ihre Sündhaftigkeit nicht zu groß? Genau dies ist der Punkt, an welchem deutlich wird, warum die Unterstützung durch die Heiligen zur Existenzfrage wird, und zwar vor allem dann, wenn man Gott gegenüber am wehrlosesten ist, nämlich in der Stunde des Gerichts. In *diesem* Zusammenhang haben die Überlegungen Hinkmars keineswegs den Charakter einer theologischen Spielerei: »Wenn unser Herr und Patron [der Heilige, dem wir uns anvertraut haben] sieht, wie wir uns in unseren frommen Bemühungen anstrengen, reicht er die Hand der Fürsprache und unterstützt unseren Lauf, damit wir zum Hafen des ewigen Heiles zu gelangen vermögen.« Die Heiligen als Wegbereiter zum Heil, als Helfer im Gericht! Hier vor allem musste sich der Patron als tüchtiger Beistand und die Patronin sich als fähige Helferin bewähren, weil sonst die Gefahr bestand, in alle Ewigkeit verdammt zu werden.

Vor diesem Hintergrund erst zeigt sich die ganze Tragweite der Frage »Wie kriege ich einen gnädigen Gott?«, die Luther in seiner Klosterzeit schlaflose Nächte und schlimme Tagträume verursachte. Gleichzeitig wird so verständlich, warum der Streit um die Verehrung und Fürsprache der Heiligen für die Reformatoren kein bloßes Randthema darstellte. Denn wenn es sich tatsächlich so verhielte, dass die Hoffnung auf das endgültige Heil ohne die Fürsprache der Heiligen erlöschen würde, so stünde, wie Luther in seiner *Adventspostille* (1522) richtig sagt, das ganze Erlösungswerk Christi und damit Gottes bedingungslose Gnade selber auf dem Spiel:

Ich habe Sorge, dass eine gräuliche Abgötterei einreiße, wenn man die Zuversicht und das Vertrauen, die allein Gott gebühren, auf die Heiligen stellt, und von den Heiligen erwartet, was allein von Gott zu erwarten ist. Und wenn sonst nichts Böses daran wäre, so ist doch das verdächtig, dass solcher Heiligendienst und Verehrung keinen Spruch noch Exempel der Schrift für sich hat, und dass wider diesen Spruch [dass nämlich die Heiligen Fürsprecher sind] Paulus und andere streiten, die uns lehren hindurchzudringen zu Gott und alles Vertrauen allein auf ihn zu stellen und alles von ihm allein zu erwarten. Auch Christus selbst weist uns im ganzen Evangelio zum Vater; er selbst ist ja deshalb gekommen, dass wir durch ihn zum Vater kommen sollen. Nun heißt zum Vater kommen nicht, mit Füßen nach Rom laufen, auch nicht mit Flügeln zum Himmel steigen, sondern mit herzlicher Zuversicht auf ihn sich verlassen als auf einen gnädigen Vater, wie es im Vaterunser heißt. Je mehr solche Zuversicht im Herzen zunimmt, desto leichter kommen wir zum Vater. [...] Wo die Zuversicht zu Gott im Herzen ist, da fehlt aber alle Zuversicht zu allen Kreaturen, handle es sich nun um Heilige im Himmel oder auf Erden. Und wo die Zuversicht zu Gott abnimmt, da hebt sich die Zuversicht gegenüber den Heiligen.[28]

Kürzer und prägnanter äußert sich Luther an anderer Stelle, wenn er sagt, man solle seine »Zuversicht und sein Vertrauen auf keinen Heiligen stellen, denn allein auf Christum«.[29] *Tatsächlich ist genau dies der springende Punkt.* Das Neue Testament kennt nicht eine Mehrzahl von Mittlergestalten, deren sich die Menschen bedienen müssten, um an oder zu Gott zu gelangen, denn: »Nur *einer* ist Gott, *einer* auch Mittler zwischen Gott und den Menschen: der Mensch Jesus Christus« (1 Timotheus 2,5; vgl. Hebräer 8,6 und 9,15).

Nach Luther impliziert das keineswegs, dass man die Heiligenverehrung rundweg ablehnen muss. Wenn die Kirchen der Reformation den Heiligenkult kaum mehr kennen, ist das nicht auf eine zwangsläufige Entwicklung zurückzuführen, zumal Luther selbst bei aller Kritik am katholischen Brauchtum dem Heiligendienst durchaus positiv gegenüberstand. Aufgrund des von ihm verfochtenen Schriftprinzips (einzig was am Wort Gottes einen Anhalt hat, soll aufrechterhalten werden!) wollte er nur jene biblischen Gestalten als Heilige betrachten, die gewissermaßen von Gott selbst heiliggesprochen wurden, nämlich die erstbundlichen Patriarchen und Propheten, David, Johannes den Täufer, die Apostel, den Erzmärtyrer Stephanos ... Diese Menschen sind nicht nur Vorbilder und Wegweiser, sondern bieten auch Grund zum Dank für den Gnadenreichtum, den Gott über sie ausgeschüttet hat. Eine so verstandene Heiligenverehrung steht dem Evangelium Christi nicht entgegen. Aber sie ist von ihm auch nicht geboten! Von daher lässt sich nicht mit Bestimmtheit sagen, ob sie von Gott erwünscht oder bloß von Menschen erfunden wurde. Demnach kann man niemanden darauf verpflichten. Anderseits gibt es weder einen biblischen noch einen theologischen Grund, sie zu untersagen.

Aufs Äußerste zuwider jedoch war Luther jene Art von Glaubenswerkelei (und das hängt mit seiner Rechtfertigungslehre zusammen), mittels derer die Gläubigen meinen, sich den Himmel *verdienen* zu können – und dies, indem sie die Heiligen als Dienstboten in Anspruch nehmen. Gottes reiche Gnade kann man sich nicht erwerben; allein schon deshalb verbietet es sich, die Heiligen mit Bitten und Anrufungen zu bestürmen. Wichtiger noch ist der biblisch begründete theologische Grund: Auch die verehrungswürdigsten Diener und Dienerinnen Gottes können keine Mittlerrolle übernehmen – siehe eins Timotheus zwei fünf!

Als nachahmenswerte Vorbilder, aber auch zur persönlichen Ermutigung im Glauben sind die Heiligen durchaus brauchbar. Jedoch empfinden die Reformatoren es als Ansinnen, sie anzurufen und sie als Fürbitter oder Fürsprecherinnen einzuspannen. Wer denn den Heiligen so lange Ohren gegeben habe, dass sie im Himmel droben unser Brummeln hören könnten, fragt Calvin einmal ironisch.[30] Das Wort könnte auch von Martin Luther stammen. Während die Altgläubigen Verehrung *und* Anrufung (*invocatio*) der Heiligen um ihre Fürbitte (*intercessio*) bejahten, verurteilten die Reformatoren jegliche Anrufung zum Zweck der Fürbitte als Abgötterei. Stellvertretend für viele diesbezügliche Zeugnisse sei hier der Abschnitt über die Heiligenverehrung aus der 1530 auf dem Augsburger Reichstag approbierten *Confessio Augustana*, der wichtigsten lutherischen Bekenntnisschrift, zitiert.

Das Gedächtnis an die Heiligen kann gepflegt werden, auf dass wir ihren Glauben nachahmen und ihre guten Werke in ihrem Berufe. So kann der Kaiser das Beispiel Davids nachahmen im Kriege zur Abhaltung der Türken vom Vaterlande, denn der eine wie der andere ist ein König. [Die Türken waren unter Sultan Suleiman II., unter dem sie Ungarn eroberten und 1529 bis vor Wien drangen, die große Gefahr für das Reich. Sie vom Vaterland abzuhalten, ist ein gutes Werk des Kaisers in seinem ›Beruf‹.] Aber die Heilige Schrift lehrt nicht, die Heiligen anrufen oder Hilfe von den Heiligen erflehen, denn sie stellt uns Christus allein als Mittler, Versöhner, Hohepriester und Fürbitter vor Augen. Ihn muss man anrufen, und er hat versprochen, unsere Gebete zu erhören, und diese Verehrung empfiehlt er höchlichst, er will angerufen werden in allen Betrübnissen; siehe erster Johannesbrief 2,1: »Wenn einer sündigt, so haben wir [in Christus] einen Fürsprecher bei Gott.«[31]

Den Reformatoren zufolge besteht wahrer Heiligendienst darin, die Diener und Dienerinnen Gottes zu ehren, ihr Beispiel nachzuahmen und Gott dafür zu danken, dass seine Gnade in ihnen so herrlich aufleuchtet. Hingegen widerspricht es der Schrift, die Heiligen um ihre Fürbitte zu bitten! Dieser Streitpunkt bestimmte die Kontroverse so sehr, dass die positiven Ansätze der lutherischen Heiligentheologie in der Folge keine Beachtung mehr fanden. Damit wurde die bejahende oder ablehnende Haltung gegenüber den Heiligen geradezu zu einem »Kennzeichen der konfessionellen Identität«.[32] Vermutlich ist heute in weiten Kreisen nicht mehr bekannt, dass die evangelisch-lutherischen Kirchenordnungen noch lange Zeit einen zwar purgierten, aber doch sehr reichhaltigen kirchlichen Heiligenkalender kannten, in welchem vor allem den Marien-, Apostel- und Engelfesten ein bevorzugter Stellenwert zukam. Auch das Allerheiligenfest wurde in manchen Gebieten, vorab in Skandinavien, über einen längeren Zeitraum hinaus noch begangen, wie denn auch Luther selbst in seiner deutschen Fassung des *Te Deum* unbefangen bekennt:

> Der heiligen Zwölf Boten Zahl,
> und die lieben Propheten all,
> die teuren Märtr allzumal
> loben dich, Herr, mit großem Schall.
> Die ganze weite Christenheit
> rühmt dich auf Erden allezeit.[33]

Angesichts der Auswüchse und teilweise eklatanten Missbräuche, zu denen die mittelalterliche Heiligenverehrung schließlich geführt hatte (Stichworte: Ablassunwesen, Reliquienhandel, Bilderfetischismus, fragwürdige Patronatsvorstellungen, Madonnenvergötterung …), aber auch im Hinblick auf die mit dem Heiligenkult zumindest indirekt verbundene Verdunkelung der Gnadenlehre und damit des Gottesbildes (nicht die Heiligen, sondern *Gott*, und allein er, gewährt alle Gnade!), erscheint die unbeugsame Haltung der ›Neugläubigen‹ in etwa verständlich. Verständlich ist aber auch, dass die Kirche, in der Überzeugung, dass der Missbrauch noch kein Argument gegen das Brauchtum als solches darstellt, auf eine jahrhundertealte Praxis nicht einfach verzichten konnte, noch wollte. *Nicht wollte*, weil die Fronten sich derart verhärtet hatten, dass man fürchtete, schon die geringste Konzession könne als Gesichtsverlust interpretiert werden. *Nicht konnte*, weil man überzeugt war, dass die neue Lehre nicht nur der alten Praxis, sondern auch dem rechten Glauben widersprach.

Was die *Verehrung* der Heiligen betraf, war man sich grundsätzlich einig. Kontrovers war die Frage der *Anrufung* und damit einer wie immer zu verstehenden Mittlerschaft der Heiligen. Die diesbezüglichen theologischen Ausführungen, welche die Kirchenversammlung von Trient kurz vor Abschluss des Konzils am 3. Dezember 1563 in höchster Eile verabschiedete, zeichnen sich nicht gerade durch besondere Gedankentiefe aus. In der Hauptsache handelt es sich um einen Appell, die Gläubigen »entsprechend dem Brauch der katholischen und apostolischen Kirche, der von den ersten Zeiten der christlichen Religion überliefert ist«[34], in der bisher geglaubten Lehre zu unterrichten. Diese wird mit wenigen Sätzen zusammengefasst:

> Die Heiligen, die zusammen mit Christus herrschen, bringen ihre Gebete für die Menschen Gott dar; es ist gut und nützlich, sie flehentlich anzurufen und zu ihren Gebeten, ihrem Beistand und ihrer Hilfe Zuflucht zu nehmen, um von Gott durch seinen Sohn Jesus Christus, unseren Herrn, der allein unser Erlöser und Erretter ist, Wohltaten zu erwirken. Jene aber, die leugnen, dass die Heiligen, die sich der ewigen Glückseligkeit im Himmel erfreuen, anzurufen sind; oder die behaupten, sie würden für die Menschen nicht beten, oder ihre Anrufung, damit sie für uns auch einzeln beten, sei Götzendienst, oder sie stehe im Widerspruch mit dem Wort Gottes und widerstreite der Ehre des einen Mittlers zwischen Gott und den Menschen, Jesu Christi (vgl. 1 Timotheus 2,5); oder es sei töricht, die im Himmel Herrschenden mit Herz und Mund anzuflehen: die denken gottlos.

Wie aus der Einleitung hervorgeht (»Das heilige Konzil trägt den Bischöfen auf, die Gläubigen zu unterweisen ...«) handelt es sich nicht um eine ausführliche Darlegung der kirchlichen Lehre, sondern lediglich um eine Ermahnung an die Hüter des Glaubens; sie sollen die Gläubigen, nicht zuletzt angesichts der offenkundig herrschenden Missbräuche, in der kirchlichen Überlieferung unterweisen, die seit den »ersten Zeiten« der Kirche praktiziert wurde (was historisch nicht zutrifft). Positiv lehrt das Konzil, dass die *Heiligen für die Menschen zu Gott beten*; dass es deswegen »*gut und nützlich*« ist, *sie um ihre Fürbitte zu bitten*; dass Christus dennoch der *einzige Erlöser bleibt*; dass demzufolge *Gottes Wohltaten den Menschen »durch seinen Sohn«* (und nicht etwa durch die Heiligen) zukommen. Abgesehen von einem Hinweis auf die Praxis der Kirche werden für diese Lehren keinerlei Begründungen angeführt, sondern lediglich Behauptungen aufgestellt. Wie die Fürsprache der Heiligen für die Menschen bei Gott angesichts der alleinigen Mittlerschaft Christi zu denken ist, bleibt offen.

Hier geht es, wie wir sehen, wieder einmal ums Prinzip. *Niemand wird gezwungen*, zu den Heiligen zu beten; hingegen besteht *die Verpflichtung zu glauben*, dass es von Nutzen ist, sie um ihre Fürbitte bei Gott anzuflehen. Diese letztere Feststellung lässt darauf schließen, dass man erkannt hatte, dass diese ganze Thematik nicht den zentralen Glaubenswahrheiten zuzurechnen ist. Allerdings hatte in der römischen Kirche die Verehrung und Anrufung der Heiligen in der liturgischen Praxis wie auch in der privaten Frömmigkeit einen sehr viel größeren Stellenwert als die Äußerungen des Trienter Konzils vermuten lassen.

Das sollte sich erst in den Sechzigerjahren des vergangenen Jahrhunderts ändern. Tatsächlich war dies die Zeit, in der immer häufiger die Frage nach dem Wesentlichen des christlichen Glaubens in den Vordergrund rückte, weil man neben vielen althergebrachten Praktiken auch dem Heiligenkult immer weniger abgewinnen konnte. Bezeichnenderweise hat das Zweite Vatikanische Konzil diese Problematik nicht einfach von der Tagesordnung gestrichen, sondern ist sie von einer anderen Seite her angegangen und hat sie so für die christliche Spiritualität neu erschlossen. *Nicht die Heiligenverehrung selbst steht im Mittelpunkt des Interesses, sondern die Heiligung der Menschen. Diesem Ziel dient alle kirchliche Liturgie, und das gilt auch für die liturgische Heiligenverehrung.*[35]

Deutlich kommt das in der *Dogmatischen Konstitution über die Kirche, Lumen gentium*, zum Ausdruck.[36] Die in Gottes Seligkeit eingegangen sind, bleiben der Gemeinschaft der Glaubenden weiterhin erhalten und verbunden:

Denn in die [himmlische] Heimat aufgenommen und dem Herrn [Christus] gegenwärtig (vgl. 2 Korinther 5,8), hören sie nicht auf, durch ihn, mit ihm und in ihm beim Vater für uns Fürbitte einzulegen, indem sie die Verdienste darbringen, die sie durch den einen Mittler zwischen Gott und den Menschen, Christus Jesus (vgl. 1 Timotheus 2,5), auf Erden erworben haben. [...] Durch ihre brüderliche [es müsste wohl heißen: geschwisterliche] Sorge also findet unsere Schwachheit reichste Hilfe (Nr. 49). *Schon allein deshalb ziemt es sich, die Heiligen zu lieben* und Gott für sie den schuldigen Dank abzustatten, sie Hilfe suchend anzurufen und zu ihrem Gebet, zu ihrer mächtigen Hilfe Zuflucht zu nehmen, um Wohltaten zu erflehen von Gott durch seinen Sohn Jesus Christus, der allein unser Erlöser und Retter ist. Jedes echte Zeugnis unserer Liebe zu den Heiligen zielt nämlich seiner Natur nach letztlich auf Christus, der die »Krone aller Heiligen« ist, und durch ihn auf Gott, der wunderbar in seinen Heiligen ist und in ihnen verherrlicht wird (Nr. 50).

Nach landläufiger Vorstellung treten die Heiligen als Fürsprecher und Fürbitterinnen der Menschen bei Gott in Erscheinung. Ähnlich wie eine Schulklasse den Musterschüler vorschickt, wenn sie den Lehrer zum Nachlass einer Kollektivstrafe bewegen möchte, schoben die Gläubigen ihre Heiligen vor, in der Hoffnung, so leichter in den Genuss eines göttlichen Gunsterweises zu gelangen. Bezeichnend für diese Mentalität ist eine Äußerung des seinerzeit berühmten Theologen Matthias Joseph Scheeben († 1888), derzufolge die Heiligen »sich bei Gott für uns verwenden und unsere Bitten bei Gott unterstützen, *wie ja auch in irdischen Dingen ein Bittgesuch an eine hohe Person unterstützt werden kann durch eine einflussreiche Mittelsperson*«.[37] Der Vergleich hinkt nicht; er lahmt. Denn trotz aller gegenteiligen Beteuerungen wird hier den Heiligen *faktisch* eben doch eine Mittlerrolle zugeschrieben, die unvereinbar ist mit dem, was die Schrift über die alleinige Mittlerschaft Jesu Christi lehrt. Da hilft auch die bei den Neuscholastikern übliche subtile Unterscheidung zwischen einem primären Mittler (nämlich Christus) und den diesem unterstellten sekundären Mittlern (den Heiligen) nicht weiter.[38] Anstelle Christi, des einen Mittlers, tritt dann eben eine ganze Hierarchie von Mittlergestalten auf den Plan.

Das Zweite Vaticanum setzt die Akzente anders. Es lehrt, dass die Heiligen Gott »ihre Verdienste [weiterhin] darbringen, die sie auf Erden erworben haben«, und zwar zu unserem Segen und Nutzen. Mit anderen Worten, wir brauchen die Heiligen gar nicht erst zu bestürmen, damit sie sich unser erinnern. Denn nicht nur *gehören* sie noch immer zur Gemeinschaft der Gläubigen, sondern sie *fühlen sich* dieser Glaubensgemeinschaft auch weiterhin *zugehörig*. Ihr Einsatz für sie hört mit dem Ende ihres irdischen Lebens nicht auf; vielmehr bleiben jene, die bereits am Ziel sind, über den Tod hinaus mit uns verbunden. Das und nichts anderes meinen wir, wenn wir von der Hilfe sprechen, die sie uns gewähren. Die Heiligen lassen ihre Liebe ja nicht wie ein Totenkleid im Grab zurück, um sich fortan unbekümmert um ihre irdischen Weggefährten und Weggefährtinnen in Gottes Glanz zu sonnen. Der Glanz, der sie umgibt, ist der Widerschein der Liebe, die sie schon zu Lebzeiten von Gott empfangen durften und zu ihren Lebzeiten schon an andere weiterschenkten und die nun in ihrer ganzen Schönheit aufleuchtet – und die sie jetzt in der Vollendung nicht nur Gott entgegenbringen, sondern auch uns, die wir hoffen, einst zusammen mit ihnen bei Gott zu sein. Insofern trifft zu, was das Konzil sagt, nämlich dass die Heiligen »nicht aufhören, beim Vater für uns Fürbitte einzulegen« (theologisch eindeutiger wäre: uns ihre Liebe weiterhin zu bezeugen), weil sie nämlich gar nicht anders können (worauf übrigens schon Thomas von Aquin in seiner *Theologischen Summe* hingewiesen hat[39]). Das versteht sich eigentlich von selbst, denn was wäre das für eine Seligkeit, wenn die Heiligen bloß Gott, nicht aber ihren menschlichen Geschwistern weiterhin ihre Liebe schenken könnten?!

Neben dieser eher anthropologischen Begründung gibt es noch einen theologischen Grund, warum die Heiligen uns selbst dann nicht vergäßen, wenn wir uns nicht an sie erinnern würden. Sie leben in der beglückenden Anbetung Gottes. Das Grundmuster allen Betens und damit auch aller Anbetung hat Jesus im Vaterunser vorgezeichnet: »Gott, dein Wille geschehe!« Gottes Wille aber zielt darauf, »dass alle Menschen gerettet werden« (vgl. 1 Timotheus 2,4). Die sich daraus ergebende Schlussfolgerung ist evident. Wenn Gott das Heil der Menschen will, beinhaltet die Anbetung Gottes auch die Bejahung *dieses* Willens, die sich als Liebe manifestiert. »Das Gebet der Heiligen ist also *keine neue Initiative, die erst durch unser Gebet bewirkt würde* – hier wäre sehr schwer zu sehen, worin der Unterschied zum Spiritismus läge, – sondern die Entfaltung der doppelt-einen Liebe zu Gott und den Nächsten, die ihr ganzes Leben bestimmt hat und die nun verewigt ist.«[40]

Aber auch aus unserer Perspektive gilt: Was bliebe noch übrig von der Gemeinschaft der Gläubigen, die über die Gräber hinaus weiter besteht, wenn wir den Seligen nicht danken würden für ihre Treue? Das Zweite Vatikanische Konzil betont eigens, dass dieser Dank sich letztlich auf Gott richtet, der uns die Heiligen geschenkt hat. Gleichzeitig ruft das Konzil in Erinnerung, dass, wer sie um ihre »mächtige Hilfe« bittet, »*von Gott*« Wohltaten erfleht, »durch seinen Sohn Jesus Christus«. Die alleinige Mittlerschaft Jesu Christi wird noch ein weiteres Mal unterstrichen, wenn es heißt, dass die Heiligen »durch ihn, mit ihm und in ihm beim Vater für uns Fürbitte einlegen«. Vor diesem Hintergrund erweist sich die Redeweise vom Gebet *zu* den Heiligen als nicht weniger missverständlich, wie das *Bild* von ihnen als unseren Beschützern oder Fürbitterinnen ambivalent ist. Auf die möglicherweise sich daraus ergebenden infantilen Vorstellungen müssen wir endgültig verzichten, auch wenn sie uns vielleicht lieb geworden sind. Sonst herrscht weiterhin der Eindruck, wir würden die Heiligen als Strohmänner oder Agentinnen einsetzen. Wenn immer wir im Gebet zu den bei Gott Verherrlichten »Zuflucht nehmen«, dann gewiss nicht, um sie *vorzuschicken*, weil wir uns dadurch bei Gott größere Chancen ausrechnen oder weil wir uns ihm nicht unter die Augen trauen. Sondern? Sondern um *zusammen mit ihnen* Gott für seine Wohltaten zu danken und ihm zu sagen, dass wir uns bewusst sind, auf seine Hilfe angewiesen zu sein. Dass wir uns dabei nicht mit dem erstbesten Heiligen in eine Reihe stellen, wird unsere himmlischen Freunde und Freundinnen am wenigsten verwundern. Auch sie haben ja in ihren Erdentagen ihre Sympathien nicht unterschiedslos verschenkt, sondern Vorlieben entwickelt. Deshalb werden sie uns gern zugestehen, dass wir uns nicht in jedermanns Gesellschaft gleich wohl fühlen. Was die Wahl unserer Lieblinge angeht, wird uns nicht einmal die römische Glaubenskongregation dreinreden; es ist dies ja weder eine dogmatische noch eine moralische Frage, sondern ein Vorgang, der sich vorwiegend auf der psychologischen Ebene abspielt. *Dass* wir uns überhaupt zu einzelnen Heiligen hingezogen fühlen, hängt hingegen damit zusammen, dass die Liebe immer konkret ist.

Die Liebe! Drängt sie uns nicht auch, *zusammen mit unseren verstorbenen Angehörigen* Gott zu bitten und zu loben, auch wenn diese uns manchmal bis auf die Knochen geärgert und vielleicht auch nicht ganz so vorbildlich gelebt haben wie der heilige Aloysius von Gonzaga oder die heilige Elisabeth von Thüringen? Die gängige Vorstellung, nach welcher insbesondere die Himmlischen es sind, die Gott mit ihren Bitten zu beeinflussen vermögen, ist von den Evangelien nicht abgedeckt. Episoden wie die Begegnung zwischen Jesus und Zachäus, und Gleichnisse wie jenes vom Pharisäer und vom Zöllner erinnern uns daran, dass Gott sein Herz auch offenhält für die Bitten jener, welche die Kirche nicht mit dem Gütesiegel der Heiligkeit ausgezeichnet hat.

Nachzutragen bleibt, dass selbst ein Martin Luther ob seiner Liebe zu Maria gelegentlich das von ihm erlassene Verbot vergaß, sie um Fürbitte anzugehen. Noch 1521 schreibt er am Schluss seiner Auslegung des *Magnificat*: »Alhie bitten wir got umb rechten vorstand dieszes magnificat, der do nit alein leuchte und rede, szondern brenne und leb in leyb und seel: das vorleye unsz Christus *durch furbit und willen seiner lieben mutter Maria.* Amen.«[41]

Wallfahrtsfieber und Reliquiensucht

Eine Frau von Kerns in gewissen Umständen befand sich in so bedenklicher Lage, dass sie nach menschlicher Berechnung kaum an Rettung denken konnte. In dieser Not nahm sie Zuflucht zur Gnadenmutter im Melchthale und wurde hergestellt. Im Gefühle der Dankbarkeit brachte sie eine Votivtafel dahin. [Melchtal ist ein marianischer Wallfahrtsort im schweizerischen Kanton Obwalden.]
Ein Mann aus dem Kanton Schwyz war einige Wochen wahnsinnig. Man gelobte eine Wallfahrt zum Gnadenbilde der Mutter Maria im Melchthale. Er erlangte die rechte Besinnung wieder, sodass er seinem Geschäfte gehörig vorstehen konnte.
Jungfrau F. K. von S. verlor vor ungefähr fünf Jahren an einem Auge ganz das Gesicht [d. h. sie erblindete]. Sie versprach [eine Wallfahrt] nach Einsiedeln und wurde vom Übel gänzlich geheilt, allein später stellte es sich wieder ein. Anno 1853 wurde sie an dem einen Auge wieder blind und am anderen teilweise. Durch ärztliche Mittel konnte ihr für den Augenblick etwas geholfen werden, doch so, dass das Übel sich jeden Monat wiederholte und die Ärzte es am Ende für unheilbar erklärten. Jetzt versprach sie eine Wallfahrt zur Mutter Gottes im Melchthal. Gleich setzte es ab und sie wurde an den Augen so gesund, dass sie nun das vollkommene Augenlicht genießt. So bezeugte sie den 8. Heumonat [Juli] 1855.
Auszug aus dem Mirakelbuch von Melchthal vom Jahr 1863, in: P. Flury, Vergissmeinnicht zur Verehrung Mariä auch für die Pilger nach Maria Melchthal, Ingenbohl 1920, 27.

Als Kolumbus am 14. Februar 1493 auf der Rückfahrt aus der Neuen Welt in einen schweren Sturm geriet, rief er die ganze Besatzung zusammen. Was danach geschah, ist in seinem Logbuch nachzulesen:

Ich befahl, dass durch den Entscheid des Loses eine Wallfahrt nach Santa Maria de Guadalupe festgesetzt werde, auf welcher der Pilger eine fünf Pfund schwere Wachskerze tragen solle, und dass alle Männer schwören sollten, dass derjenige, den das Los treffe, dieses Versprechen auch erfülle. Zu diesem Zweck befahl ich, Kichererbsen heranzubringen, für jeden Mann an Bord eine. Mit einem Messer wurde in eine der Erbsen ein Kreuz geritzt, und in einer

Mütze wurden sie durcheinandergeschüttelt. Ich griff als Erster hinein, und tatsächlich war ich derjenige, der die mit dem Kreuz versehene Erbse zog. So ward ich durch Zufall ausgewählt und sah mich fortan als verpflichtet an, das Gelübde zu erfüllen und die Wallfahrt anzutreten.[1]

Das zweite Los fiel auf einen Matrosen, der nach Loreto pilgern sollte, »wo unsere Liebe Frau viele große Wunder getan hat«; ein Dritter sollte im andalusischen Kloster Santa Clara de Moguer eine Nacht lang wachen und eine Messe lesen lassen. Überdies gelobten alle, dass sie, sobald sie das Land erreichten, nur mit dem Hemd bekleidet zum nächsten Muttergottesheiligtum wallfahren wollten, um dort zu beten. Maria hatte ein Einsehen; der Sturm legte sich, und das Gelübde wurde erfüllt.

Das Leben aus dem Grab

Die christliche Wallfahrt hat ihren Ursprung in der Heiligenverehrung, die ihrerseits auf das fromme, von der Kirche schon in ihren Anfängen gepflegte Gedenken der *Märtyrer und Blutzeuginnen* zurückgeht.

Leider sind nur wenige echte *Gesta* oder *Märtyrerakten* erhalten, welche die jeweiligen *Gerichtsverhandlungen selbst* dokumentieren. Unter anderem trifft dies zu für die Unterlagen über den Tod des Philosophen Justinos, der 165 in Rom zusammen mit sechs Gefährten enthauptet wurde. Eher spärlich sind auch die Berichte, welche die Aussagen von *Augen- oder Ohrenzeugen* der Gerichtsverhandlungen und des anschließenden Martyriums der Verurteilten zum Gegenstand haben (*Passiones* oder *Martyria*). Ein aufschlussreiches Beispiel dafür bildet die älteste Darstellung des Todes des heiligen Polykarpos, des Bischofs von Smyrna, der zwischen 156 und 167 im dortigen Stadion zum Zweck der Volksbelustigung verbrannt wurde. Fast unübersehbar hingegen ist die Zahl der *Märtyrerlegenden*. Meist handelt es sich um Darstellungen, welche nicht nur den Glaubensmut der Blutzeugen hervorheben, sondern auch ihre *Vita* in schillernden Farben wiedergeben. Viele dieser Schriften ergehen sich in romanhaften Ausschmückungen historischer Begebenheiten, wodurch mitunter selbst gutgläubige Leserinnen und Leser auf eine harte Probe gestellt werden. Einzelne dieser Legenden wiederum greifen auf heidnische Sagen und Mythen zurück, um den Heroismus von Jesuszeugen und Glaubensheldinnen ins rechte (historisch betrachtet: ins falsche) Licht zu rücken. Augenfällig ist dies unter anderem bei der Barbara- oder der Katharinalegende. Mehrere dieser Überlieferungen (Beispiel: Georglegende) handeln gar von derart absonderlichen und fantastischen Dingen, dass auch kirchenfromme Gemüter die tatsächliche Existenz der in Frage stehenden Heiligengestalten anzweifeln.

Während die Märtyrerinnen und Märtyrer in den ersten anderthalb Jahrhunderten lediglich mit einem ehrenvollen Begräbnis auf privaten Grundstücken oder auf den öffentlichen (jüdischen oder heidnischen) Friedhöfen geehrt wurden, trat nach den großen Verfolgungen von der Mitte des 3. bis zum Beginn des 4. Jahrhunderts eine Änderung ein. Hatte man bisher entsprechend dem damaligen Brauchtum den *Geburtstag* der Angehörigen auch nach ihrem Ableben festlich begangen, so neigte man jetzt vermehrt dazu, dieses Gedenken auf den *Todestag* der Glaubenszeugen zu verlegen. Das brachte es mit sich, dass man sich alljährlich am Jahrestag ihres Todes an oder über den Gräbern zu einer liturgischen Feier zusammenfand, um dort ihres ›himmlischen Geburtstags‹ zu gedenken. Bei dieser Gelegenheit verlas man ihre *Passio* oder Leidensgeschichte, woran sich häufig ein Gedächtnismahl anschloss. Allerdings wäre es verfehlt, hier schon von einer Heiligenverehrung im heutigen Sinn zu sprechen. Vielmehr handelte es sich um einen pietätvollen *Grabkult*, was auch daraus hervorgeht, dass für Märtyrer wie etwa Justinos, deren Gräber unbekannt waren, anfänglich keine Gedächtnisfeier stattfand.

Eine ähnliche Hochachtung wie die Blutzeugen genossen später (und meist schon zu Lebzeiten) auch die *Confessores*, die Bekenner und Bekennerinnen, welche während der Verfolgungen um ihres Glaubens willen zwar nicht mit dem Tod, wohl aber mit Misshandlung und Kerker und häufig auch mit dem Exil bestraft wurden. In späteren Zeiten, als das Christentum sich frei entfalten konnte, betrachtete man auch jene Gläubige als ›Heilige‹, welche sich durch einen gottgefälligen Lebenswandel ausgezeichnet hatten. Deren Begräbnisstätten wurden in der Folge Gegenstand wachsender Verehrung. Im 4. Jahrhundert begann man damit, über den Gräbern Kapellen, Kirchen und Basiliken zu errichten, sodass die Gedenkfeiern in einem immer glanzvolleren Rahmen stattfinden konnten.

Zu Beginn des 6. Jahrhunderts zweifelte kaum jemand mehr daran, dass die Gräber der Heiligen der geeignetste Ort seien, um mit ihnen in Kontakt zu treten und sich mittels ihrer Fürbitte Gottes Segen zu versichern. Diese Überzeugung brachte es schließlich mit sich, dass die halbe Christenheit in Bewegung geriet.

Das »große Laufen«

Im Frühmittelalter entschlossen sich immer mehr Gläubige, das Risiko einer monatelangen und gefährlichen Pilgerfahrt auf sich zu nehmen, um sich an den Grabstätten der Heiligen einen soliden Gnadenschatz zu erwerben. Hauptziel waren anfänglich die Gräber der ›Apostelfürsten‹ Petrus und Paulus in Rom. Vom 12. Jahrhundert an fühlten sich die Leute auch zu anderen Heiligtümern hingezogen und pilgerten vermehrt nach Jerusalem (Grab Jesu), nach Santiago de Compostela (Jakobus der Ältere), nach Aachen (seliger Karl der Große[2]), nach dem elsässischen Thann (Ubald), dem schweizerischen Einsiedeln (Meinrad, eigentlich Meginrat) und nach St. Gallen (Gallus; Otmar, eigentlich Audemar)…

Ausschlaggebend für das »große Laufen«[3] war zweifellos die wachsende Bindung an die Heiligen. Die Tatsache, dass sie für ihren Glauben in den Tod gegangen oder Jesus in heroischer Weise nachgefolgt waren, machte sie nicht nur zu idealen Projektionsgestalten, sondern förderte außerdem den Glauben daran, dass diese Menschen aufgrund ihrer Nähe zu Gott mit ihren Bitten sein Ohr leichter erreichen, als die bänglichen Stimmen schwacher Sünderinnen und Sünder, die schon heilfroh sein mussten, wenn der Allmächtige sie mit seinem Zorn verschonte. Was lag da näher, als qualifizierte Anwälte oder wortgewandte Fürsprecherinnen aufzusuchen, die sich der besonderen Gunst Gottes erfreuten, und von denen man gleichzeitig annehmen konnte, dass sie die Interessen ihrer Mandantinnen und Klienten verfechten würden? So erklärt ein *Pilgerführer* von Compostela aus der ersten Hälfte des 12. Jahrhunderts bezüglich der in Vézelay verehrten Maria Magdalena ohne Umschweife: »Aus Liebe zu dieser Heiligen vergibt der Herr den Sündern ihre Vergehen, den Blinden schenkt er das Augenlicht, den Stummen löst er die Zunge, Lahme werden aufgerichtet, Besessene vom Dämon befreit, vielen anderen werden hier unsagbare Wohltaten zuteil.«[4] Damit sind die wichtigsten Motive benannt, welche die Menschen bewogen, ihre Heimstatt für eine Zeit lang auf die Straße zu verlegen, nämlich die *Sühne für die Sünden* und der *Wunsch nach Heilung von allerlei Gebrechen*. Andere wiederum entschlossen sich zu einer Wallfahrt, um *ein Gelübde einzulösen* und den Heiligen an ihren Gräbern für einen Gnadenerweis ihren *Dank abzustatten*.

Michael Ostendorfer, Das »große Laufen«, Kirche der Schönen Maria zu Regensburg, nach 1519. Vor dem Marienbild stürmisches Bitten bis zur ekstatischen Erschöpfung.

Pilgerfallen

Wer sich im Mittelalter zu einer Wallfahrt entschloss, wohnte am Aufbruchstag der Messe bei und erhielt den Reisesegen. Den konnte man wahrlich brauchen. Denn wer sich auf den Weg machte, durfte nicht nur an seine Seele denken, sondern musste auch darauf bedacht sein, in keine der zahlreichen Pilgerfallen zu tappen. Schon die ungewohnten Klimaverhältnisse stellten eine gewaltige Belastung dar. Man riskierte nicht nur Unfälle, sondern auch Überfälle. Häufig berichten die Chronisten von nichtsnutzigen Fährleuten und gerissenen Zöllnern. Dann wieder ist die Rede von Gaunern, Banditen und Gewalttätern, denen ein Menschenleben weniger wert war als die zuweilen recht klägliche Beute aus ihren üblen Unternehmungen. Wegelagerer betrachteten Pilgerinnen als Freiwild. Wer ein entferntes Heiligtum aufsuchte, war sich im Klaren, dass nicht nur Hab und Gut, sondern auch Leib und Leben auf dem Spiel standen. Dem suchte man zu begegnen, indem man sich nach Möglichkeit zu Weggemeinschaften zusammenschloss. Aber auch solche Kollektivarrangements vermochten nur begrenzt Schutz zu bieten.

Mit der Ankunft am Ziel waren noch längst nicht alle Klippen genommen. Der bereits erwähnte *Pilgerführer* für den Jakobsweg ermahnt die Reisenden, sich zwei Meilen vor Santiago beim üblichen Bad im Fluss nicht allzu sorglos zu gebärden, wenn sie sicher gehen wollen, dass ihre Kleidung nicht gestohlen wird. Selbst im Umkreis des Heiligtums sei Vorsicht geboten; während die Pilger an Gott denken, sinnen die Händler und Geldwechsler auf Gewinn, und wo die Frommen zusammenströmen, wittern die Scharlatane ein Geschäft. Weiter wird gewarnt vor Gastwirten, welche die frommen Abenteurer am Stadteingang empfangen und in ihre Herbergen locken, wo sie dann allerlei böse Überraschungen erleben, weil der Schankwirt ihnen die Wallfahrtskerzen zu überhöhten Preisen verkauft, verdorbene Speisen auftischt oder die Schlafenden während der Nacht durch Komplizen berauben lässt. Die Schlussfolgerung klingt schon fast sarkastisch: Wer es als Gauner und Betrüger zu etwas bringen will, lasse sich am besten an Wallfahrtsorten wie Rom, Bari oder Tours ausbilden!

Wo es möglich war, verbrachten die Pilger die erste Nacht am Wallfahrtsort betend in der Basilika; auf diese Weise ließen sich die Unkosten für die Herberge einsparen. Was weiter geschah, deckt sich weitgehend mit den heute noch üblichen Wallfahrtsgebräuchen. Am Morgen legte man die Beichte ab, wohnte der Messe bei und suchte sich bis zum Grab oder zu den

Reliquien der Heiligen durchzukämpfen. Dabei befand man sich in Gesellschaft von Halbgelähmten, Verwachsenen, Blinden und Kranken mit teilweise schwärenden Wunden. Gelegentlich wurden in dem unvermeidlichen Gedränge Menschen zu Tode getrampelt. Selbst gesunde Pilgerinnen oder Pilger fielen häufig in Ohnmacht; viele brachen in Schreikrämpfe aus, wenn das Gedränge unerträglich, die Luft dick und der Gestank unausstehlich wurde.

Meist kamen die Trost- oder Hilfesuchenden nicht mit leeren Händen ins Gotteshaus. Sie entrichteten ihren Obolus, ließen Messen lesen, spendeten Kerzen. Letztere sollten die Heiligen an den Spender oder die Spenderin und deren Anliegen erinnern; selbstverständlich war Wachs auch deshalb hochwillkommen, weil die Kirchen ja illuminiert werden mussten. Betuchtere Beter und Beterinnen ließen eine Votivtafel herstellen. Manche dieser Votivgaben bezogen sich auf die Krankheit, von der man geheilt oder auf eine Notlage, aus der man errettet worden war. Mit einem aus Gold geformten Ohr dankte man für die Heilung von Taubheit, mit einem silbernen Schiff für die Rettung aus einem Seesturm … Auch Geldspenden, Wein oder Schlachttiere waren beliebte Votivgaben. Das Einkünfteverzeichnis von Altötting registriert für das Jahr 1492 unter anderem 64 Stück Großvieh, darunter 24 Pferde, sowie 13 Stück Jung- und Kleinvieh (Füllen, Kälber, Lämmer und Ziegen).[5]

Manche Pilger und Wallfahrerinnen kritzelten in den Verputz einer Mauer ihren Namen, ein Symbol oder eine Anrufung, eine Angewohnheit, die schon an den Wallfahrtsorten der Antike (Stichwort: Artemistempel!) und in den römischen Katakomben dokumentiert ist. Diese Inschriften sollten die Heiligen nach der Abreise an die vorgebrachten Anliegen erinnern. Wer Erhörung gefunden hatte, erzählte davon einem der für die Wallfahrt zuständigen Patres, welcher das Ereignis im klösterlichen Mirakelbuch festhielt, der Nachwelt zur Erinnerung und zum Ruhm der Gnadenstätte – und mehr noch vielleicht des Ordens, der die Wallfahrt betreute.

Bevor man zur Rückreise aufbrach, besuchte man noch einmal das Grab der Heiligen, um sie um ihren Schutz zu bitten. Denn auf dem Heimweg lauerten ja nicht weniger Gefahren als auf der Hinfahrt. Häufig wählte man für die Rückkehr nicht dieselbe Wegstrecke, um auch an den Gräbern anderer Heiligen zu beten oder einen Ablass zu gewinnen.

Missbräuche

Auf ihren Fahrten sahen sich die Pilgersleute nicht nur großen leiblichen, sondern auch mannigfaltigen seelischen Gefahren ausgesetzt. Tatsächlich gelangten viele von ihnen nie an ihr Ziel, sondern gerieten auf Abwege. Dies ist mit ein Grund, warum das Wallfahrtswesen bei einigen Exponenten der Kirche zeitweilig auf heimlichen Argwohn und nicht selten auf offene Ablehnung stieß. Zu den ersten und bekanntesten Kritikern gehört neben Augustinus und Ioannes Chrysostomos auch der hochgelehrte Hieronymus, welcher gegen Ende des 4. Jahrhunderts offen seine Abneigung gegen jene Wandermönche bekundet, welche sich vom Besuch der heiligen Stätten einen Gnadenschub erwarten: »Von Jerusalem und von Britannien aus steht uns der Himmel gleichermaßen offen, denn, wie es in der Schrift heißt, ›das Reich Gottes ist inwendig in euch‹. Tatsächlich zeugt es von sträflicher Torheit, wenn einer der Welt entsagt, aus seiner Heimat fortzieht und die Städte verlässt, um dann nach dem hochberühmten Jerusalem zu pilgern, wo sich Huren, Schauspieler und Possenreißer genauso wie in allen anderen Städten umhertreiben.«[6]

Ähnliche Bedenken veranlassten den heiligen Bonifatius im Jahr 747 zu einem geharnischten Schreiben an den Erzbischof Cudberth von Canterbury. Energisch fordert er ihn auf, den Frauen, insbesondere den Nonnen, zu verbieten, die Gräber der Apostel aufzusuchen. Auf seinen drei Romfahrten hatte Bonifatius festgestellt, dass auf dieser Reiseroute viele Pilgerinnen ihre Tugend verscherzten: »Es gibt nämlich nur sehr wenige Städte in der Lombardei, in Franzien oder in Gallien, in der es nicht eine Ehebrecherin oder Hure (*meretrix*) gibt aus dem Stamm der Angeln. Das aber ist ein Ärgernis und eine Schande für Eure ganze Kirche.«[7] Dass es sich hier nicht um die Fantasien eines Sexualneurotikers, sondern um einen allgemein verbreiteten Missstand handelte, belegt die Tatsache, dass die Synode von Friuli knapp ein halbes Jahrhundert später (792) die gleichen Vorbehalte anmeldete und den Äbtissinnen und Nonnen unter Androhung der Exkommunikation untersagte, nach Rom zu pilgern, »weil sie während ihrer Reise notwendigerweise mit Männern in Kontakt kommen«.[8] Dass es sich um Kontakte von der von Bonifatius geschilderten Art handelte, dürfen wir voraussetzen.

Davon ist auch in dem erwähnten *Pilgerführer* zum Jakobsweg die Rede. Allerdings richtet sich dort die Mahnung ausschließlich an die männlichen Wandergesellen; sie sollen sich davor hüten, sich mit liederlichen Frauenzimmern einzulassen, die sie vor allem in waldreichen Gegenden zu betören trachten. Im Wissen um die Schwäche des starken Geschlechts geht der Verfasser dann allerdings nicht mit den Männern ins Gericht, sondern fordert abschreckende Strafen für die Frauen: »Geplündert sollen sie werden und exkommuniziert, und die Nase soll man ihnen abschneiden...«[9] Aber selbst wer in guter seelischer Verfassung beim Heiligtum ankam, hatte noch keine Gewähr, durch die Wallfahrt dem Himmel ein Stück näher gerückt zu sein. Denn sogar an den Grabstätten der Heiligen scheint die Frivolität die Frömmigkeit zeitweise überlistet zu haben. Im Jahre 1209 sah sich die Synode von Avignon genötigt, die Übernachtung in Kirchen zu verbieten, weil sich die dort untergebrachten Pilger die Nächte vorzugsweise mit dem Absingen von Liebesliedern und erotischen Tänzen verkürzten.[10] Tatsache ist, dass manche Pilger während der Wallfahrt statt den Geist zu läutern an ihrer Seele Schaden nahmen.

Neben moralischen Erwägungen hatten die Bischöfe noch andere Gründe, das Pilgerwesen unter Kontrolle zu bringen. Ausgerechnet die den Klerikern und Mönchen verordneten Sühnewallfahrten führten schließlich dazu, dass die Reisen zu den Grabstätten der Heiligen häufig in ein religiös verbrämtes Vagantentum ausarteten und so der Landstreicherei und dem Verfall der guten Sitten Vorschub leisteten. Um dem entgegenzusteuern verfügte die Synode von Mainz im Jahre 1022, dass niemand ohne ausdrückliche Erlaubnis des Bischofs eine Pilgerreise nach Rom oder Tours antreten dürfe.

Immer dann, wenn das Pilgerwesen ihrer Leitung zu entgleiten drohte, zeigten sich die kirchlichen Autoritäten misstrauisch. Darin stimmen sie übrigens voll und ganz mit Martin Luther überein, welcher sich dagegen wehrt, dass das »Wallfahren böse sei«[11]; vielmehr ist es »zu mehr Malen [meistens] gar eine Buße«, aber als solche doch »ein gering gut Werk«, weil von Gott nicht geboten. »Er hat aber geboten, dass ein Mann sich um sein Weib und seine Kinder sorge. Nun geschieht es aber, dass einer gen Rom wallet, verzehrt dabei fünfzig oder hundert oder mehr Gulden, was ihm niemand befohlen hat, und lässt sein Weib und Kind oder seine Nächsten daheim Not leiden«, und das ist nichts anderes als eine »Verführung des Teufels«. Deshalb sollen Wallfahrer zuerst mit ihrem »Pfarrer oder Oberhirten« reden, bevor sie sich zum Aufbruch entschließen. Damit unterstützt Luther ein Anliegen, das die Bischöfe schon auf den Synoden von Friuli und Mainz vertraten.

Dass die Wallfahrtsbegeisterung den Blick für die richtigen Proportionen trüben kann, ist auch nachzulesen in der um die Mitte des 15. Jahrhunderts entstandenen *Nachfolge Christi*, ein Werk, das möglicherweise von Thomas Hemerken von Kempen verfasst wurde und zeitweise einen größeren Einfluss ausübte als die Bibel: »Viele laufen an vielen Orten hin und her, um die Gebeine der Heiligen zu besuchen und geraten in große Verwunderung, wenn sie von ihren Taten erzählen hören, die prächtigen Kirchengebäude anschauen und die Gebeine der Heiligen, in Seide und Gold gefasst, andächtig küssen.« Darüber vergessen sie dann das Nächstliegende und Wesentliche: »Du, mein Gott, du, der Heilige aller Heiligen, du, der Schöpfer aller Menschen und der Herr der Engel, du bist hier vor mir auf dem Altar zugegen – und das Herz des Christen bleibt ohne Empfindung! Bei jenem Laufen und Schauen läuft doch auch viel Neugierde mit unter; es reizt das Ungesehene, und am Ende haben wir nicht viel Nutzen davon, besonders wenn es nur ein leichtfertiges Hin- und Herlaufen ist, das die Seele kalt und ohne Herzensreue lässt.«[12] Thomas von Kempen polemisiert hier nicht gegen die Wallfahrt als solche, sondern ermahnt dazu, die einzelnen Frömmigkeitsformen richtig zu gewichten. Im Grunde ruft er nur in Erinnerung, dass nicht die Tagediebe im Reich Gottes, sondern die Arbeiter im Weinberg des Herrn das Evangelium auf ihrer Seite haben.

Vom Grab zur Reliquie

Bekanntlich vermag man die Aufmerksamkeit anderer leichter auf sich zu lenken, wenn man sich in ihrer Nähe aufhält. Diese an sich banale Erkenntnis wirkte sich schon früh auf den Heiligenkult aus und führte auf dem Umweg über den Grabeskult schließlich zur Reliquienverehrung. Viele Gläubige, die schon einmal auf Pilgerfahrt gewesen waren, hegten das Verlangen, sich in der Nähe eines Wallfahrtsortes niederzulassen, um später einmal im Umkreis eines Heiligengrabes zur letzten Ruhe gebettet zu werden; auf diese Weise glaubten sie, sich der Fürsprache ihrer Patrone beim Jüngsten Gericht eher versichern zu können. Aber längst nicht alle konnten sich diesen Wunsch erfüllen. Also musste man eben den umgekehrten Weg gehen und möglichst viele sterbliche Überreste (*reliquiæ*) von Heiligen in die Nähe des eigenen Wohnsitzes überführen.

So entstanden durch die Umbettung und Übertragung von Reliquien immer neue Kultstätten. Allerdings erklärt sich das Überhandnehmen solcher Aktionen auch aus dem in den neu missionierten Gebieten erwachenden Bedürfnis nach Schutzheiligen, was nach damaliger Anschauung die Präsenz von Reliquien voraussetzte. Bei den Translationen handelte es sich keineswegs um ein Zugeständnis an das einfache Volk, wie in der historischen Literatur oft nachzulesen ist, sondern »um den Versuch, einen neuen ›Sakralort mit Ahnengrab‹ zu schaffen. Religionsgeschichtlich gelten die Gräber bedeutsamer Ahnen oder auch der Ordensgründer […] als zentraler Lebens- und Kultort, wobei Knochenreliquien, insbesondere Ahnenschädel wie auch Masken oder Würdezeichen, den heiligen Schatz bilden. So wären denn die übertragenen Reliquien der neue Ahn, wobei aber die Beziehung zu ihm nicht aus dem Blut herrührt (Johannes 1,13), sondern aus dem Glauben.«[13] Als um die Wende vom 8. zum 9. Jahrhundert massenweise Reliquien nach Sachsen importiert wurden, kam man damit einerseits dem Verlangen nach ›geistlichen Ahnen‹ oder Schutzpatronen entgegen; andererseits aber konnte man das neubekehrte Volk so besser in die Kirche einbinden.

Anfänglich war man sorgfältig darauf bedacht, *alle* Reliquien eines Heiligen von einem Ort an einen anderen zu übertragen. Man wehrte sich dagegen, die Gebeine der Heiligen zu zerstückeln. So behauptet Gregor von Tours, dass man durch eine Teilung des Leichnams oder durch die Abtrennung einzelner Glieder den Zorn der betreffenden Heiligen auf sich lenke.[14] Tatsächlich fehlt es nicht an Legenden, die davon berichten, wie Heilige sich aus dem Jenseits meldeten und darauf beharrten, die von ihren Gebeinen abgetrennten und anderwärts zur Schau gestellten Teile wiederum an die ursprüngliche Grabstätte zurückzubringen. Dem Zeugnis der Chronisten zufolge hat sich Ulrich von Augsburg († 973) indigniert zur Wehr gesetzt, als Bischof Gebhard II. von Konstanz († 993) beabsichtigte, seinem Grab ein paar Körperreliquien zu entnehmen.[15] Heute neigt die Forschung zu der Ansicht, dass die Teilung der Gebeine bis zum 10. Jahrhundert nicht üblich war, offenbar weil man einen solchen Akt als pietätlos betrachtete. Das schließt nicht aus, dass sie ausnahmsweise trotzdem vorgenommen wurde. Erlaubt war allenfalls die Entnahme von Haaren, Zähnen oder Nägeln, also jener Teile, welche zu Lebzeiten wieder nachwachsen. Später jedoch scheinen es sich die Heiligen anders überlegt zu haben. Jedenfalls besitzen wir keine Zeugnisse mehr dafür, dass sie sich über die Aufteilung ihrer Körperreliquien beschwert hätten. Der Verfasser der *Vita* des heiligen Thomas von Aquin († 1274) berichtet unbefangen, dass man dem Toten eine Hand abgeschnitten habe, die dann als Reliquie verehrt wurde. In Wirklichkeit jedoch haben sich die Dinge ein bisschen anders zugetragen. Der Leib des großen Theologen wurde entsprechend einer damals verbreiteten Gewohnheit bei einsetzender Verwesung ausgekocht; erst anschließend trennte man die Handknochen vom Skelett.

Die im Hochmittelalter sich verbreitende Praxis, einzelne Körperglieder der Heiligen an Klöster und Kirchen zu verteilen, rechtfertigte man theologisch mit der Pars-pro-toto-Theorie, welche der heilige Bischof Victricius von Rouen schon zu Beginn des 5. Jahrhunderts vertreten hatte: »Ubi est aliquid ibi totum est« (Wo ein Teil ist, da ist das Ganze).[16] Getreu dieser Devise hatte Victricius die von ihm erbaute Kathedrale St-Gervais mit zahlreichen Reliquienpartikeln ausstatten lassen.

Dass der Ganzkörperreliquie eine besondere *virtus* oder Energie innewohnte, stand außer Frage. Da aber im Teil das Ganze gegenwärtig ist, versteht es sich von selbst, dass dieselbe Kraft, die vom Leib eines Heiligen ausgeht, auch von den einzelnen Reliquienpartikeln auf die Betenden überströmt. Wenn Papst Gregor der Große († 604) behauptet, dass »die Leiber [der Heiligen], obgleich tot, in so vielen Wundern weiterleben«,[17] stellt er damit bloß fest, was alle schon glaubten, nämlich dass den Reliquien eine Lebenskraft (*virtus*) innewohne, welche durch das Gebet zu den Heiligen aktiviert werde. Später setzte sich die Überzeugung durch, dass dies nicht nur für die *Primär- oder Körperreliquien*, sondern auch für die *Sekundärreliquien* zutreffe. Darunter versteht man praktisch alles, womit die Heiligen zu ihren Lebzeiten in Berührung kamen: Kleidungsstücke, Gebrauchsobjekte, Marterwerkzeuge … Im Gegensatz zu anderen Religionen kannte das Christentum nie Gegenstände, die sozusagen von Natur aus heilig sind; erst wenn diese von einem Heiligen stammten oder doch von diesem benutzt worden waren, wurden sie zu Reliquien, denen dann nicht bloß eine gewöhnliche *Heil*kraft, sondern darüber hinaus auch eine übernatürliche *Heils*kraft eignete. Verwundert es da, dass sich der Reliquienglaube schließlich zu einer ausgeprägten Reliquiensucht steigerte? Eine vergleichsweise harmlose Variante dieser schon im Frühmittelalter um sich greifenden Manie bestand darin, dass man artifiziell Reliquien produzierte. Solche *Tertiärreliquien* entstanden durch Berührung mit den Primär- oder Sekundärreliquien. Gregor von Tours berichtet von Tüchern, welche die Pilger sowohl in seiner Bischofsstadt wie auch im fernen Rom über Nacht auf dem Martins- beziehungsweise auf dem Petrusgrab deponierten; am Morgen waren die Stoffe dann derart mit Lebenskraft vollgesogen, dass sie angeblich schwerer wogen als am Vortag.[18]

Dass die Reliquien allmählich eine quasisakramentale Bedeutung erhielten, erkannte schon Thomas von Aquin. Ausdrücklich betont er, dass der sterblichen Hülle *als solcher* keinerlei »*natürliche* Hinneigung zur Auferstehung«, also keine ›Lebenskraft‹ anhafte, sondern dass ihre Verehrung einzig kraft der göttlichen Vorsehung heilsame Wirkungen zeitigen könne.[19] Weniger klar war diesem wohl bedeutendsten Theologen des Mittelalters, dass er vergeblich gegen die höchst zweifelhaften Vorstellungen anschrieb, welche nicht nur beim einfachen Volk, sondern auch unter dem höheren Klerus verbreitet waren. So pflegte Bischof Hugo von Lincoln († 1200) einen Ring mit Reliquien zu tragen, den er bedenkenlos als *anulus sacramentalis*, als Sakramentenring, bezeichnete.[20] Zeitweise hatten die Reliquien auch die Funktion von Amuletten.

Die Ostkirche erwies sich für derartige Übertreibungen etwas weniger anfällig; bekanntlich drehte sich dort der Streit weniger um die Heiligen*reliquien* als vielmehr um die Heiligen*bilder*. Dabei wurden die Anhänger und Befürworterinnen der Bilderverehrung nicht müde zu betonen, dass das »Abbild« das »Urbild« (d. h. den oder die Heilige) zwar nicht repräsentiere, aber doch darauf verweise. Von daher erklärt es sich, dass das Bild allmählich jene Lücken füllte, welche das fehlende Grab oder die fehlende Reliquie offen ließ, zumal man jetzt öfters hören konnte, dass nicht nur an den Grabstätten der Heiligen, sondern auch vor manchen Heiligenbildern Wundersames sich ereignete.

In Konstantinopel, der ›Stadt der Gottesmutter‹, verehrte man schon im 5. Jahrhundert nicht nur ein 473 aus dem Heiligen Land überführtes Gewand Marias, sondern auch ein Bild der Mutter Jesu, das angeblich der Evangelist Lukas gemalt hatte. Die Wertschätzung, welche man diesem Bild entgegenbrachte, übertrug sich bald einmal auch auf andere Marienbilder.

Marienreliquien und Gnadenbilder der Madonna

Bekanntlich beschränkte sich der Einfluss der Ostkirche nicht auf die Art, wie man die Heiligen darstellte, sondern betraf auch die Verehrung, die man den Heiligenbildern, insbesondere den Madonnendarstellungen entgegenbrachte. Besonderer Wertschätzung erfreuten sich dabei jene Darstellungen, die man als ›authentisch‹ betrachtete, sei es, weil es sich angeblich um wirklichkeitsgetreue Abbilder handelte (was man von der in Santa Maria Maggiore in Rom verehrten, ebenfalls dem Evangelisten Lukas zugeschriebenen Marien-Ikone annahm), sei es, weil man ihre Entstehung auf übernatürliche Ursachen zurückführte (indem man etwa behauptete, sie seien von einem Engel gemalt worden). Die solchen Bildern innewohnende Kraft wiederum ließ sich vervielfältigen, indem man Kopien von ihnen anfertigte, diese mit dem Original in Berührung brachte und sie dann in einer Kirche zur Verehrung aufstellte.

Die fortschreitende Verehrung der Heiligenbilder wirkte sich in der Folge auch auf das Wallfahrtswesen aus. Dazu trugen die sich schnell verbreitenden Gerüchte von Gebetserhörungen bei, welche die Gläubigen vor diesen Bildern erfuhren. Im Zug dieser Entwicklung, in deren Verlauf das Bild das Grab oder die Reliquie immer häufiger ersetzte, entstanden zahlreiche Mariengedenkstätten. Da eine Wallfahrt stets mit ökonomischen Vorteilen für die Bevölkerung verbunden war, verwundert es nicht, dass vielerorts sozusagen aus dem Nichts plötzlich allerlei absonderliche Madonnenreliquien auftauchten. Angesichts der seit dem frühen Mittelalter überlieferten Berichte stellt sich schon die Frage, ob die Menschen so naiv waren, dass sie jedem Aberglauben anhingen, oder ob erst ein allgemein verbreiteter Aberglaube sie zur Naivität verleitete. So berichtet ein Chronist im Jahr 1134 nicht ohne Stolz, dass in der ehemaligen Benediktinerabtei Petershausen bei Konstanz fast hundert Heiligenreliquien verehrt würden, darunter auch Haare und Reste des Schleiers der Mutter Jesu. Das Kloster Andechs, das heute nicht zuletzt wegen seines kräftigen Bieres ein beliebtes Wallfahrtsziel darstellt, rühmte sich, außer dem Messgewand des heiligen Petrus und einiger anderer ur- und frühkirchlicher Überbleibsel auch Reste vom Rock Marias, von ihrem Gürtel und einem ihrer Tischtücher zu besitzen. Luthers Sponsor, der Kurfürst Friedrich der Weise, einer der eifrigsten Reliquiensammler seiner Zeit, besaß dem Wittenberger Heiligtumsbuch von 1509 zufolge 56 Marienreliquien, worunter sich einige Haarsträhnen der Gottesmutter befanden sowie Milchreste, die eigentlich für das Jesuskind bestimmt waren.[21] Was Letztere betrifft, hatte sich ein Jahrhundert zuvor schon der Franziskaner und Wanderprediger Bernhardin von Siena (1380–1444) über Leute enerviert, »welche als Reliquien Milch der Jungfrau Maria zeigen. Ja, hundert Kühe haben nicht so viel Milch, als man von der Maria auf der ganzen Welt zeigt, und doch hatte sie nicht mehr und nicht weniger, als ihr Kind Jesus brauchte.«[22]

Zu welchem Unfug der Kult um Marienreliquien im Lauf der Jahrhunderte schließlich führte, hat Horst Herrmann in seinem *Lexikon der kuriosesten Reliquien* dokumentiert.

In Nazaret verehrten Wallfahrer aus dem Westen Wunder wirkende Kleidungsstücke Marias, in Jerusalem zeigt man ihren Gürtel und ihr Kopfband. Die meisten Marienreliquien ergatterte Konstantinopel: die Tücher, in die Marias Leiche gehüllt war und ein Umstandskleid, das sie getragen haben soll. Bald finden sich im Zuge der Reliquienbeschaffung und Multiplikation Kleiderreliquien auch in Aachen (aus dem karolingischen Reliquienschatz), in Chartres (als Geschenk Karls des Kühnen), in Sens, in Rom, in Limburg. Im Mittelalter wird in Gaming etwas »von dem Stein, über den Milch der seligsten Jungfrau floss«, verehrt, etwas »von ihren Haaren, von ihrem Hemd, von ihren Schuhen« u. a. [...] Die durch Erzbischof von Magdeburg († 1513) in Halle begründete und von Erzbischof Albrecht von Brandenburg († 1545) fortgeführte, später nach Mainz gebrachte Reliquiensammlung enthielt u. a. das Wochenbett Marias mit Decken und Kissen.[23]

Bis gegen Ende des 13. Jahrhunderts sind Reliquienwallfahrt und Kultbildwallfahrt nicht sauber voneinander zu trennen. Fest steht, dass die Verehrung des Gnadenbildes und die dadurch einsetzende (und damit verbundene) Marien-Wallfahrt vom Hochmittelalter an zunehmend an Bedeutung gewinnt. So machen sich seit dem 12. Jahrhundert immer größere Pilgerscharen auf den Weg zum schweizerischen Maria Einsiedeln. Das hängt mit der damaligen Umwidmung der Wallfahrt zusammen. Vermutlich wissen heute die wenigsten Pilger und Wallfahrerinnen, dass die Klosterkirche zu Einsiedeln ursprünglich gar nicht der Gottesmutter geweiht war. Ihre Entstehung verdankt sie dem heiligen Meginrat (Meinrad). Der wurde gegen Ende des 8. Jahrhunderts in der Nähe von Rottenburg geboren. Nach seiner Ausbildung in dem damals berühmten Kloster auf der Bodenseeinsel Reichenau lässt er sich zum Priester weihen und tritt in den Benediktinerorden ein. Gegen 835 zieht er sich in eine Einsiedelei ›im Finsteren Wald‹ südlich des Zürichsees zurück, wo er eine äußerst anspruchslose Lebensweise pflegt. Geschenke, die man ihm bringt, verteilt er an die Armen. Im Januar 861 wird er von zwei Räubern, die er zuvor noch bewirtet hat, mit einer Keule erschlagen. Warum Meginrat meist mit zwei Raben dargestellt wird, weiß die Legende zu berichten. Ihr zufolge verfolgten die beiden Vögel, die er aufgezogen und ernährt hatte, die Mörder, was schließlich zu ihrer Gefangennahme führte. Zunächst wurde Meginrat auf der Reichenau bestattet. 1039 brachte man seine Gebeine an seinen Sterbeort zurück. Im ersten Jahrzehnt des 10. Jahrhunderts ziehen sich einige Eremiten in den ›Finsteren Wald‹ zurück, unter ihnen ein gewisser Benno, der vorher als

Domherr in Straßburg in hohem Ansehen stand. Vermutlich geht der Klosterbau auf seine Initiative zurück. Am 14. September 948 wird die spätere Gnadenkapelle eingeweiht, die aber nicht Maria, sondern dem Salvator (Erlöser-Heiland) gewidmet ist. Daran erinnert eine alte Legende, nach welcher Christus selbst es war, der die erste Klosterkirche einweihte. Erst im 12. Jahrhundert, als die Muttergottesverehrung sich immer größerer Beliebtheit erfreut, wechselt das Patronat, was wiederum dazu führt, dass Einsiedeln schon bald zu einem der beliebtesten Muttergottes-Wallfahrtsorte wird.

Diese Umwidmung des Patronats der Kirche von Einsiedeln ist charakteristisch für die Entwicklung der Marienverehrung, die seit dem 12. Jahrhundert zunehmend an Bedeutung gewinnt. So liegen die Anfänge der Mariazeller Wallfahrt im 14. Jahrhundert, in einer Zeit also, in der die Pilgernden vermehrt auch nach Tschenstochau strömen. Knapp ein Jahrhundert später ist das bayrische Altötting ein beliebtes Ziel, ebenso das Kloster Andechs, wo die frühere Christuswallfahrt zu einer Marienwallfahrt umfunktioniert wurde. Auch andere Kirchspiele zeigten sich dem neuen Trend gegenüber aufgeschlossen, was im 16. und 17. Jahrhundert zur Entstehung immer neuer Marienwallfahrten führt. Im 16. Jahrhundert pilgerten die Gläubigen zur *Schönen Maria* nach Regensburg (die ihre herausragende Stellung allerdings nur kurze Zeit zu halten vermag), zur Madonna in Kevelaer oder zur Gnadenmutter in Werl. Die Wallfahrtstätten Kevelaer und Werl verdanken ihre bis heute unangefochtene Vorrangstellung dem Einsatz des damals sich im Aufschwung befindenden Kapuzinerordens.

Das in Werl verehrte Gnadenbild ist um 1170 vermutlich in Schweden entstanden. Eigens für dieses Bild wurde 1370 in Soest die berühmte Wiesenkirche erbaut. Als die Stadt 1530 evangelisch wurde, stellte man die Statue auf dem Kirchenboden ab, wo sie während 130 Jahren verblieb. 1649 hielten die Kapuziner in der Nachbarstadt Werl Einzug. Ihnen wurde das Gnadenbild 1661 als Sühnegabe für einen verübten Waldfrevel übergeben. Heute suchen alljährlich mehr als 250 000 Pilger das 1969 restaurierte Gnadenbild auf.

Wie wird ein Ort zum Pilgerziel? Manche Wallfahrten gehen auf die Erlebnisse von Visionären oder Seherinnen zurück (das mexikanische Guadalupe, Lourdes, Fatima, La Salette) oder haben ihren Ursprung in historisch unhaltbaren Überlieferungen, was für Loreto zutrifft. Bei dem dort verehrten Bauwerk handelt es sich angeblich um das von Maria in Nazaret bewohnte Haus, welches der Legende nach 1291, als die Sarazenen Palästina erobert hatten, von Engeln zuerst nach Dalmatien und später nach dem in den italienischen Marken gelegenen Loreto gebracht wurde. Dort sei das Bauwerk zu einer Kirche umgestaltet worden. Sicher ist, dass in Loreto schon vorher eine der Gottesmutter geweihte Kirche existierte, die sich im 15. Jahrhundert zu einem der bedeutendsten Marienwallfahrtsorte entwickelte. Der Ruf der *Santa Casa* erreichte auch den deutschen Sprachraum, was wiederum dazu führte, dass man das Heiligtum von Loreto an mehreren Orten nachbaute. Parallel zum Loreto-Kult verbreitete sich auch die Lauretanische Litanei.

Häufig kam es vor, dass ein *Bild* eine Wallfahrt begründete. Damit aber stellt sich die Frage: Wie wird ein Bild zum *Gnaden*bild? Der Verweis auf das ehrwürdige Alter bildet genauso wenig eine überzeugende Erklärung wie der Umstand, dass eine Kirche der Muttergottes (oder irgendwelchen anderen Heiligen) geweiht ist. Vielmehr ist es ein bestimmtes, in einem religiösen Kontext eingetretenes Ereignis, das einen ›gewöhnlichen‹ Ort zum *Gnaden*ort und ein Bild zum *Gnaden*bild macht. Spuren davon finden sich in legendären Überlieferungen, welche von Erscheinungen, Offenbarungen oder irgendwelchen ekstatischen Erfahrungen oder spirituellen Erweckungserlebnissen berichten. Ein klassisches Beispiel dafür ist der Bericht über das ›Ursprungsmirakel‹ von Kevelaer, der sich erstmals im Buch *Opkomste*, der ältesten Kevelaerer Wallfahrtsgeschichte aus dem Jahr 1696, findet:

In dem Jahre unseres Herren 1641 in da letzte von December ist passirt dass ein sicherer Burger von Geldern Nahmens Hendrich Busman / um seinen Kauffhandel zu treiben / welchen sehr klein war / drey Meilen von seine Statt gereist war / nacher Wees / welches ein Dorff ist / ins Clevisch Landt / eine Meile gelegen von das Dorff Kevelar / durch welches Er gewoont war / seine Reise zu nehmen nach Wees und wiederum von Wees nach Grlder [Geldern] / wie Er nun nach seiner gewohnheit / und wiederum in retour komt auf vorgemeldtes Kevelarsche Velt / umtremt ein Hagel-Kreutz / hat derselbe sich nach gewohnheit auf seine knie begeben / was gescha?

Unterweilen dieser andächtige Man mit Gott vereinigt war durch das Gebett / so hört er eine Stimme nahen welche ihm schiene zuzusprechen mit diese worten: Auf diesen Orth solst du mir ein Capelchen bauen / er stund verslagen / und sich umsehende niemand da umtrent gewahr wurde / hat er es sich aus seinen kopf gehen lassen / zu mehr um das ihm die mittel fehleten / womit Er dieses geboth sollte ins Werk richten wie er nun sein gebeth geendiget hatte / hat er ohne nachdencken / seine Reise nach Hause fortgesetzt. Aber nach acht Tagen / da er dieselbe Stimme noch vernommen ha[t] / wie zuvor / hat mit seine Hauß Frau / so bald als er zu Hause gekommen / darüber diesen Rath geschaft / dass selbige von ihr klein gewin itzt solten machen zu spahren / om mit gelegenheit ein Heilig Häuschen zu lassen zimmeren.

Weil nun diese gute Leute beschäftigt waren um einen geringen Pfenning zur stiftung dieses Capelchens zu verfertigen / und dazwischen bereits einigen zeit vorbey lief hat der Allmächtige Gott seinen Willem ihm kräfftiger wollen zu kennen geben / denn da nun vor das dritte mahl die vorige stime alda gehört wurde / so hat Mechtilde die Hauß-Frau von diesen Buschman / in ihre Schlaffstell uhngefehr zu mitternacht / zwischen ein klahres Licht das gantze Hauß durch gescheint / gesehen ein Heilig-Häusgen oder Capelchen / worin ihr dauchte zu sehen ein Papieren Bildgen / welches sie zuvor von ungefehr gesehen hatte in händen von einen Hessischen Soldat / welchen von Luxenburg kahm. Ich lasse den Leser dencken wie diese Frau verschrocken muß gewesen seyn eben wohl zu sammen voller freude / hat ihr Man von diese freude wollen theilhafftig machen: welcher / weil er dieses nicht hat gesehen / wiewohl er um den Willen Gottes nicht zweiffelte / zweiffelte er doch an das Visionen / solches zuschreibende an alle die starcke Einbildungen / welche an die Frau-Leuten gemein sein: doch aber hat befunden solches wahr zu sein / weil die Schildwacht welcher des nachts daselbst ist vorbey gegangen kahm des Morgens bey ihnen fragen / was sie so späth in der Nacht / welches er durch das fenster gesehen hat / gethan hätten; Darauf haben sie mit einander beschlossen / den angenehmen Wille von Gott und von Gottes heilige Mutter nun fest / so gleich zu volbringen / glech [gleiches] sie auch thäten und sich vornahmen das Heilig-Häusgen auf das Feldt von Kevelar zu stiftiho [stiften] und auf zu bauen / al solten sie auch alle ihr wenfahrt [Vermögen] daran gehangen haben.

Endlich denn nach kurtzer zeit das werck volzogen seinde / hat Hendrick das voorgen Papieren Bildgen von die Mutter Gottes mit viel mühe suchen zu bekommen / und hat dasselbe wie er es bekommen / darein gestelt.

Doch da er bemerckten den grossen zulauff von das Volck dass alda an milde Offerhanden von Gelt und Wachs-Licht anfingen bey zu bringen / und fürchtete eines theils wegen eigen nutzen einen bösen Nahmen zu bekommen / und andern theils wuste er dass die Mutter Gottes zum Trost der bedruckten Menschen / alda wollte geehrt sein: Hat das Bild wiederum heraus genommen / und so lang gegeben in händen von die Ehrwürdige Paters Capucynen / bis das der Herr Pastor von Kevelar darauf beruffen worden / dasselbe zu kommen abholen / und auf den ersten Junii in das nehmliche Heileg Häusgen gesetzt / alda es jetzt noch gefunden wird.[24]

Bei dem »Papieren Bildgen« des hessischen Soldaten handelt es sich um einen Antwerpener Kupferstich mit der Luxemburger *Consolatrix afflictorum*, der Trösterin der Betrübten. Allein die Tatsache, dass dieser Kupferstich schließlich in dem eigens dafür erbauten »Heileg Häusgen« auf- oder besser ausgestellt wurde, macht ihn noch nicht zum *Gnaden*bild. Zu einem solchen *wurde* er erst, nachdem einige Fromme davor gebetet und Trost und Hilfe erfahren hatten. Die Nachrichten davon verbreiteten sich schnell, später wurden sie in den Mirakelbüchern aufgezeichnet und teilweise auch auf Votivtafeln ins Bild gesetzt.

Der Bilderhimmel von Hergiswald

Im 17. Jahrhundert besaß fast jeder größere Ort eine marianische Gedenkstätte. Gleichzeitig wurden auch in ländlichen Gegenden immer mehr Kapellen der heiligen Jungfrau geweiht, von denen sich viele zu Wallfahrtorten von lokaler Bedeutung entwickelten. Damit konnten auch jene Gläubigen, die sich angesichts der bedrängenden Alltagsmühen kein Time-out zu leisten vermochten, ihre Sorgen einer Gnadenmutter anvertrauen.

Als Beispiel für diese Entwicklung sei die Gnadenkapelle im Hergiswald bei Luzern erwähnt.

Wie in Werl waren es auch hier die Kapuziner, die sich im 17. Jahrhundert dafür einsetzten, dass Maria von diesem Ort Besitz ergreifen konnte. Und wie viele Wallfahrtsorte hat auch das Heiligtum im Hergiswald eine Entstehungslegende. Anfänglich war es wie an manchen anderen marianischen Stätten nicht die Madonna, sondern ein frommer Eigenbrötler, der die Pilger in den Hergißwaldt (oder Herrgottswald, wie es bald einmal hieß) lockte. Der hieß Johannes Wagner und hatte vorher in der berühmten Kartause im thurgauischen Ittingen gelebt. Als 1489 die heruntergekommene Klosteranlage renoviert wurde, veranlasste der Baulärm Bruder Johannes, seine Zelle zu räumen und seinen Frieden anderswo zu suchen. Schließlich fand er am nördlichen Abhang des Pilatus, zwei Wegstunden von Luzern entfernt, eine neue Bleibe. Dort hauste er zunächst in einer Höhle. Einem anonymen Chronisten zufolge errichteten ihm im Jahr 1501 einige Luzerner Bürger »nit weit von seiner Höle« ein Bethäuschen mit einem Altar. Schon bald wurde der Ort »vilfältig durch fromme andächtige Leuth besuecht«. Als der Eremit 1516 starb, setzte man ihn im Bethaus bei.

Kirche von Hergiswald. Der rätselhafte ›Bilderhimmel‹ entstand um die Mitte des 17. Jahrhunderts.

Als Bittgänge und Prozessionen immer mehr Menschen an den abgelegenen Ort führten, baute man 1620 über dem kleinen Bethaus eine größere Kapelle. 1627 stiftete der Luzerner Patrizier Johann von Wyl, der damals in München als Barbier und Wundarzt praktizierte, eine in Silber getriebene Madonnenstatue mit Jesuskind. In der Folge verdrängte die Verehrung der Patronin Luzerns die Erinnerung an den heiligmäßigen Johannes Wagner immer mehr; das Bethaus des Einsiedlers entwickelte sich zum Marienheiligtum.

Zurückzuführen ist diese Veränderung vor allem auf einen jüngeren Bruder Johannes' von Wyl, der sich als Pater Ludwig den Kapuzinern angeschlossen hatte. 1645 setzte dieser den Rat von Luzern davon in Kenntnis, dass ihm die Muttergottes aufgetragen habe, im Hergiswald ein Kirchlein *in formam Domus lauretanæ*, will sagen nach dem Vorbild und der Art des ›Heiligen Hauses‹ von Loreto, zu errichten.

Im September 1648 erweitert man das Kirchlein von Hergiswald um ein Häuschen, dessen Ausmaße (9,52 x 4,10 m) exakt mit der *Santa Casa* von Loreto übereinstimmten. Drei Jahre später, 1651, gelangt der rührige Kapuziner erneut mit einer Eingabe an den Rat von Luzern. Diesmal geht es um den Ausbau des Kirchleins. Noch im Herbst des gleichen Jahres beginnen die Bauarbeiten. Mit der Innenausstattung werden führende Kunsthandwerker von Luzern beauftragt.

In deren Gefolge tritt nun eine Persönlichkeit auf den Plan, die unsere ungeteilte Aufmerksamkeit verdient, handelt es sich doch um jenen Künstler, dem wir die weltweit einmaligen Deckenmalereien verdanken. Dass der energische Pater Ludwig von Wyl auch hier ein Wörtlein mitredet, versteht sich von selbst. Der hat inzwischen seinen Wohnsitz nach Luzern verlegt, nachdem ihn seine Mitbrüder im Jahre 1654 zum Provinzial gewählt haben.

Noch im selben Jahr setzt sich Ludwig von Wyl mit Kaspar Meglinger, dem damals bekanntesten und produktivsten Maler der Stadt, in Verbindung und unterbreitet ihm ein Projekt, das 321 Embleme in Form von sinnbildlichen Darstellungen umfasst, die sich allesamt auf Maria beziehen. Mit diesen Motiven soll Meglinger die Decke der Kapelle ausschmücken. Seither breitet sich über den andächtigen Betern und Beterinnen ein wunderbarer Bilderhimmel, der wohl das Auge erfreut, gleichzeitig aber den Geist ein bisschen strapaziert.

Immer wieder hat man versucht, die rätselhaften Embleme zu deuten. Davon konnten bis vor einigen Jahren nur wenige entziffert werden – beispielsweise der Pelikan, der mit seinem Blut die Jungen nährt. Die dazuge-

Hergiswald, Elefant und Brennnessel.
Ein Elefant lehnt sich an einen Baum: »Gravissimi ad me quiescunt« (die Schwersten ruhen sich bei mir aus). Die Fürbitterin Maria ist eine Stütze selbst für die schwersten Sünder.
Eine Hand reißt an einer Brennnessel: »Non me lædetis« (Ihr werdet mich nicht verletzen). Das bezieht sich auf die Jungfräulichkeit und Sündenlosigkeit Marias.

hörige Inschrift *ex me accepit* – aus mir hat (er es) empfangen – deutet darauf hin, dass der Pelikan hier ausnahmsweise nicht für Christus steht, der sich für die Seinen hinopfert, sondern für Maria, welche die Andächtigen belehrt: Aus mir, der Mutter, hat Jesus das Blut empfangen, das er am Kreuz vergoss. Zwar hat Kaspar Meglinger diese Tafel gemalt, aber vieles deutet darauf hin, dass ihm dabei der Kapuzinerpater von Wyl über die Schulter schaute und ihm sagte, wie er den Pinsel zu führen habe.

Dass dem tatsächlich so war, steht inzwischen zweifelsfrei fest. In jahrelanger und mühseliger Forschungsarbeit ist es dem Schweizer Philologen und Literaturwissenschaftler Dieter Bitterli gelungen, die enigmatischen Motive der Deckentafeln von Hergiswald zu entschlüsseln.[25] Dass Bitterli die seltsamen Embleme zu decodieren vermochte, verdankt er der Eingebung, dass hinter der Deckenmalerei ein mariologisches Konzept stecken müsse – und dass der Maler auf Vorlagen zurückgegriffen habe. Angesichts dieser Annahme lag der Gedanke nahe, dass das vom Maler ausgeführte Projekt zuvor von einem Theologen entworfen worden sei, der auch die Vorlagen für die einzelnen Motive und Symbole auswählte. Welcher Gottesmann aber hatte sich bei den Luzerner Ratsherren für die Errichtung einer Loreto-Kapelle in Hergiswald starkgemacht? Richtig, der Kapuziner Ludwig von Wyl. Wer anders als er sollte also das Konzept für die Deckenmalerei ausgearbeitet haben? Und dieses Programm war gewiss nicht aus der blauen Luft gegriffen! Dafür musste es Vorbilder und Vorlagen geben.

Die stöberte Bitterli schließlich in der Bibliothek des auf dem Wesemlin gelegenen Luzerner Kapuzinerklosters auf. Die erste Quelle, aus welcher der Franziskusjünger von Wyl Muster und Motive für sein theologisches Bilderprogramm schöpfte, erfreute sich damals großer Beliebtheit. Es handelt sich um das Werk *Mondo simbolico* (Die Welt der Symbole), in welchem der italienische Geistliche Filippo Picinelli Aberhunderte von Sinnbildern auflistet und deutet und sich bezüglich der Anwendungsmöglichkeiten äußert. Außerdem ließ sich der Kapuzinerprovinzial auch von Paolo Aresi, dem Bischof von Tortona, beeinflussen, welcher sich in einem neunbändigen Werk über *Imprese sacre* (Heilige Taten) ausführlich mit Symbolen beschäftigt und gleich über zweihundert entsprechende Kupferstiche mitliefert, von denen sich der kunstbeflissene Kapuziner inspirieren ließ und die er seinem Maler als Vorlage präsentierte.

Ein Beispiel dafür bildet etwa die Tafel mit der Palme und der Inschrift *altior ego* (ich bin höher). Im Gegensatz zu einem verunsicherten Betrachter aus dem letzten Jahrhundert sehen wir in dieser Abbildung heute nicht mehr bloß »abgeschmacktes Zeug«. Dank Bitterlis Nachforschungen wissen wir, dass sich Bild und Inschrift auf die Gottesmutter beziehen: Ich, Maria, bin höher – nämlich höher als die Palme, von der das Buch Jesus Sirach (24,14) spricht – und damit näher bei Gott. Dass sich die Mehrheit der Pilger und Wallfahrerinnen für derlei Zusammenhänge interessierte, darf bezweifelt werden.

Welchen Zweck der Kapuziner Ludwig von Wyl mit seinem theologischen Programm verfolgte, verrät uns der Maler Meglinger auf einer Tafel an der

Orgelempore. Es sind dort zwei schreibende Hände dargestellt und zwei Sinnsprüche in lateinischer Sprache zu lesen. Der erste lautet: »Für die Mutter und ihre Kinder habe ich diese Tafeln entworfen.« Im Klartext: Das ganze großartige Werk wurde zu Ehren Marias und zur Freude ihrer Verehrer und Verehrerinnen konzipiert. Die zweite Inschrift lautet: »Wer es studiert hat, soll es kritisieren, wer es versteht, soll es lesen.« Mit anderen Worten, wer etwas im Kopf hat, hat auch das Recht, sich zu diesem ganzen Bilderzyklus kritisch zu äußern. Aber bevor man den Mund auftut, muss man die Bilder *verstehen*.

Die seinerzeit von Martin Luther und von Thomas von Kempen befürchtete Gefahr, es könne sich jemand durch eine Wallfahrt seinen Christenpflichten entziehen, ist längst nicht mehr vorhanden. Wer heute vom Fernweh überfallen wird, wendet sich nicht ans Pilgerbüro der Diözese, sondern macht drei Schritte um die Ecke und geht zur nächsten Reiseagentur. Schon im 17. und 18. Jahrhundert hatte das Wallfahrtsfieber im Zug der europäischen Aufklärung merklich nachgelassen. Überhaupt scheint jeder Pilgerort innerhalb der sich wandelnden Frömmigkeitsbewegungen sein eigenes Schicksal zu haben. Manche Wallfahrtsstätte hat im Lauf der Jahrhunderte an Anziehungskraft verloren, über andere ist der Schatten der Vergessenheit gesunken. Vormals bedeutende Pilgerziele wie St. Gallen oder Thann erfreuen sich nach wie vor eines großen Zulaufs, allerdings nicht von Wallfahrern, sondern von kulturbegeisterten Touristen und Touristinnen. Im 19. Jahrhundert entstanden neue marianische Großwallfahrten (La Salette, Lourdes, Fatima).

Hier ist ausdrücklich darauf hinzuweisen, dass nach christlicher Auffassung Jesus Christus den Höhepunkt und die Fülle der göttlichen Offenbarung bildet. Weil Gott sich in Jesus Christus der Menschheit auf unüberbietbare Weise kundgetan hat, »ist keine neue *öffentliche* Offenbarung mehr zu erwarten«.[26] Mit dieser Aussage unterscheidet das Zweite Vatikanische Konzil zwischen der *allgemeinen oder öffentlichen* (d. h. der in der Bibel enthaltenen) *Offenbarung* und den sogenannten *Privatoffenbarungen*, die (auch wenn sie in der Öffentlichkeit stattfinden) an einzelne Personen ergehen. Bekannte Beispiele für diese Letzteren sind die Visionen der heiligen Birgitta von Schweden – oder eben die (kirchlich approbierten oder auch nur angeblichen) Marienerscheinungen, die immer wieder einmal für Aufsehen sorgten (und sorgen).

Der zitierte Konzilstext behauptet nicht die Unmöglichkeit von Privatoffenbarungen, sondern nur, dass diese der allgemeinen (in der Schrift enthaltenen) Offenbarung nichts wesentlich Neues hinzufügen. Nach Karl Rahner sind »Privatoffenbarungen (ob Visionen oder Auditionen) in ihrem Wesen ein *Imperativ*, wie in einer bestimmten Situation in der Christenheit gehandelt werden soll; sie sind wesentlich keine neue Behauptung, sondern ein neuer Befehl«.[27] Das wiederum schließt ein, dass Privatoffenbarungen im Licht der Heiligen Schrift zu beurteilen sind – und nicht umgekehrt! Selbst da, wo sich keine Widersprüche zur allgemeinen Offenbarung feststellen lassen, fällt das Urteil der Kirche in der Regel äußerst zurückhaltend aus. Unter anderem trifft dies zu für die Berichte über die Marienerscheinungen von Lourdes oder La Salette. »Diese Erscheinungen oder Offenbarungen wurden vom Apostolischen Stuhl weder approbiert noch zurückgewiesen oder verurteilt. Es wurde nur gebilligt, dass sie mit menschlichem Glauben, im Maße ihrer durch gute Zeugen und Zeugnisse begründeten Glaubwürdigkeit fromm verehrt werden dürfen.«[28] Überdies ist daran zu erinnern, dass die Kirche die Gläubigen nicht verpflichtet, an Privatoffenbarungen, ganz gleich welcher Art diese seien, zu glauben. Konkret bedeutet das, dass Christen und Christinnen (auch dies sei hier einmal deutlich in Erinnerung gerufen), welche daran zweifeln oder gar in Abrede stellen, dass Maria in Lourdes, in Guadeloupe oder in Medjugorje oder wo immer sonst erschienen ist, deswegen keinesfalls als ›Gläubige zweiter Klasse‹ betrachtet werden dürfen.

Privatoffenbarungen vermögen wohl *bereits geoffenbarte* Wahrheiten in Erinnerung zu rufen oder einzelne Aspekte der *schon ergangenen* göttlichen Offenbarungen zu unterstreichen. Ihr Informationswert geht aber in gar keinem Fall über das hinaus, was in der Schrift grundgelegt ist und was diese lehrt. Wohl *können* sie von großem spirituellem Wert sein und der Kirche in einer bestimmten Zeit oder Situation wichtige Anstöße zur Erneuerung und Glaubensvertiefung geben. Losgelöst von ihrem zeitgeschichtlichen und damit zeitbedingten Hintergrund aber sind sie nicht selten für die missverständlichsten Deutungen offen. Dass die auch heute noch in manchen Kreisen verbreitete »Vorliebe für Erscheinungen auf Kosten der Sakramente und der Predigt« häufig kein Zeichen von Glauben, sondern oft geradezu ein Anzeichen fehlender Gläubigkeit ist, hat Kardinal Ottaviani schon vor mehr als einem halben Jahrhundert vermutet.[29]

Kritik an einer ungesunden Wundersucht übte seinerzeit auch der heilige Johannes vom Kreuz (1542–1591), wobei er gleichzeitig betonte, worauf es im Christentum eigentlich und letztlich ankommt: »Seitdem uns Gott seinen Sohn gegeben, der das Wort ist, hat er uns kein anderes Wort mehr zu geben. In diesem Wort hat er uns in einem zugleich alles gesagt; er hat uns nichts [wesentlich Neues] mehr zu sagen.«[30]

Privatoffenbarungen haben nach christlichem Verständnis da – und nur dann! – eine Bedeutung, wenn sie auf jene Offenbarung verweisen, die in Jesus Christus ihre Fülle erreicht hat. Und diese Offenbarung verfolgt ihrerseits nur ein Ziel: Sie will Gemeinschaft stiften zwischen Gott und den Menschen und zwischen den Menschen untereinander.

Einmal abgesehen von den oft hitzigen Diskussionen um Marienerscheinungen oder andere Wunderzeichen, die sich in den letzten Jahrzehnten ereignet haben sollen (auffälligerweise mehr im heißen Süden als im klaren Norden[31]), gibt das Pilgerwesen heute kaum mehr Anlass zu Polemiken. Vielmehr scheint man sich wiederum vermehrt darüber Rechenschaft zu geben, dass die Wallfahrt ein sinnfälliges Zeichen dafür darstellt, dass nicht nur die einzelnen Gläubigen, sondern, wie das Zweite Vaticanum betont, auch die Kirche als Ganze »hier auf Erden in Pilgerschaft fern vom Herrn lebt«[32] und daher immer auf dem Weg ist zu jenem Ziel, das die Heiligen bereits erreicht haben. Die vielleicht größte Gnade, die uns an ihren Gräbern widerfahren kann, wäre wohl jene Erkenntnis, die wir aus unserem Alltag so gerne verdrängen, nämlich dass wir auf dieser Erde nie ganz zu Hause sind.

Gebetsformen und Festtage

Milde Königin, gedenke,
wie's auf Erden unerhört,
dass zu dir ein Pilger lenke,
der verlassen wiederkehrt.
Nein, o Mutter, weit und breit,
schallt's durch deiner Kinder Mitte:
Dass Maria eine Bitte
nicht gewährt, ist unerhört,
unerhört in Ewigkeit.
Ach, erhöre meine Worte,
führ mich einst zu deinem Sohn,
öffne mir die Himmelspforte,
dass ich ewig bei dir wohn.
Nein, o Mutter, weit und breit,
schallt's durch deiner Kinder Mitte:
Dass Maria eine Bitte
nicht gewährt, ist unerhört,
unerhört in Ewigkeit.
Memorare des Weltpriesters Claudius Bernhard

Das verbreitetste aller Mariengebete ist ohne Zweifel das *Ave-Maria*. Es beginnt mit dem Gruß, den der Verkündigungsengel an Maria richtet: »Sei gegrüßt, du Begnadete, der Herr ist mit dir« (Lukas 1,28). Daran fügt sich der Ruf, mit dem ihre Verwandte Elisabet sie bei sich empfängt: »Gesegnet bist du mehr als alle anderen Frauen, und gesegnet ist die Frucht deines Leibes« (Lukas 1,42). Die Verbindung der beiden Segensworte zu einem Gebet ist in der Ostkirche seit dem 5. Jahrhundert nachweisbar. In der griechischen Markusliturgie in Alexandreia, die ebenfalls auf diese Zeit zurückgeht, folgt auf die Anrufung noch der Zusatz: »Denn du [Maria] hast den Erlöser unserer Seelen geboren.« Wenig später scheint diese Ergänzung durch den Namen *Jesus* (bis ins 16. Jahrhundert: *Jesus Christus*) ersetzt worden zu sein (»gesegnet ist die Frucht deines Leibes, [nämlich] Jesus«).

Im Westen ist das *Ave-Maria* als liturgisches Gebet seit dem 7. oder 8. Jahrhundert bekannt. Die seit dem 15. Jahrhundert nach dem Lobpreis vereinzelt hinzugefügte Anrufung (»Bitte für uns Sünder, jetzt und in der Stunde unseres Todes!«) wurde von Papst Pius V. 1568 ins offizielle Gebetbuch der Römischen Kirche aufgenommen.

Ave-Maria und Angelus

Zeitweise löste das *Ave* oder *Gegrüßet seist du, Maria* häufig das *Vaterunser* ab und wurde so zum bevorzugten Wiederholungsgebet. Daraus wiederum entwickelte sich in der Folge der *Angelus* oder *Engel des Herrn*, der den Verkündigungs-Dialog zwischen dem Erzengel Gabriel und Maria sowie die Menschwerdung des Gottessohnes zum Inhalt hat und gewöhnlich drei Mal am Tag gesprochen wird:

Der Engel des Herrn brachte Maria die Botschaft,
und sie empfing vom Heiligen Geist.
Gegrüßet seist du, Maria ...
Maria sprach: Siehe, ich bin die Magd des Herrn;
mir geschehe nach deinem Wort.
Gegrüßet seist du, Maria ...
Und das Wort ist Fleisch geworden
und hat unter uns gewohnt.
Gegrüßet seist du, Maria ...
Bitte für uns, heilige Gottesmutter,
auf dass wir würdig werden der Verheißungen Christi.
Lasset uns beten.
  Allmächtiger Gott, gieße deine Gnade in unsere Herzen ein. Durch die Botschaft des Engels haben wir die Menschwerdung Christi, deines Sohnes, erkannt. Lass uns durch sein Leiden und Kreuz zur Herrlichkeit der Auferstehung gelangen.
  Darum bitten wir durch Christus, unsern Herrn. Amen.

Diese heute übliche von Papst Pius V. 1571 eingeführte Form des *Angelus* hat sich schrittweise entwickelt. Der entscheidende Impuls dazu kam von einem Generalkapitel der Franziskaner im Jahr 1263, welches die Ordensbrüder verpflichtete und den Gläubigen empfahl, beim Abendläuten Maria zu grüßen, da sie um diese Stunde die Botschaft des Engels gehört und Jesus empfangen habe. Im 14. Jahrhundert bürgerte sich das Morgenläuten ein, welches ursprünglich zu einem Gebet für das öffentliche Wohl einladen wollte, später dann aber die Erinnerung an die Schmerzen Marias anlässlich des Leidens ihres Sohnes wachhalten sollte. Im 16. Jahrhundert wurde das Mittagsläuten eingeführt, um zum Gebet gegen die drohende Türkengefahr aufzurufen – und auch da lag es nahe, sich mit dem Angelus-Gebet an Maria zu wenden.

Die Gebetsschnur der Gottesmutter

Beim Anblick spätmittelalterlicher Marienbilder stellen wir häufig fest, dass die Muttergottes und der Jesusknabe einen Rosenkranz in Händen halten. Dieses Motiv erfreute sich besonders im frühen 15. Jahrhundert großer Beliebtheit.

Natürlich hat Maria ihr Lebtag lang nie eine solche Gebetsschnur besessen. Das wussten auch die Schöpfer der besagten Bildwerke. Mit ihren anachronistischen Darstellungen drückten sie lediglich aus, dass der Rosenkranz eine marianische Gebetsform ist.

Die 150 *Ave-Maria*, die dem Rosenkranzgebet zugrunde liegen, gehen auf die 150 Psalmen im Ersten Testament zurück. Die Iren und Angelsachsen teilten den ganzen Psalter in drei Gruppen zu je fünfzig Psalmen ein. Im Kloster Cluny war es gegen Ende des 11. Jahrhunderts üblich, dass das einfache, des Lesens unkundige Volk für einen Psalm ersatzweise ein *Vaterunser* betete. Zur Zählung diente eine sogenannte Paternosterschnur. Im 13. Jahrhundert ging man dazu über, die 150 *Vaterunser* durch ebenso viele *Ave-Maria* zu ersetzen. Diese Andachtsform verbreitete sich unter dem Begriff *Laienpsalter*. Die Gliederung in Zehnergruppen durch eingefügte *Vaterunser* findet sich erstmals 1408 bei dem Kartäuser Heinrich von Kalkar. Die heutige Form des Volksrosenkranzes geht auf eine von dem Trierer Kartäusernovizen Dominikus von Preußen († 1460) verfasste Schrift zurück. Der fügte in jedem *Ave-Maria* nach der Nennung des Namens Jesus einen Hinweis auf Marias und Jesu Wirken hinzu (»den du, o Jungfrau, vom Heiligen Geist empfangen hast«; »der von den Toten auferstanden ist« …).

Dass aus dem *Laienpsalter* schließlich ein *Rosenkranz* wurde, hängt damit zusammen, dass Maria im Mittelalter unter anderem als *rosa mystica*, als »mystische Rose«, bezeichnet wurde. Diese Symbolik brachte es mit sich, dass man das *Ave-Maria* mit einer Rose verglich und die Marienbilder häufig mit einem Kranz aus Rosen schmückte, was schließlich zu der Vorstellung eines ›geistlichen Rosen-‹ oder ›Gebetskranzes‹ führte.

Ins Reich der frommen Erfindungen gehört jene Geschichte, derzufolge die Gottesmutter dem heiligen Dominikus den ersten Rosenkranz überreichte, mit der Auflage, dieses Gebet zu ihren Ehren zu verbreiten. Offensichtlich ist diese Legende darauf zurückzuführen, dass sich Jahrhunderte nach dem Tod des Dominikus neben den Jesuiten vor allem die Dominikaner um die Förderung des Rosenkranzgebetes verdient machten. 1663 erhielt der Ordensgeneral der Dominikaner von Papst Alexander VII. das Recht, Rosenkranzbruderschaften zu errichten.

Der großen Beliebtheit des Rosenkranzgebets entsprach die Vielfalt der Materialien, aus denen die Gebetsketten angefertigt wurden; die Palette reicht von Hölzern und Mineralien über Nüsse, Samen und Eukalyptusknospen bis hin zu Korallen. Eine Freifrau, die sich auf ihre adelige Herkunft etwas zugute hielt, begnügte sich natürlich nicht mit einfachen an

Rosenkranz aus Wassernüssen. Die ›Hörner‹ der Pflanze sollten Unheil und Damonen fernhalten.

einer Hanfschnur aufgezogenen Holzkügelchen, sondern verlangte nach echten Perlen. Für Landesfürsten waren vergoldete Rosenkränze aus kostbaren Edelsteinen eine Prestige-, zuweilen schon fast eine Existenzfrage. Vereinzelt kam es auch vor, dass bei der Herstellung von Rosenkränzen die Grenze vom Glauben zum Aberglauben eindeutig überschritten wurde. So verwendete man für die Gebetsschnur die Wirbelknochen von Schlangen oder die Früchte der Wassernuss, deren hornartige Auswüchse angeblich der Geisterabwehr dienten. Manche Rosenkränze waren mit Gegenständen angereichert, die vor Abergeistern oder vor dem bösen Blick schützen sollten; dazu gehörten Sargnägel, Knochenstücke oder die Maulwurfskralle. Häufig brachten Bittgänger und Pilgerinnen an Wallfahrtsorten ihren persönlichen Rosenkranz mit dem Gnadenbild der Gottesmutter in Berührung. Damit wurde die Perlenschnur zu einer Berührungsreliquie, mittels derer man die Wirkung der Gebete zu steigern hoffte.

Die konkreten Erwartungen, die man gegenüber dem Rosenkranzgebet hegte, haben sich in mancherlei Legenden niedergeschlagen.

Ein Landmann hatte eines Herbsttages anno 1581 im Dorf Sattel zu viel getrunken und ging nachts heim gegen Steinen. Aus Frevel und Mutwillen rief er den Teufel. Dieser erschien alsbald, erwischte den Landmann und trug ihn ziemlich weit weg. Der Bauer aber, welcher in seiner Not zu besserem Sinne gekommen war, schrie die Namen Jesus und Maria, betete das Vaterunser und schlug mit dem Rosenkranz um sich. In diesem Augenblick warf ihn der Teufel in die Stauden und verschwand auf der Stelle. Der Landmann wurde im Gesicht und am ganzen Leib verletzt und zerkratzt.[1]

Bemerkenswert ist, dass die Anrufung Jesu und Marias nicht genügen, um den Teufel zu vertreiben, sondern dass es dafür auch eines Rosenkranzes bedarf. Abgesehen davon, dass diese Geschichte zum Sagengut gehört, scheinen Zweifel an ihrer Glaubwürdigkeit schon deshalb angebracht, weil sich der Betroffene an dem besagten Herbsttag 1581 nach eigenem Bekunden ja nicht stocknüchtern auf den Heimweg machte.

Andere sagenhafte Geschichten, die eigentlich der Erbauung dienen sollten, erinnern an die im Mittelalter verbreiteten ›Predigtmärlein‹:

Der letzte Schiffmann von Hünenberg lebte um die Mitte des vorigen [19.!] Jahrhunderts. Er hatte viel Zwetschgenbäume gekauft und hoffte auf eine reiche Ernte und viel Verdienst. Aber im Herbst erfroren alle Bäume. In seiner Ver-

Rosenkranz mit silbernem Totenkopf und einem aufklappbaren Kreuz, das Reliquien enthält.

zweiflung kroch er in den Stubenofen, um sich zu verbrennen. Aber er verbrannte sich nur die Finger. Er schrieb das Misslingen dem Rosenkranz zu, den er in der Tasche hatte. Er warf ihn weg, ging in die Scheune und erhängte sich, diesmal mit Erfolg.[2]

Zusammen mit manchen abergläubischen Vorstellungen ist auch das Rosenkranzgebet inzwischen etwas in Vergessenheit geraten. Der Rückwärtstrend mag Papst Johannes Paul II. im Jahr 2002 bewogen haben, den Gläubigen diese Andachtsform wiederum ans Herz zu legen. Bei dieser Gelegenheit fügte er den freudenreichen, den schmerzhaften und den glorreichen Gesätzen noch fünf »lichtreiche Geheimnisse« hinzu, welche das öffentliche Wirken Jesu zum Gegenstand haben: »Gesegnet ist die Frucht deines Leibes, Jesus, der von Johannes getauft worden ist; der sich bei der Hochzeit in Kana offenbart hat; der uns das Reich Gottes verkündet hat; der auf dem Berg verklärt worden ist; der uns die Eucharistie geschenkt hat.«

»*Per Mariam ad Jesum* – durch Maria zu Jesus.« Dieser Merk- und Leitsatz wurde früher von vielen Kanzeln herab verkündet. Wenn es ein Mariengebet gibt, das dieses Programm spirituell umsetzt, dann ist es der Rosenkranz. Die einzelnen *Ave-Maria* münden ja stets in den Hinweis auf ein Heilsgeschehen, das Christus betrifft: »Gesegnet ist die Frucht deines Leibes, nämlich *Jesus*, den du o Jungfrau vom Heiligen Geist empfangen hast; der für uns gekreuzigt wurde; der von den Toten auferstanden ist …«

Sieben Schmerzen

Eine weitere marianische Andachtsform, die nach und nach in Vergessenheit geriet, ist die Verehrung der Schmerzensmutter. Diese Frömmigkeitspraxis geht auf die neutestamentliche Weissagung zurück, die der greise Simeon bei der Darstellung Jesu im Tempel an Maria richtet: »Dieser [Jesus] ist dazu bestimmt, dass in Israel viele durch ihn zu Fall kommen und viele aufgerichtet werden, und er wird ein Zeichen sein, dem widersprochen wird. Dadurch sollen die Gedanken vieler Menschen offenbar werden. Dir [Maria] selbst aber wird ein Schwert durch die Seele dringen« (Lukas 2,34-35).

Aus dem einen von Simeon angekündigten Schwert wurden später in der christlichen Kunst deren sieben. Die standen für die sieben Schmerzen, welche Maria den Evangelien zufolge während ihres Erdenlebens durchlitten hat, nämlich Simeons Ankündigung selber, dann die Flucht nach Ägypten, den Verlust des zwölfjährigen Sohnes anlässlich einer Wallfahrt nach Jerusalem, den Abschied von Jesus am Kreuzweg (wovon allerdings nichts in den Evangelien steht), Jesu Kreuzigung, sowie die Kreuzabnahme und das Begräbnis Jesu.

Es waren wohl nicht nur das Mitgefühl der Frauen mit der *Mater dolorosa*, der *Schmerzensreichen*, sondern auch die Rückbesinnung auf die eigene oft trostlose Lage, welche im 13. Jahrhundert die *Sieben Schmerzen Mariä* zum Gegenstand andächtiger Betrachtung werden ließen.

Schon in der Predigt des Hochmittelalters und in der Folge in der geistlichen Dichtung ist die leidende Gottesmutter ein häufig wiederkehrendes Thema. Es zeugt davon unter anderem das *Stabat mater dolorosa*, ein lateinisches Gedicht, das Marias Schmerz unter dem Kreuz schildert. 1521 fanden diese ergreifenden Verse Eingang in das *Römische Messbuch*. Noch heute werden die zehn Strophen am Fest der Sieben Schmerzen Mariä (15. September) gebetet oder gesungen (die deutsche Übersetzung allerdings vermittelt nur wenig von der Innigkeit, die das lateinische Original auszeichnet).

> Christi Mutter stand mit Schmerzen
> bei dem Kreuz und weint' von Herzen,
> als ihr lieber Sohn da hing.
> Durch die Seele voller Trauer,
> seufzend unter Todesschauer,
> jetzt das Schwert des Leidens ging.
>
> Welch ein Schmerz der Auserkornen,
> da sie sah den Eingebornen,
> wie er mit dem Tode rang!
> Angst und Trauer, Qual und Bangen,
> alles Leid hielt sie umfangen,
> das nur je ein Herz durchdrang.
>
> Wer könnt' ohne Tränen sehen
> Christi Mutter also stehen
> in so tiefen Jammers Not?
> Wer nicht mit der Mutter weinen,
> seinen Schmerz mit ihrem einen,
> leiden bei des Sohnes Tod?

Sind die ersten Strophen noch in einem beschreibend-betrachtenden Ton gehalten, so wollen die folgenden den Beter oder die Sängerin anregen, sich mehr und mehr mit Marias Schmerz zu identifizieren; was *sie* erduldet, kann nur ermessen, wer Ähnliches durchlitten hat oder sich ganz und gar in ihre Lage versetzt. Außerdem, und das wird leider zumeist übersehen, geht es in diesem Klagelied gar nicht eigentlich um die Mutter Jesu. Denn offensichtlich eignet dieser ergreifenden Dichtung ja eine *christologische Spitze*. Im Mittelpunkt steht gar nicht das Leid der Mutter, welches diese angesichts ihres leidenden Sohnes empfindet. Denn die lenkt den Blick jener, welche sich mit ihr identifizieren, auf den Gekreuzigten:

> Ach, für seiner Brüder Schulden
> sah sie ihn die Marter dulden,
> Geißeln, Dornen, Spott und Hohn!
> Sah ihn trostlos und verlassen
> an dem blut'gen Kreuz erblassen,
> ihren lieben, einz'gen Sohn.

Gib, o Mutter, Born der Liebe,
dass ich mich mit dir betrübe,
dass ich fühl' die Schmerzen dein.
Dass mein Herz von Lieb' entbrenne,
dass ich nur noch Jesus kenne
dass ich liebe Gott allein.

Heil'ge Mutter, drück die Wunden,
die deinen Sohn am Kreuz empfunden,
tief in meine Seele ein.
Ach, das Blut, das er vergossen,
ist für mich dahingeflossen;
lass mich teilen seine Pein.

Lass mich wahrhaft mit dir weinen,
mich mit Christi Leid vereinen,
solang mir das Leben währt.
Unterm Kreuz mit dir zu stehen,
unverwandt hinaufzusehen,
ist es, was mein Herz begehrt.

O du Jungfrau der Jungfrauen,
wollst in Liebe mich anschauen,
dass ich teile deinen Schmerz.
Dass ich Christi Tod und Leiden,
Marter, Angst und bittres Scheiden
fühle wie dein Mutterherz.

Solche Identifikation mit Marias Seelenpein und die damit verbundene Betrachtung des Kreuzestodes Jesu hat nichts mit masochistischer Selbstquälerei zu tun. Vielmehr sollen die Gläubigen dazu angeleitet werden, sich wie Jesu Mutter in Gottes Willen zu ergeben und dem leidenden Christus anzuhangen, damit sie dereinst auch an der Glorie des Auferweckten teilhaben.

Sich »mit Christi Leid vereinen« und zusammen mit Maria »unverwandt« zum Kreuz »hinaufzusehen«, mag heutigen Menschen schwer fallen. Schwerer noch fiel es wohl jenen, welche sich nach Jesu Tod und Auferweckung zu ihm bekannten. So räumt schon Paulus im ersten

Korintherbrief ein, dass auch er noch ganz unter dem Schock steht, den die Kreuzigung Jesu bei dessen Nachfolgern und Anhängerinnen auslöste: »Nachdem Juden Zeichen fordern und Griechen Weisheit suchen, verkünden wir dagegen den gekreuzigten Messias; den Juden – ein Ärgernis; den Völkern – ein Aberwitz« (1 Korinther 1,22). Den Juden ein Ärgernis: Nach damaliger jüdischer Auffassung galt ein am Kreuz Erhängter als von Gott verflucht (vgl. Deuteronomium 21,23). Den Römern ein Aberwitz: Das erinnert an einen Passus aus einer Verteidigungsrede des römischen Advokaten und Staatsmannes Cicero: »Schon allein von dem Wort Kreuz müssen die Gedanken und Ohren der römischen Bürger verschont bleiben.«[3] Gottes Sohn am Kreuz – das musste man akzeptieren. Aber diese Schande auch noch ins Bild setzen? Das konnte, das durfte man nicht!

Eine Darstellung des sein Kreuz tragenden und ans Kreuz geschlagenen Jesus findet sich erstmals im 5. Jahrhundert an dem berühmten Holzportal der Kirche Santa Sabina auf dem Aventin in Rom. In der weltberühmten mosaikgeschmückten Apsis von Sant'Appollinare in Ravenna (entstanden zwischen dem 7. und 9. Jahrhundert; die genaue Zeit ist umstritten) sehen wir lediglich ein Kreuz ohne Korpus. Erst in der Romanik beginnt sich das Kruzifix allmählich durchzusetzen, wobei der Gekreuzigte nicht etwa mit einem dornengekrönten Haupt, sondern als Weltenherrscher mit der Königskrone und weit ausgebreiteten Armen dargestellt wird, als Sieger-Christus und Herrscher-Gott.

Als dann im Gefolge vor allem der franziskanischen Spiritualität und der damit verbundenen Kreuzesmystik (Stichwort: Wundmale des heiligen Franz von Assisi) immer realistischere Kruzifixe aufkamen, welche den qualvoll sterbenden Menschen Jesus in seiner Erniedrigung zeigten, wurden diese Darstellungen anfänglich als ketzerisch und häretisch betrachtet. Nur langsam setzte sich, nicht zuletzt dank den Predigern aus dem Franziskanerorden, die Überzeugung durch, dass man sich eine Vorstellung von Jesu Erlösungswerk nur machen könne, wenn man sich sein Leiden *vergegenwärtige*.

Lass mich tragen seine Peinen,
mich mit ihm am Kreuz vereinen,
trunken sein von seinem Blut.
Dass nicht zu der ew'gen Flamme
der Gerichtstag mich verdamme,
steh, o Jungfrau, für mich gut.

> Christus, um der Mutter Leiden
> gib mir einst des Sieges Freuden
> nach des Erdenlebens Streit.
> Jesus, wann mein Leib wird sterben,
> lass dann meine Seele erben
> deines Himmels Seligkeit. Amen.

Nach wie vor ist umstritten, wem wir diese Strophen verdanken. Manche schreiben sie dem Franziskaner Iacopone da Todi († 1306) zu; andere wiederum optieren für den heiligen Bonaventura († 1274). Im 16. Jahrhundert ersetzte Giovanni Pierluigi da Palestrina die alte gregorianische Choralmelodie durch eine polyfone Tonfolge. Lang ist die Liste der Musiker die den Text später ebenfalls zum Klingen brachten: Orlando di Lasso, Giovanni Battista Pergolesi, Franz Ignaz Beck, Alessandro Scarlatti, Domenico Scarlatti, Antonio Vivaldi, Luigi Boccherini, Joseph Haydn, Gioacchino Rossini, Antonín Dvořák, Giuseppe Verdi, Franz Schubert ...

Seit dem 13. Jahrhundert ist die »Marienklage« häufiger Bestandteil der Mysterienspiele, die zunächst in lateinischen, später auch in volkssprachlichen Versen verfasst sind. Meist ist es die Gottesmutter, gelegentlich aber auch Maria Magdalena, welche während der Kreuzigung oder nach der Kreuzabnahme den Verlust Jesu beweinen. In der bildenden Kunst findet dieses Motiv im Vesperbild (Pietà) seinen Ausdruck. Die Bezeichnung *Vesperbild* beruht auf der Annahme, dass die Kreuzabnahme zur Zeit der Vesper, des gegen 18 Uhr gebeteten »Abendlobes«, stattgefunden habe.

Maria am Kreuzweg

Besondere Beachtung verdient die Tatsache, dass die Volksfrömmigkeit der Begegnung Marias mit ihrem Sohn innerhalb der Kreuzwegandacht eine eigene *statio* widmete.

Im vierten Jahrhundert, als das Christentum im Römischen Reich zur Staatsreligion avanciert war, wurde Palästina zu einem beliebten Wallfahrtsziel, wobei die Pilgerscharen vor allem Jerusalem besuchten. Zu Wächtern der ›heiligen Stätten‹ waren im Mittelalter die Franziskaner bestellt. Die kamen als Erste auf den Gedanken, den Leidensweg Jesu in der Umgebung ihrer Heimatklöster nachzubilden.

Diese ›Kreuzwege‹ präsentierten sich anfänglich recht unterschiedlich. Fixpunkte waren die Burg Antonia, wo Jesus zum Tod verurteilt wurde, und der Ort seiner Grablegung. Zu Beginn des 16. Jahrhunderts bestanden die meisten dieser Kreuzwege aus gerade sieben Stationen.

1584 publizierte ein gewisser Christian Chruys eine lateinische Abhandlung mit dem Titel *Jerusalem, wie es zur Zeit Christi erblühte*. Den darin vorgeschlagenen zwölf Stationen fügte der spanische Franziskaner Antonius Daza in seinen 1625 veröffentlichten *Geistlichen Übungen* zwei weitere hinzu, nämlich Kreuzabnahme und Grablegung.

Weltweite Bedeutung erlangte dieser Kreuzweg mit den nunmehr vierzehn Stationen durch den Franziskaner Leonardo von Porto Maurizio. Der begann 1710 damit, an den Freitagen der Fastenzeit auf dem *Monte alle croci* bei Florenz Bußpredigten zu halten. Dort war 1628 der erste Kreuzweg Italiens errichtet worden. Durch die Predigten des heiligen Leonardo wurde die dortige Folge von vierzehn Stationen derart populär, dass sie sich schließlich allgemein durchsetzte.

Allerdings weiß das Neue Testament nichts von einem dreimaligen Fall Jesu oder von einem Zusammentreffen Jesu mit Veronika. Und schon gar nicht ist die Rede von einer Begegnung mit seiner Mutter (was später, im 18. Jahrhundert, zu heftigen theologischen Disputen führen sollte). Offenbar aber lief es dem Empfinden des gläubigen Volkes zuwider, dass die *Mater dolorosa* ihren Sohn ausgerechnet auf seinem Leidensweg alleingelassen haben sollte.

Sieben Freuden

Als tröstendes Gegenstück zu den Sieben Schmerzen der Gottesmutter entstand später die Andacht zu den Sieben Freuden Marias: Verkündigung, Geburt Jesu, Anbetung Jesu durch die Magier, Auferstehung Jesu, Himmelfahrt Christi, Geistsendung (Pfingsten), Mariä Aufnahme in den Himmel.[4] Wie die Andacht zu den Sieben Schmerzen wurde auch diese Art der Betrachtung des Marienlebens vor allem von dem um 1240 in Florenz gegründeten Servitenorden (*Servi Mariæ* = »Knechte Marias«) gefördert – allerdings mit mäßigem Erfolg. Indirekt geht diese Andachtsform auf den Gruß des Verkündigungsengels zurück, den dieser an Maria richtet: »*Sei gegrüßt*, du Begnadete, der Herr ist mit dir« (Lukas 1,28). Im griechischen

Originaltext steht dafür χαῖρε (chaire), was eigentlich *freue dich!* bedeutet; das lateinische *Ave* mutet dagegen eher blass an.

Frömmigkeitsgeschichtlich gesehen hat das Motiv von Marias Freuden im griechischsprachigen Byzanz, genauer noch in dem dort beliebten *Hymnos Akathistos*, seinen Ursprung. Der stammt angeblich vom bedeutendsten Dichter der byzantinischen Literatur, nämlich von Romanos, genannt der Melode (= Sänger; um 485 – nach 555).

Mit immer neuen poetischen Bildern und biblischen Reminiszenzen erinnert dieses Preislied, das stehend gesungen wird (daher *akathistos*), an die Großtaten Marias. Jede der vierundzwanzig Strophen beginnt mit einem anderen Buchstaben des griechischen Alphabets, wobei die übliche Reihenfolge (Alpha, Beta, Gamma, Delta ...) gewahrt bleibt. Die erste Strophe setzt mit der Verkündigung ein:

Vom Himmel her wurde der Erzengel gesandt,
der Gottesmutter zuzurufen: Freue dich!
Und als er dich mit seinem körperlosen Wort
körperlich werden sah, o Herr,
da stand er außerstande und jubelte ihr zu:

Freue dich, durch dich leuchtet die Freude hervor;
Freue dich, durch dich schwindet der Fluch;
Freue dich, den gefallenen Adam richtest du wieder auf;
Freue dich, die von den Tränen Eva erlöst;
Freue dich, deren Höhe menschlicher Geist nicht ersteigt;
Freue dich, deren Tiefe selbst Engel nicht schauen;
Freue dich, da du der Thron des Königs bist;
Freue dich, denn du trägst den, der alles trägt;
Freue dich, du Stern, der die Sonne offenbart;
Freue dich, Schoß der Menschwerdung Gottes;
Freue dich, aus der die Schöpfung sich erneuert;
Freue dich, durch dich wird der Schöpfer ein Kind;
Freue dich, du unvermählte Braut!
[...]

Eine neue Schöpfung zeigte der Schöpfer uns, seinen Geschöpfen,
da er aus einer Unbefruchteten zeugte
und sie unberührt und unverletzt ließ,

wie sie war, damit angesichts dieses Wunders
wir ihr den Gesang anstimmen:

> Freue dich, Blüte der Unvergänglichkeit;
> Freue dich, Krone der Enthaltsamkeit;
> Freue dich, die das leuchtende Beispiel der Auferstehung gezeigt hat;
> Freue dich, die das Leben der Engel sichtbar machte;
> Freue dich, herrlich fruchtender Baum, der die Gläubigen labt;
> Freue dich, schützendes Laubdach, darunter viele sich bergen;
> Freue dich, den Führer der Verirrten hast du getragen;
> Freue dich, den Befreier der Gefangenen hast du geboren;
> Freue dich, Flehen zu dem gerechten Richter;
> Freue dich, Nachsicht vieler Gefallenen;
> Freue dich, Gewand, welches den Entblößten Vertrauen schenkt;
> Freue dich, deren Liebe alles Verlangen besiegt;
> Freue dich, du unvermählte Braut!

Die Freuden von Jesu Mutter besingt später auch die Westkirche in den die marianischen Antifonen – so im *Ave Regina cœlorum*, das während der Fastenzeit das kirchliche Abendgebet (Komplet) beschließt:

> [...] Freu dich, Jungfrau, voll der Ehre,
> über allen Seligen Hehre,
> sei gegrüßt, des Himmels Krone,
> bitt für uns bei deinem Sohne.

Gleiches gilt für das während der Osterzeit gesungene *Regina cœli*:

> Freu dich, du Himmelskönigin, Halleluja,
> denn er, den du zu tragen würdig warst, Halleluja,
> er ist auferstanden, wie er gesagt, Halleluja.
> Bitt Gott für uns, Maria.
> Freu dich und frohlocke, Jungfrau Maria, Halleluja,
> denn der Herr ist wahrhaft auferstanden, Halleluja.

Marias Freuden, das versteht sich von selbst, sind rein geistlicher Art. Was die Theologen aber nicht daran hinderte, darüber nachzudenken, ob Maria je gelacht habe.

Augustinus (354–430) hätte vermutlich schon die Frage selber als anstößig empfunden. Denn: »*Et rident homines, et plorant homines: et quod rident homines plorandum est* – Die Menschen lachen und die Menschen weinen; dass sie lachen, ist allerdings zu beweinen.«[5] Für die gelehrte Kräuter- und Klosterfrau Hildegard von Bingen (1098–1179) war lautes Lachen Ausdruck eines beschädigten Geistes. Johannes von Salisbury (um 1115–1180) wiederum, einer der berühmtesten Theologen seiner Zeit, der als Sekretär für Thomas Becket arbeitete und 1176 zum Bischof von Chartres ernannt wurde, scheint seine Meinung in dieser Sache im Lauf seines Lebens geändert zu haben. Zunächst konnte er am Lachen nichts Abgeschmacktes finden, wenn es mit *temperantia*, mit Maßen geschah. Später neigte er dazu, Lachen als Zeichen von Leichtsinn zu werten. Thomas von Aquin (um 1225–1274) gönnt seinen Zeitgenossen das Recht auf Entspannung und Erholung – und dazu gehört seiner Ansicht nach nicht nur ein fröhliches Gesicht, sondern ein herzhaftes Lachen.

Je mehr die Theologen sich über das Lachen im Allgemeinen stritten, desto weniger konnten sie sich darüber einigen, ob auch Maria gelacht habe; die Ansichten reichen von einem dezidierten *Nein* über *Nicht herzhaft* bis hin zu einem zögerlichen *Ja*.

Angesichts dieses halbherzigen Zugeständnisses verwundert es nicht, dass die Andacht zu den Sieben Freuden Marias auf Dauer keine Chance hatte.

Die Lauretanische Litanei

Manche Lobpreisungen und Ehrentitel, mit denen Maria im Hymnus *Akathistos* bedacht wird, finden später in der Westkirche Eingang in die Lauretanische Litanei. Eine erste lateinische Fassung ist für das 12. Jahrhundert belegt. Die heutige Form stammt aus dem 16. Jahrhundert.

Die Bezeichnung leitet sich von dem in den italienischen Marken gelegenen Städtchen Loreto her. Angeblich hatten Engel das Haus der Heiligen Familie von Nazaret dorthin gebracht, nachdem die Sarazenen 1291 Palästina erobert hatten. Zwar nennt die Legende nicht die genaue Anzahl der bei diesem Transport beschäftigten Engel; wohl aber kennt sie das exakte Datum, an dem diese das Haus in Loreto abgestellt haben, nämlich am 7. September 1295. Dort wurde es dann zu einer Kirche umgestaltet.

Der Ruf dieser *Santa Casa* verbreitete sich auch im deutschen Sprachraum, was dazu führte, dass man das Heiligtum von Loreto an mehreren Orten nachbaute. Parallel zum Loreto-Kult verbreitete sich die von Papst Sixtus V. 1587 approbierte Lauretanische Litanei.

Großer Beliebtheit erfreute sich diese Gebetsform auch deswegen, weil Papst Klemens VIII. 1601 alle Litaneien mit Ausnahme der Allerheiligenlitanei und der Lauretanischen Litanei für den gottesdienstlichen Gebrauch verbot.

Einzelne Anrufungen beziehen sich auf Marias *Rolle in der Heilsgeschichte* (»heilige Mutter Gottes, Mutter Christi, du Mutter des Erlösers …«). Andere gehen auf *bildhafte Aussagen der Bibel* zurück (»du Tempel des Heiligen Geistes, du Sitz der Weisheit, du Turm Davids, du Arche des Bundes, du Morgenstern …), während wieder andere Marias *Jungfrauschaft* oder *Mutterschaft preisen* (»du weise Jungfrau, du ehrwürdige Jungfrau, du lobwürdige Jungfrau, du mächtige Jungfrau …; du unbefleckte Mutter, du liebenswürdige Mutter, du wunderbare Mutter, du Mutter des guten Rates …) oder *sie als Königin verherrlichen* («du Königin der Engel, du Königin der Patriarchen, du Königin der Propheten, du Königin aller Heiligen …«). Überdies wird Maria als Helferin in allerlei Nöten besungen, in der Hoffnung, dass sie diese Rolle auch weiterhin übernehmen möge (»du Heil der Kranken, du Zuflucht der Sünder, du Trösterin der Betrübten …«).

Mit ähnlichen Würdetiteln wurden übrigens schon die großen Muttergottheiten der antiken Religionen geehrt und um Beistand angegangen.

Marienfeste

Den Madonnenkult hat die Kirche nicht nur mit besonderen Gebeten gepflegt, sondern auch mittels zahlreicher Feste gefördert.[6]

In ihren Anfängen feierte die Kirche zunächst nur die ›Herrenfeste‹, nämlich Jesu Geburt, seine Darstellung im Tempel, seine Auferweckung und Himmelfahrt. Von da aus weitet sich dann allmählich das Spektrum; vereinzelt treten auch andere Gestalten der Heilsgeschichte in den Vordergrund. Naturgemäß trifft dies zuallererst für die Gottesmutter zu. Sie hat ja die Botschaft von der Menschwerdung Gottes empfangen und Jesus geboren. Begreiflich daher, dass man bald einmal auch der Mutter gedenkt – vorerst allerdings nur in einzelnen Ortskirchen. Die ersten diesbezüglich überlieferten Angaben betreffen Jerusalem und Byzanz, Armenien und

Syrien, sowie Benevent, Rom, Spanien und Gallien. In diesen Gegenden scheint man im Anschluss an das Fest von Christi Geburt schon früh ein Gedächtnis zu Ehren der Gottesmutter gefeiert zu haben.

Das erste Marienfest, das ursprünglich nicht im Zusammenhang mit einem ›Herrenfest‹ steht, ist die Gedenkfeier der *Assumptio Beatæ Mariæ Virginis*, der *Aufnahme Marias in den Himmel*. Die wiederum geht auf die *Dormitio Mariæ*, den *Heimgang Marias* zurück, ein Gedenktag, der gegen Ende des 4. Jahrhunderts für Syrien und um die Mitte des 5. Jahrhunderts auch für Jerusalem bezeugt ist. Von dort hat sich diese Feier zunächst nur im Osten verbreitet. In der Westkirche ist sie erst seit dem 7. Jahrhundert bekannt.

Auch das Gedächtnis *Mariä Geburt* wurde zuerst in Jerusalem und anschließend im ganzen Osten begangen. Im Westen hielt das Fest vermutlich zuerst in Gallien Einzug.

Nach und nach wurden immer weitere marianische Feiertage eingeführt, so das Fest *Mariä Darstellung im Tempel*, welches inhaltlich auf das apokryphe Jakobusevangelium zurückgeht, demzufolge Maria im Alter von drei Jahren den Tempeljungfrauen zugesellt wurde.[7] In der Ostkirche wurde das Gedenken seit dem frühen 8., im Westen seit dem 11. Jahrhundert begangen. Den entscheidenden Anstoß dazu gab offenbar die Weihe der Kirche Santa Maria Nova in Jerusalem im Jahr 543. Im deutschen Sprachraum lautet die offizielle Bezeichnung *Unsere Liebe Frau in Jerusalem*, was angesichts der legendären Kindheitserzählung im Jakobusevangelium von weiser Zurückhaltung zeugt.

Verschiedene Zeugnisse sprechen dafür, dass auch der Feiertag *Mariä Empfängnis* im 8. Jahrhundert von der Ostkirche eingeführt wurde. In manchen Diözesen war er schon im Hoch- und Spätmittelalter unter der Bezeichnung *Unbefleckte Empfängnis Marias* geläufig. ›Unbefleckte Empfängnis Mariä‹ (nicht mit der ›Jungfrauengeburt‹ zu verwechseln!) – das bezieht sich auf die Lehre, welche besagt, dass die Gottesmutter vom ersten Augenblick ihrer Existenz an vor der Erbschuld bewahrt blieb. Allerdings war der neue Feiertag anfänglich nicht unumstritten. »1129 schreibt eine Synode von London das Fest vor. Von England her wird die Normandie und von dort ganz Frankreich beeinflusst. Als man 1140 in Lyon das neue Fest einführen will, verwahrt sich Bernhard von Clairvaux (der ein glühender Marienverehrer war!) in einem Brief an das Domkapitel energisch gegen die neue Lehre und die Einführung einer entsprechenden Feier«[8] – allerdings vergeblich. 1263 übernehmen die Franziskaner, die wegen dieser Lehre mit den Dominikanern arg zerstritten sind, den Gedenktag. Sixtus IV., der vor seiner Wahl zum Papst dem Franziskanerorden angehörte, nimmt das Fest 1476 in das römische Messbuch auf. Damit ist das im Osten relativ spät entstandene Fest *Mariä Empfängnis* in neuer Gestalt auch in der lateinischen Kirche fest verankert. 1854 erklärt Papst Pius IX. die dem Gedenktag zugrunde liegende Lehre zum verbindlichen Glaubenssatz.

Zusammen mit Mariä Empfängnis führen die Franziskaner 1263 im ordenseigenen Kalender auch noch das Fest *Mariä Heimsuchung* an, das an den Besuch der Gottesmutter bei ihrer Verwandten Elisabet erinnert (vgl. Lukas 1, 39-56). Dank einer Initiative Papst Bonifatius' IX. (1389–1404) vermag es sich schließlich in der gesamten lateinischen Kirche durchzusetzen.

Dass *vorerst* keine weiteren Muttergottesfeiertage eingeführt werden, hängt damit zusammen, dass das Konzil von Trient (1545–1563) die Herausgabe von liturgischen Texten der päpstlichen Kurie anvertraute. Aufgrund dieser Zentralisierung haben lokale oder ordenseigene Entwicklungen fortan praktisch keine Chance, sich auf der gesamtkirchlichen Ebene durchzusetzen. Indessen kann sich die Kirchenleitung dem vom einfachen Volk gepflegten (und von manchen kirchlichen Orden systematisch geförderten) Marienkult auf Dauer nicht verschließen. Spätestens seit Ende des 17. Jahrhunderts sieht sie sich genötigt, die teilweise wild wuchernden populären Frömmigkeitspraktiken liturgisch aufzufangen und in geregelte Bahnen zu lenken. Als diesbezüglich verlässliche Richtschnur gilt die alte stadtrömische Praxis, wie sie (nach damaligen Erkenntnissen!) im 11. Jahrhundert noch gepflegt wurde. So erklärt sich, dass auch der *Kirchweihtag von Santa Maria Maggiore* zeitweise von der gesamten Kirche gefeiert wurde.

In der Zeit von 1683–1727 finden gleich fünf weitere Feste Eingang in die kirchliche Liturgie.

Nachdem die Türken am 12. September 1683 bei Wien eine entscheidende Niederlage erlitten haben und die Belagerung der Stadt abbrechen müssen, führt Innozenz XI. das Fest *Mariä Namen* ein (das in der Diözese Cuenca in Kastilien schon seit dem Jahr 1513 begangen wurde).

Auf die Türkenkriege zurück geht auch der Feiertag *Maria vom Loskauf der Gefangenen*. Diese Bezeichnung verdankt ihren Ursprung dem 1220 gegründeten Ritterorden der Mercedarier (*Ordo Beatæ Mariæ de Mercede redemptionis captivorum*). Deren Mitglieder verehrten Maria als ihre besondere Patronin und machten es sich zur Aufgabe, Christen, die bei kriegerischen Auseinandersetzungen in die Gefangenschaft der Muslime geraten waren, freizukaufen. 1696 nimmt Innozenz XII. das bislang nur vom Orden begangene Marienfest in den kirchlichen Kalender auf. 1969 fällt der Gedenktag der Liturgiereform zum Opfer.

Noch ein dritter marianischer Gedenktag geht auf die Zeit der Türkenkriege zurück. Nachdem Juan d'Austria am 7. Oktober 1571 die türkische Flotte bei Lepanto besiegt hat, wird ein *Rosenkranzfest* für jene Kirchen vorgeschrieben, welche eine Rosenkranzkapelle oder einen Rosenkranzaltar haben. An anderen Orten sollte das Fest unter der Bezeichnung *Santa Maria de Victoria* gefeiert werden. Als die christlichen Kämpfer am 5. August 1716 die Türken ein weiteres Mal besiegen, wird das Rosenkranzfest noch im selben Jahr für die Gesamtkirche vorgeschrieben.

Vor allem die Orden ermunterten das Volk, auch in persönlichen Notlagen Zuflucht bei Maria zu suchen. So geht der Gedenktag *Unsere Liebe Frau vom Berge Karmel* auf den Karmeliterorden zurück. Angeblich sah der Generalobere Simon Stock am 16. Juli 1251 in einer Vision, wie ihm die Muttergottes ein Skapulier (d.h. ein über der Ordenstracht zu tragendes Kleidungsstück) überreichte. Gleichzeitig soll er die Zusage erhalten haben, dass alle mit diesem Skapulier bekleideten Sterbenden das ewige Heil erlangen würden. 1726 findet der Gedenktag Aufnahme im liturgischen Kalender der Gesamtkirche.

Das *Fest zu Ehren der Schmerzen Marias* wurde seit 1668 nur von dem im 13. Jahrhundert gegründeten Servitenorden (Orden der Diener Marias) gefeiert. Für die Gesamtkirche eingeführt wird es erst 1814, als Dank, dass Papst Pius VII. aus der napoleonischen Gefangenschaft nach Rom zurückkehren konnte.

Im 20. Jahrhundert erreicht die marianische Festfreude einen neuen Höhepunkt, was unter anderem mit den Marienerscheinungen in Lourdes, Fatima und La Salette zusammenhängt. 1907 führt Pius X. das *Fest der Erscheinung der Unbefleckten Jungfrau Maria in Lourdes* ein. Zur 1500-Jahrfeier des Konzils von Ephesos schreibt Pius XI. 1931 das *Fest der Mutterschaft der allerseligsten Jungfrau Maria* (das regional schon seit dem 17. Jahrhundert begangen wurde) für die ganze Kirche vor. Am 8. Dezember 1942, inmitten der Schlächtereien des Zweiten Weltkrieges, weiht Pius XII. die Welt dem *Unbefleckten Herzen Marias*.

Ein weiteres Muttergottesfest, *Maria Königin*, geht auf das Jahr 1954 zurück. Offenbar wollte Pius XII. die Zentenarfeier der 1854 erfolgten Dogmatisierung der Unbefleckten Empfängnis Mariens mit der Einführung eines marianischen Festtags krönen.

Marianische Feste und Gedenktage im heutigen liturgischen Kalender

Nicht weniger als sechzehn Mal, also in einem durchschnittlichen Rhythmus von nicht einmal dreieinhalb Wochen, lenkt die Liturgie den Blick der Gläubigen auf die Gottesmutter.

Hochfeste

Hochfest der Gottesmutter Maria (1. Januar)
Verkündigung des Herrn (25. März; vor der Liturgiereform von 1969 *Mariä Verkündigung*). Obwohl es sich um ein Christusfest handelt, bleiben marianische Motive untrennbar mit dem Festinhalt verbunden.
Mariä Aufnahme in den Himmel (15. August)
Hochfest der ohne Erbsünde empfangenen Jungfrau und Gottesmutter Maria (8. Dezember)

Feste

Darstellung des Herrn (2. Februar; auch: *Mariä Reinigung*). Vor der Liturgiereform von 1969 *Mariä Lichtmess*. Die neue Bezeichnung *Darstellung des Herrn* weist darauf hin, dass es sich eigentlich um ein Christusfest handelt.
Mariä Heimsuchung (2. Juli)
Mariä Geburt (8. September)

Gebotene Gedenktage

Maria Königin (22. August)
Unsere Liebe Frau vom Rosenkranz (7. Oktober)
Unsere Liebe Frau in Jerusalem (21. November)
Gedächtnis der Schmerzen Mariens (15. September)

Nicht gebotene Gedenktage

Unsere Liebe Frau in Lourdes (11. Februar)
Unbeflecktes Herz Mariä (Samstag nach dem Herz-Jesu-Fest)
Unsere Liebe Frau auf dem Berge Karmel (16. Juli)
Weihetag der Basilika Santa Maria Maggiore in Rom (5. August)
Mariä Namen (12. September)

Dazu kommen zahlreiche weitere, ordenseigene oder lokal begrenzte Muttergottesgedenktage, z. B. **Maria Schutzfrau Bayerns** (Patrona Bavariæ; 1. Mai)

Einen letzten marianischen Feiertag schließlich verdanken wir der Liturgiereform von 1969. Diese sieht für den 1. Januar das *Hochfest der Gottesmutter Maria* vor. Dieses ist Teil der achttägigen Feierlichkeiten im Anschluss an den Gedächtnistag der Geburt Jesu (Weihnachtsoktav). Gleichzeitig ersetzt dieses Hochfest den von Pius IX. 1931 für den 11. Oktober festgesetzten Gedenktag der Mutterschaft Marias.

Weniger die Anzahl der marianischen Feste, als vielmehr der Zeitpunkt, an dem sie eingeführt wurden, erlaubt Rückschlüsse bezüglich der jeweils herrschenden Intensität des Madonnenkults. Ihren Höhepunkt scheint die Marienfrömmigkeit in der ersten Hälfte des vergangenen Jahrhunderts erreicht zu haben.

Ortsnamen

Hinweise auf die im Lauf der Jahrhunderte sich immer weiter ausbreitende Marienverehrung geben auch zahlreiche Ortsnamen. Die verdanken sich in der Regel Kirchen oder klösterlichen Niederlassungen, welche der Gottesmutter geweiht wurden.

Davon gibt es allein in Deutschland jede Menge: Maria Birnbaum, Maria Frieden, Maria Laach, Maria Wald, Mariaposching, Marienberg, Marienborn, Marienfels, Marienfließ, Marienhafe, Marienhagen, Marienhausen, Marienheide, Marienmünster, Marienrachdorf, Marienstein, Mariental, Marienthal, Marienwerder, Sankt Marien …

Auch Österreich kann mit einer ganzen Reihe von Ortsnamen aufwarten, die an Maria erinnern: Maria Alm am Steinernen Meer, Maria Anzbach, Maria Enzersdorf, Maria Laach am Jauerling, Maria Lankowitz, Maria Lanzendorf, Maria Luggau, Maria Neustift, Maria Rain, Maria Rojach, Maria Saal, Maria Schmolln, Maria Schutz, Maria Taferl, Maria Wörth, Mariabrunn, Mariahof, Mariapfarr, Mariasdorf, Mariastern-Gwiggen, Mariazell.

Sogar in der kleinen Schweiz finden sich immerhin vier Ortschaften, welche nach der Gottesmutter benannt sind, nämlich die beiden Wallfahrtsorte Maria Rickenbach und Mariastein, sowie gleich zwei Sontga Maria (im bündnerischen Calancatal und im Val Müstair).

Auch in anderen Ländern gibt es Ortschaften, die nach Maria benannt sind, so in Tschechien (Mariaschein; tschechisch Bohosudov bei Teplice), in Bosnien (Mariastern bei Banja Luka), in Italien (Santa Maria di Grottaferrata; Santa Maria Novella/Florenz), in Spanien (Santa María la Real de Nájera in der Provinz Logroño) …

Nicht selten handelt es sich dabei um beliebte Wallfahrtsorte, an denen ein besonders wirkmächtiges Gnadenbild verehrt wird, das wiederum eine eigene Geschichte hat, die fast immer auf eine erbauliche Legende zurückgeht.[9]

Kurioses aus der Kunstgeschichte

Keine andere Gestalt der Bibel ist so innig und so vielfältig dargestellt worden wie Maria, die Mutter Jesu. Obwohl die Bibel zurückhaltend von ihr berichtet, haben Theologie und Volksfrömmigkeit ihr Bild reich ausgeschmückt.
H. und M. Schmidt, *Die vergessene Bildersprache christlicher Kunst*, München 2007, 195.

Dem neutestamentlichen Titusbrief zufolge obliegt es den kirchlichen Lehramtsträgern, die »gesunde Lehre« und die »Wahrheit unverfälscht« zu verkünden (Titusbrief, Kapitel 2, Verse 1 und 7). Diese jedoch wird bekanntlich nicht nur von Querdenkern und angeblichen Dissidentinnen infrage gestellt, sondern nach Ansicht vieler auch von manchen Kunstschaffenden. Die bringen – es handelt sich ja häufig um genialisch veranlagte Menschen – neues, von der Gedankenpolizei nicht selten als subversiv eingestuftes Gedankengut auf eine Art und Weise ins Gespräch, welches weniger oder zumindest weniger direkt den Intellekt als vielmehr die Sinne anspricht. Und subversiv ist für dogmatisch Denkende und in kultureller Hinsicht unterernährte Gläubige natürlich alles, was von den gängigen Klischees abweicht. Beamtenmentalität und künstlerische Kreativität vertragen sich in der Regel schlecht miteinander. Wenn Kunstschaffende religiöse Motive verfremden oder aktualisieren, sprechen Religionsdiener manchmal etwas vorschnell von Blasphemie – oft bevor sie die von ihnen angeprangerten Werke überhaupt zu Gesicht bekommen haben.

Maria schlägt zu

Unter anderem traf das zu für Max Ernsts Gemälde *Die Jungfrau züchtigt das Jesuskind vor drei Zeugen*. Ist dieses Bild wirklich unzüchtig, wie schockierte Gläubige behaupteten, als es 1926 aus einer Ausstellung entfernt werden musste? Bei den drei Zeugen, welche die Züchtigungsszene durch ein

Max Ernst, Die Jungfrau züchtigt das Jesuskind vor drei Zeugen, 1926.

Fenster beobachten, handelt es sich außer dem Künstler selbst um die beiden dem Surrealismus verpflichteten Dichter André Breton und Paul Éluard. Das Gemälde zeigt, wie Maria dem Jesusjungen den Hintern verhaut, dessen Heiligenschein bei dieser Gelegenheit auf den Boden kullert. Statt gleich in Empörung auszubrechen und Protest anzumelden, wäre es durchaus angebracht, zunächst ein paar Fragen zu stellen, welche dieses Bild geradezu provoziert. Benötigte der Jesusknabe denn keine Erziehung? Gebärdete er sich schon als Vierjähriger als lammfrommes Büblein? Ist die Vorstellung so abwegig, dass der Junge Josef eines Tages die Säge kaputt gemacht, den Hammer versteckt und den Holzbehälter mit den säuberlich sortierten Nägeln umgeschmissen hat? Hat sein Ziehvater darin vielleicht einen Fingerzeig Gottes gesehen?! Oder hat er dem quirligen Kerlchen (vielleicht sogar handgreiflich?) Grenzen gesetzt? Musste Jesus denn nicht, wie seine Altersgenossen auch, lernen, was sich gehört? Wenn wir das Bild von Max Ernst mit solchen Fragen im Hinterkopf betrachten, sind wir schon mittendrin in den großen christologischen Querelen, mit denen sich die Gottesgelehrten bis heute herumschlagen.

Wie der Künstler berichtet, hat ihn der Kölner Erzbischof während einer Diskussion wegen dieses Bildes für exkommuniziert erklärt. Anderseits aber (und das ist das Befremdliche an der ganzen Sache) fand die Kirchenleitung es nicht für nötig, die Gläubigen vor jenen apokryphen Evangelien zu warnen, die seit Jahrhunderten gelesen wurden und in denen ganz selbstverständlich davon die Rede ist, dass Jesus wie jeder andere Junge, die Geduld seiner Eltern oftmals auf eine harte Probe stellte. Dem Pseudo-Thomasevangelium zufolge benimmt sich Jesus häufig derart daneben, dass Josef beschließt, ihn eine Zeit lang gar nicht mehr aus dem Haus zu lassen![1]

Nichts einzuwenden hatten die kirchlichen Behörden auch, wenn Maria auf Kriegsschauplätzen zuschlug. Aus zahlreichen Zeugnissen geht hervor, dass Madonnenbilder früher häufig zu Kriegszwecken eingesetzt wurden. Im Altertum erwies sich Maria mehrmals als siegbringende Schlachtenhelferin. In Konstantinopel hat sie der griechischen Siegesgöttin Nike schon früh den Rang abgelaufen. Der Ehrentitel *Theotokos Nikopoia* (siegschaffende Gottesgebärerin) ist dort seit dem 6. Jahrhundert belegt. Wenn immer der Metropole des Byzantinischen Reiches eine Katastrophe drohte, eilte Maria zu Hilfe. Als Kaiser Herakleios 610 mit einer Flotte nach Konstantinopel segelte, um den tyrannischen Phokas zu stürzen, verhalf ihm die Nikopoia zum Sieg. Kein Wunder, schließlich zierte ihr Bild die Mastbäume der Schiffe. 626 wurde die Stadt von einem riesigen Heer bestehend aus

Meister des Albrechtsaltars, Maria in Ritterrüstung. Wiener Karmeliterkirche, 1439.

Awaren, Slawen, Bulgaren und Gepiden belagert. Um den Ansturm abzuwehren, ließ der Patriarch an sämtlichen westlichen Stadttoren ein Marienbild anbringen. Und wieder griff die Jungfrau schützend ein. Erst mit dem Fall von Konstantinopel im Jahr 1453 nahm die Siegesserie ein Ende. Diesmal hielten die auf der Stadtmauer aufgestellten Ikonen dem Ansturm der Türken nicht stand.

Auch im Westen schrieb man dem Bildnis der Gottesmutter gelegentlich martialische Kräfte zu. Wenn wir dem Chronisten trauen dürfen, war es Maria, die den Sienesen 1230 zum Sieg gegen die Florentiner verhalf, worauf jene Stadtsiegel und Fahnen mit dem Bildnis der Madonna zierten. Als die

Straßburger Bürgerschaft 1262 gegen den Fürstbischof Walther von Geroldseck zu Felde zog, setzten beide Kriegsparteien auf Marias Hilfe. Die Bürger obsiegten. Jeanne d'Arc, die Jungfrau von Orléans, die im Hundertjährigen Krieg die Franzosen gegen die Engländer führte, verstand sich als Streiterin der *Sainte Vierge*; auf ihrer Fahne prangte das Bild Marias. Seit dem Sieg König Ludwigs des Großen von Ungarn über die Türken im Jahr 1377 wurde die *Regina Pacis* immer mehr zur *Sancta Maria de Victoria*.

Indirekt scheint die in der Westkirche stetig zunehmende Verehrung der ›Feldherrin Maria‹ auf das Hohelied zurückzugehen. Dort vergleicht der junge Mann seine Geliebte unter anderem mit einem Turm: »Wie der Turm Davids ist dein Hals, in Schichten von Steinen erbaut. Tausend Schilde hängen daran, lauter Waffen von Helden« (Hohelied 4,4).

Das Bild vom Turm steht für die Festigkeit der Geliebten; die tausend Schilde verweisen auf die Größe der Besatzung und gleichzeitig auf die Unmöglichkeit, die Festung zu erobern. Die Schichten von Steinen beziehen sich möglicherweise auf den Halsschmuck der jungen Frau.[2] Mittelalterliche Theologen projizierten diese Beschreibung der Geliebten auf die Gottesmutter.[3] Ähnlich wie ein Turm vor Feinden schütze, so eines ihrer an ziemlich langen Haaren herbeigezerrten Argumente, biete auch Maria Schutz und Trutz. In den Schilden sahen die Gottesgelehrten ein Symbol für die Tugenden, welche die Pfeile des Versuchers abwehren. Albert der Große (um 1200–1280), neben Thomas von Aquin einer der einflussreichsten Denker des Hochmittelalters, pries Maria als unbezwingbare Kämpferin, die selbst den Teufel und mit ihm alle Widersacher der Christenheit zu besiegen vermöge. Solche und ähnliche exegetisch fragwürdige Interpretationen des Hoheliedes fanden später in der bildenden Kunst ihren Niederschlag. Ein Beispiel dafür ist ein 1439 von Herzog Albrecht II. für die Wiener Karmeliterkirche gestifteter Marienaltar.

Eine der 32 Tafeln (die in ihrer Gesamtheit eine ins Bild umgesetzte Marienlehre bilden) zeigt Maria in Ritterrüstung neben einem Turm, der mit Schwert, Armbrust und weiteren Teilen einer ritterlichen Rüstung behängt ist. Die vier sie umgebenden Engel treten ebenfalls als Ritter in Erscheinung. Das Spruchband mit der lateinischen Inschrift nimmt Bezug auf die bereits erwähnte Stelle im Hohelied. Offensichtlich hat die kirchliche Zensur im Hinblick auf Maria noch toleriert, was sie wenige Jahre zuvor angesichts der französischen Nationalheiligen Jeanne d'Arc auf den Plan rief. Die Jungfrau von Orléans wurde am 30. Mai 1431 auf dem Marktplatz von Rouen bei lebendigem Leib verbrannt. Unter anderem wurde ihr vorgeworfen, Männerkleidung getragen zu haben. Ein Bild, das die Jungfrau aus Nazaret in männlicher Garderobe zeigt, erregt keinen Anstoß. Wenn aber eine Jungfrau in Frankreich sich erkühnt, es ihr gleichzutun, wird sie zum Flammentod verurteilt.

Die Glaubenswächter ...

Die ›Logik‹, von der sich die kirchlichen Kunstrichter leiten ließen, mutet zuweilen etwas seltsam an. Während die Kriegsheldin Maria (von der bekanntlich in den Evangelien an keiner Stelle die Rede ist) die Zensur mühelos passierte, hatten die klerikalen Kritiker ihre liebe Not mit Darstellungen, welche die Empfängnis Mariä und die *Maria gravida*, die Madonna im Zustand der Schwangerschaft, zeigen.

Anlass zu Beanstandungen gaben zunächst manche Kunstwerke jener Künstler, die Mariä Empfängnis ins Bild setzten. Etwa im 4. Jahrhundert gelangten findige Theologen zu der Überzeugung, dass Maria Jesus durchs Ohr empfangen habe. Wie sie zu dieser Erkenntnis kamen, geht aus einer Predigt des heiligen Zeno hervor, der von 362–371 Bischof von Verona war. »Durch Überredung hatte sich der Teufel in Evas Ohr eingeschlichen, sie verwundet und zugrunde gerichtet; durch das Ohr trat mithin Christus in Maria ein, tilgte damit alle Bosheiten des Herzens und heilte die Wunde des Weibes durch die Geburt aus einer Jungfrau.«[4] Frühscholastiker griffen diesen Gedanken auf, wobei sie allerdings nicht so naiv waren, daraus einen biologischen Vorgang abzuleiten. Vielmehr ging es ihnen darum zu zeigen, dass das göttliche Wort einem Samenkorn gleicht, wenn es nicht nur vernommen, sondern auch angenommen wird. Diese Bildrede wiederum schlug sich in der Kunst auf drastisch-realistische Weise nieder.

Verkündigung an Maria und Empfängnis durch das Ohr. Relief am Nordportal der Würzburger Marienkapelle, vor 1400.

Ein nach heutigem Empfinden kurios anmutendes Beispiel dafür findet sich am

Nordportal der Würzburger Marienkapelle in Form eines Reliefs. Der Engel Gabriel trifft auf eine kniend lesende Maria und überbringt ihr die auf einem Spruchband festgehaltene Nachricht: *Ave Maria, gratia plena, Dominus tecum.* Die Lilie zwischen Engel und Maria hat ihren Ursprung im Botenstab, mit dem der Verkündigungsengel früher abgebildet wurde. Der Altar zur Rechten Marias ist als Vorverweis auf das von Jesus gestiftete eucharistische Opfer zu verstehen. Oben thront Gottvater, von dessen Mund ein Schlauch zum linken Ohr Marias führt. Auf diesem Schlauch wiederum gleitet ein winziges Jesusknäblein nach unten. Die Betrachtenden wissen natürlich, dass sie sich dieses Knäblein im Inneren des Schlauches vorstellen müssen. Im 14. Jahrhundert, als dieses Relief entstand (heute heißt es im Volksmund »Gottvater mit dem Blasrohr«), war die Annahme, dass Maria Jesus durch das Ohr empfangen habe, bereits sehr verbreitet.

Einer ähnlichen Darstellung begegnen wir im Dom zu Brixen, in der 10. Arkade des Kreuzgangs. Es handelt sich um ein um 1410 entstandenes Fresko eines unbekannten Meisters. Gottvater und der Engel sind durch ein Spruchband, auf dem die Verkündigungsworte zu lesen sind, miteinander verbunden; damit unterstreicht der Künstler, dass die Botschaft des Engels tatsächlich von Gott stammt. Das den Händen Gottvaters entgleitende Jesusknäblein wird hier von Engeln getragen. Die Taube steht für den Heiligen Geist, der Maria dem Lukastext zufolge »überschattet« (vgl. Lukas 2,35). Wenn wir eine Linie von den Händen Gottvaters zum Schnabel der Taube ziehen, sehen wir, dass das Christusknäblein genau auf dieser Linie herunterschwebt und im rechten Ohr Marias ›landen‹ wird.

Dom zu Brixen, Kreuzgang: Verkündi des Engels an Maria und Menschwer des Gottessohnes, um 1410.

Solche naiv-frommen Inszenierungen der Empfängnis riefen bald einmal mehr die Dogmatiker auf den Plan. Ihnen zufolge suggerieren derartige Darstellungen, dass der Körper Jesu *direkt* von Gott geschaffen wurde. Das würde bedeuten, dass die zweite göttliche Person ihren Leib voll ausgebildet vom Himmel auf die Erde mitgebracht hat. Der Erzbischof Antonius von Florenz (1389–1459) war sich sicher, dass solche Bilder häretisch und deshalb nicht tolerierbar

155

seien. Lehrt doch das Dogma ausdrücklich, dass der *Leib* Jesu »aus der Substanz« der Jungfrau gebildet wurde!

Bekanntlich sind die römischen Instanzen für Veränderungen und Reformen nicht sehr offen. Diesen Umstand kommentiert man im Vatikan angeblich gern und selbstbewusst mit dem Spruch: *Noi pensiamo in secoli –* wir denken eben in Jahrhundertabständen. Entsprechend dieser Devise hat das kirchliche Lehramt sich Zeit gelassen, bis es sich hinsichtlich der erwähnten Bildwerke schließlich doch zu einer offiziellen Verurteilung durchrang. Erst Papst Benedikt XIV. (1740–1758), ein eifriger Marienverehrer *und* Förderer der Künste, meinte, dagegen vorgehen zu müssen. Er erkannte in diesen Bildern eine Illustration der um die Mitte des 2. Jahrhunderts in Rom grassierenden gnostischen Häresie. Damals hatte ein gewisser Valentin, der Begründer der später nach ihm benannten valentianischen Gnosis, behauptet, dass Christus seinen Leib in vollkommen ausgebildeter Gestalt auf die Erde mitgebracht habe. Durch Maria sei er wie durch eine Röhre hindurchgegangen – was darauf hinauslief, dass Maria eigentlich nicht die Mutter Jesu war.

Benedikts Verurteilung allerdings beruhte auf einem Missverständnis. Wie die meisten anderen Kirchenmänner seiner Zeit hatte er übersehen, dass die kleine nackte Gestalt in Wirklichkeit *Jesu Seele* symbolisiert und *nicht seinen Leib* darstellt. Was einmal mehr beweist, dass kunsthistorische Kenntnisse durchaus von Nutzen sind, wenn man sich für die Orthodoxie einsetzt.

Weit mehr Anstoß erregten im 18. und 19. Jahrhundert Kunstwerke, welche die Gottesmutter als *gravida*, als Schwangere, zeigten. Seit dem späten Mittelalter erfreute sich dieser Bildtypus vor allem nördlich der Alpen einer gewissen Beliebtheit.

Dargestellt wurde die Schwangerschaft Marias auf verschiedene Weise. Ziemlich verbreitet war die symbolische Andeutung durch das Jesus-Monogramm *IHS*[5], das auf dem Kleid der Gottesmutter in Bauchhöhe angebracht war.

Vor allem auf Bildern mit der Heimsuchungs-Szene wurde das Jesus-Monogramm auf Marias Gewand häufig durch das Jesuskind selber (und bei Elisabet durch den Johannesknaben) ersetzt, wobei der Leib der Frau(en) zum Tabernakel wird – so etwa auf einem der Fresken, mit denen ein anonymer Meister aus dem 14. Jahrhundert die Kirche Sogn Gieri im graubündnerischen Rhäzüns ausschmückte.

Manchen Künstlern gelang es dabei, gleichzeitig eine theologische Bot-

Piero della Francesca, Madonna del Parto, 1450–1455.

schaft zu vermitteln. Unter anderem trifft dies zu für einen anonymen Meister einer nicht näher bekannten deutschen Schule, der bei der Begegnung zwischen Maria und Elisabet zeigt, wie der Täufer Johannes im Leib seiner Mutter Elisabet das noch ungeborene Jesuskind im Leib Marias anbetet – womit er die Gottheit Jesu betont.

In den Augen bigotter Kleriker handelte es sich bei solchen Darstellungen um abgeschmackte Machwerke. Aktenkundig ist, dass 1783 in dem damals noch zur Erzdiözese Salzburg gehörenden Teisendorf auf Geheiß des päpstlichen Visitators »das neben dem Hochaltar auf der Evangelienseite hängende, sehr unschickliche Bild, die schwangere Muttergottes darstellend«, entfernt werden musste.[6]

Zuweilen wurde Marias Schwangerschaft durch den hochgegürteten Leib oder die geöffnete Naht in ihrem Kleid angedeutet. Berühmt ist die *Madonna del Parto* (Madonna der Niederkunft) von Piero della Francesca. Das Fresko entstand zwischen 1450 und 1455; es befindet sich in der Friedhofskapelle von Monterchi bei Arezzo.

In einer Zeit, da die sichtbare Schwangerschaft Marias immer mehr als Ärgernis empfunden wurde, begann man, diesbezügliche Statuen mit einem Überwurf zu bekleiden. Das um 1400 entstandene Gnadenbild der Maria von Bogenberg (Landkreis Straubing-Bogen) trägt seit der ersten Hälfte des 17. Jahrhunderts einen Mantel, der den gewölbten Bauch der Gottesmutter verdeckt. Offen bleibt die Frage, ob klerikale Peinlichkeitsgefühle oder aber eine gesellschaftliche Entwicklung (oder beides zusammen?) den eigentlichen Anstoß für solchen Mummenschanz bildeten.

Seit dem 13. Jahrhundert inspirierte das Motiv der schwangeren Maria die Bildschnitzer zur Schaffung aufklappbarer Madonnenstatuen, in denen das Jesuskind wie in einem Tabernakel eingeschlossen ist. Manche dieser sogenannten Schreinmadonnen bargen in ihrem Inneren einen Gnadenstuhl. Der zeigt in der Regel den Heiligen Geist (symbolisiert meist durch eine Taube), Gottvater auf dem himmlischen Thron und ein Kruzifix, das Gottvater in seinen Händen hält. Diese Schreinmadonnen schienen den Theologen besonders verdächtig. Die meinten nämlich, dass solche Kunstwerke der falschen Vorstellung Vorschub leisten würden, die Gottesmutter habe die *Trinität* geboren.[7]

Gegen diese Art von Kunst erhob der berühmte Pariser Gottesgelehrte und Mystiker Johannes Gerson (1363–1429) nicht nur die Stimme, sondern auch den Hammer. Jedenfalls wird ihm nachgesagt, dass er eine solche Statue eigenhändig zerstörte. Verbürgt ist, dass er in einer Weihnachtspredigt vor derartigen Madonnendarstellungen warnte:

Man muss sich, so gut es nur eben geht, davor hüten, die Geschichte der Heiligen Schrift bildlich falsch darzustellen. Dies sage ich teilweise wegen eines Bildes, das sich bei den Karmelitern befindet, und auch anderer ähnlicher Bilder wegen, die in ihrem Bauch eine Darstellung der Dreifaltigkeit zeigen oder auch Szenen davon, wie die ganze Trinität Fleischesgestalt in der Jungfrau angenommen hat. Und was noch sonderbarer ist: es gibt im Innern von Schreinfiguren gemalte Höllendarstellungen, und ich sehe nicht, zu welchem Zweck man solche Arbeiten ausführt; denn meiner Ansicht nach wohnt diesen Bildern weder Schönheit noch Frömmigkeit inne; und dies muss zwangsläufig Irrtümer und Verachtung oder Unfrömmigkeit hervorrufen.[8]

Schreinmadonna, ca. 1300, Köln (heute New York). Die aufklappbare Figur zeigt von außen die thronende Gottesmutter, die das göttliche Kind stillt. Innen findet sich eine Darstellung der Dreifaltigkeit, wobei das Geistsymbol (vermutlich eine Taube) und der Körper des Gekreuzigten verloren gegangen sind. Die Flügel zeigen Szenen aus dem Umfeld der Geburt Jesu.

1745 verbot Papst Benedikt XIV. die Anfertigung von Schreinmadonnen, die eine Trinitätsdarstellung bargen.

Anlass zur Kritik seitens der Klerisei gaben ferner jene Madonnenbilder, die die Gottesmutter im Wochenbett zeigen. Im 4. und 5. Jahrhundert hatten die byzantinischen Künstler keinerlei Hemmungen, Maria als ermattete Wöchnerin zu malen. In der abendländischen Kunst ist dieses Motiv erst etwa seit dem 9. Jahrhundert verbreitet. Ein schönes Beispiel dafür findet sich an der weltbekannten Bilderdecke der Martinskirche im graubündnerischen Zillis, die vermutlich in der ersten Hälfte des 12. Jahrhunderts entstanden ist. Das im Stil der damaligen Buchmalereien gehaltene Bild eines unbekannten Meisters zeigt eine Magd, welche der erholungsbedürftigen Maria nach ihrer Niederkunft das Essen reicht.

Maria im Wochenbett. Deckenmalerei in der St. Martinskirche in Zillis, 1. Hälfte des 12. Jahrhunderts.

Im Spätmittelalter treten auf den entsprechenden Bildern in zunehmendem Maß Aufwärterinnen mit Waschbecken und Wasserzuber in Erscheinung, während Maria häufig, wie damals üblich, mit nacktem Oberkörper im Bett liegt.

Seit dem 16. Jahrhundert ist diese Szenerie den christlichen Schriftgelehrten ein Dorn im Auge. Dass Maria sich von den Geburtswehen erholt haben soll, passt nicht zu ihren spiritualisierenden Madonnenvorstellungen. So verurteilt der Löwener Theologieprofessor Johannes Molanus (1533–1585) Darstellungen einer durch die Entbindung geschwächten Maria, die von Hebammen mit Suppen aufgepäppelt wird. Vielmehr zieme es sich, die Gottesmutter ihren Sohn anbetend ins Bild zu setzen, da sie bei der Niederkunft weder Wehen noch Schmerzen verspürt habe.[9]

Dieser Forderung kommen die Künstler in der Folge nach, indem sie die Geburt Jesu vermehrt in einen verfallenen Palast verlegen und damit gleichzeitig eine biblische Aussage ins Bild umsetzen. Ein Paradebeispiel für diese veränderte Situation bildet Hans Holbeins berühmtes Gemälde *Die Geburt Christi*.

Vermutlich um 1520 hat Hans Holbein der Jüngere im Auftrag des Basler Ratsherrn Hans Oberried zwei Altarflügel gemalt, welche Jesu Geburt und die Anbetung der Könige zeigen. Noch heute stößt dieser *Oberried-Altar* bei den Besuchern und Besucherinnen der Universitätskapelle im Freiburger Münster auf uneingeschränkte Bewunderung. Beide Szenen spielen sich im Innern, beziehungsweise vor dem Hintergrund eines verfallenen Prachtbaus ab, nämlich in den Ruinen des Palastes des Königs David, des Vorfahren Jesu. Damit gibt der Künstler zu verstehen, dass mit dem Erscheinen Jesu der Alte Bund durch den Neuen abgelöst wurde. Die Textvorlage findet sich beim Propheten Amos, die dann in der Apostelgeschichte in der Rede des Jakobus aufgegriffen wird: »An jenem Tag richte ich die zerfallene Hütte Davids wieder auf und bessere ihre Risse aus. Ich richte ihre Trümmer auf und stelle alles wieder her wie in den Tagen der Vorzeit« (Kapitel 9, Vers 11; vgl. Apostelgeschichte, Kapitel 15, Vers 16). Wer genau hinsieht, entdeckt auf Holbeins Bild noch eine weitere biblische Anspielung. Hoch über Maria steht auf der Säule, ganz in Schatten gehüllt, eine schwangere Frauengestalt, nämlich die nach dem Sündenfall nur notdürftig bekleidete Eva. Die Botschaft ist leicht zu entschlüsseln: Während Eva durch den Sündenfall Unheil über die Menschheit brachte, gebiert die ›neue Eva‹ das Licht der Welt. Folgerichtig ist das Krippenkind denn auch von einem Lichtschein umgeben. Und weil Maria nicht mehr geschwächt im Wochenbett liegt, sondern sich ehrfürchtig vor ihrem Sohn verneigt, geben sich die klerikalen Kunstrichter für diesmal zufrieden.

Hans Holbein, linker Flügel des Ober Altars, 1520. Freiburg i. Br., Münster, versitätskapelle.

Zwar haben die Theologen Maria mit dem Privileg einer schmerzfreien Geburt ausgestattet; aber dass sie unter dem Kreuz gelitten habe, wagten sie dann doch nicht in Abrede zu stellen. Ein Albertus Magnus (um 1200–1280) verstieg sich gar zu der Behauptung, der Schmerz, den Jesu Mutter angesichts des Todeskampfes ihres Sohnes empfunden habe, sei der »geschuldete Zins« (*usura*) für die schmerzfreie Niederkunft.[10] Bezüglich ihres Leidens unter dem Kreuz warnten die Gottesgelehrten allerdings davor, die Sache zu übertreiben; vielmehr solle die Schmerzensmutter moralische Kraft und menschliche Stärke beweisen und den Gläubigen als Beispiel *christlicher* Trauer vor Augen gestellt werden.

Missbilligendes Nasenrümpfen und heftiges Kopfschütteln verursachten unter der Theologenzunft die seit dem 19. und zu Beginn des 20. Jahrhun-

Maria als Priesterin im Kirchenschiff der Kathedrale von Amiens, 1437. Musée Nationale du Louvre, Paris.

derts verbreiteten Andachtsbilder, auf denen Maria als Priesterin in Erscheinung trat. Diesbezüglich sah sich das für die Glaubenslehre zuständige Heilige Offizium am 29. März 1916 zu einer Stellungnahme genötigt:

> Da vor allem in neueren Zeiten damit begonnen wurde, Bilder zu malen und zu verbreiten, welche die seligste Jungfrau Maria mit priesterlichen Kleidern angetan darstellen, [...] beschlossen die Kardinäle: Ein Bild der seligen Jungfrau Maria in liturgischen Gewändern ist abzulehnen.[11]

Erwähnung verdient noch die Tatsache, dass die Kirchenbeamten, denen es oblag, häretische Kunstwerke aufzuspüren, diesen Kampf selber noch künstlerisch thematisierten. Zahlreiche Schöpfungen, die nach 1563, also nach Abschluss des Reformkonzils von Trient, entstanden sind, legen davon Zeugnis ab. Davon zieren gleich zwei die 1576 vollendete Fassade der Kirche *Il Gesù* zu Rom.

Die Statue links über dem Hauptportal zeigt den heiligen Ignatius, wie er mit eindrücklicher Gestik (mit einer Hand verweist er auf das Evangelium, das er in der anderen hält) gegen ketzerische Ansichten argumentiert. Gleichzeitig tritt er mit dem einen Fuß auf den Kopf einer Frau, deren Brust entblößt ist – offensichtlich handelt es sich um eine Allegorie der Ketzerei. Zur Rechten hingegen sehen wir den heiligen Franz Xaver, der den ›Ungläubigen‹ das Evangelium verkündet – man beachte den Turban auf dem Kopf des Mannes, den der Heilige mit Füßen tritt!

Neben anderen Gottesboten und Jesusstreitern wurde in der nachtridentinischen Zeit auch die Heiligste aller Heiligen, Maria, bemüht, um den Sieg der römischen Kirche über die gottlosen Ketzer und Häretikerinnen zu demonstrieren. Berühmt ist das Triumphzugfresko in der nordwestlich über dem graubündnerischen Trun in der Surselva gelegenen Wallfahrtskirche Nussadonna dalla Glisch (Maria zum Licht). Autor des 1687 entstandenen Gemäldes ist der Malermönch Fridolin Eggert aus dem Kloster Disentis.

Die Inschrift am Chorbogen nennt als Entstehungsdatum dieser Huldigung an die Gottesmutter das Jahr 1687. Zwischen zwei gemalten Säulenarchitekturen erstreckt sich der Triumphzug zu Ehren Marias, die auf einem reich verzierten und vergoldeten Triumphwagen thront. Der Sternenkranz um ihr Haupt versinnbildlicht die zwölf Stämme Israels. Krone und Zepter kennzeichnen Maria als Himmelskönigin; den Christusknaben hält sie liebevoll im Arm. Unter dem Hinterrad des Wagens liegt eine männliche Figur zu Boden gestreckt, ein gefesselter Gefangener wird hinterhergezerrt. Sie verkörpern die Häretiker und Schismatiker, welche durch die nachtridentinische Reform von der katholischen Kirche bezwungen werden. Der Triumphwagen wird von Benediktinerheiligen gezogen, die entsprechend ihrem Rang hierarchisch angeordnet sind. An der Spitze steht der heilige Benedikt unter einer Säulenkolonnade. Ihm folgen die heiligen Mönche Beda, Bernhard, Maurus und Adalbert, dahinter heilige Erzbischöfe, Kardinäle und die Päpste Bonifatius IV. und Gregor der Große, die dem Prunkwagen Marias am nächsten stehen. Als weiteres Zeichen des Sieges des Christentums über fremde Religionen treiben die Benediktiner Juden und Heiden vor sich her. Vom Himmel her wird der Triumphzug von Gottvater und dem Heiligen Geist (in Gestalt der Taube) sowie einer großen Engelschar begutachtet. Oder beobachtet.

... und die Sittenrichter

Nicht nur die Glaubenswächter, auch die Sittenrichter sahen sich immer wieder genötigt, die Künstler zur Ordnung zu rufen. Anlass dazu bildeten allerdings nicht die zahllosen Darstellungen von roher Gewalt oder sadistischen Praktiken – erinnert sei nur an die blutrünstigen Märtyrerbilder aus dem 16. Jahrhundert in der ältesten Rundkirche Roms, Santo Stefano Rotondo. Stendhal äußerte sich dazu in seinen *Römischen Spaziergängen* (1817): »Beim Eintreten erblickte ich neben der Tür einen Heiligen, dessen Kopf zwischen zwei Mühlsteinen zermalmt wird; das Auge quillt aus der Augenhöhle hervor. [...] Der Rest ist zu furchtbar, um beschrieben zu werden.«[12]

Statt für solche abartige Gewaltszenen interessierten sich die Moralapostel fast ausschließlich für sexuell aufgeladene Heiligenhelden, beziehungsweise für das, was sie dafür hielten. Wobei zu bedenken ist, dass insbesondere Nacktdarstellungen bis zum Beginn des 16. Jahrhunderts nicht nur

Jean Fouquet, Madonna mit Kind, 1453. Königliches Museum der Schönen Künste, Antwerpen.

erlaubt, sondern auch gern gesehen waren und kaum jemanden störten – Hauptsache, das dargestellte Motiv hatte einen (wenn auch nur entfernt) religiösen Anstrich.

Zweifellos trifft dies zu für die berühmte 1453 vollendete *Maria mit Kind* des französischen Tafelmalers und Zeichners Jean Fouquet, der außer Gebetbüchern auch Boccaccios *Decamerone* illustrierte. Das Gemälde zeigt eine Frauengestalt mit entblößter Brust. Offensichtlich ging es dem Maler nicht um Erbauung. Die stehende Maria jedenfalls macht nicht die geringsten Anstalten, das Kind zu stillen, welches ohnehin von ihr abgewandt ist. Das könnte noch angehen. Pikant wird die Sache erst, wenn wir aufgrund eines zeitgenössischen Bildvergleichs feststellen, dass Fouquets Madonna unzweifelhaft die Züge von Agnès Sorel, der Oberkonkubine Karls VII. von Frankreich, trägt.[13] Die Mätresse als Madonna! Oder die Madonna als Mätresse?

Es sollte eine ganze Weile dauern, bis es den kirchlichen Behörden dann doch zu viel wurde. Genau hundertzehn Jahre nachdem Fouquet mit seinem Gemälde Furore gemacht hatte, kam die Kirchenversammlung von Trient zur Sache. Im *Dekret über die Heiligen und die heiligen Bilder* vom 3. Dezember 1563 legten die Konzilsteilnehmer fest, dass »keine Bilder einer falschen Lehre oder solche, die den Ungebildeten Gelegenheit zu einem gefährlichen Irrtum geben, öffentlich [d. h. im Kirchenraum] aufgestellt werden« dürfen. Mit anderen Worten, eine Berechtigung haben nur jene religiösen Bilder, welche keine dogmatischen Irrtümer enthalten. Der folgende, sehr kurz gehaltene Zusatz, berücksichtigt den moralischen Aspekt (wobei die Konzilsväter ausschließlich die religiöse Kunst im Auge hatten!): Es soll »jede Mutwilligkeit gemieden werden« – so die offiziöse Übersetzung. Im Originaltext allerdings steht: »*omnis lascivia vitetur*«.[14] *Lascivia* indessen hat nicht nur die Bedeutung von Fröhlichkeit, Ausgelassenheit oder Mutwille, sondern auch von Zügellosigkeit und Wollust (und daran dürften die Konzilsväter vor allem gedacht haben).

Die neuen Moralmaßstäbe brachten es mit sich, dass vormals beliebte Sujets plötzlich nicht mehr als salonfähig galten. So waren etwa Madonnenbilder, auf denen Maria mit dem Einhorn zu sehen war, jetzt plötzlich verpönt – übrigens nicht ganz ohne Grund. Um das Einhorn zu fangen, so die Legende, muss man ihm eine keusche Jungfrau in den Weg legen. Sobald es die Jungfrau erblickt, nähert es sich ihr ganz zahm und bettet seinen Kopf in ihren Schoß. Dieses Fabeltier wurde schon zur Zeit der Kirchenväter mit der Jungfrau Maria in Verbindung gebracht.

Im Spätmittelalter entstehen dann Darstellungen, auf denen der Erzengel Gabriel mit einem Spieß in der Rechten als Jäger erscheint. Berühmt ist der um 1500 entstandene Bildteppich niederrheinischer (?) Provenienz, der im Bayrischen Nationalmuseum in München ausgestellt ist.[15] An der Leine führt Gabriel vier Jagdhunde. Ihre Namen »Huld und Treue, Gerechtigkeit und Friede« (Psalm 85, Vers 11) zeigen die Gründe an, welche Gott bewogen haben, Mensch zu werden. Gleichzeitig taucht hier ein weiteres Motiv auf, dem wir bereits früher begegnet sind: Das Jesuskind gleitet auf Gottvaters Gnadenstrahl zur Jungfrau herab, während der Engel ihr die Geburt eines Sohnes ankündigt. Bemerkenswert ist, dass das (noch nicht empfangene) Jesuskind ein Kreuz umfasst, welches auf sein künftiges Leiden verweist.

Nicht zuletzt dem ›Lascivia-Dekret‹ von Trient ist es zu verdanken, dass derart gewagte Allegorien und damit auch die Einhorn-Darstellungen immer seltener wurden und schließlich in der Requisitenkammer der christlichen Kunstgeschichte landen,[16] und wie die einstmals bekannten Verse aus *Des Knaben Wunderhorn*, den Kuriosa christlicher Frömmigkeit zugerechnet werden:

> Es wollt gut Jäger jagen,
> wollt jagen auf Himmelshöhn.
> Was begegnet ihm auf der Heide?
> Maria, die Jungfrau schön.
> Der Jäger, den ich meine,
> der ist uns wohlbekannt,
> der jagt mit einem Engel,
> Gabriel ist er genannt.
> Der Jäger blies in sein Hörnlein,
> es lautet also wohl:
> Gegrüßt seist du Maria,
> du bist aller Gnaden voll.[17]

Die tridentinische Warnung vor Anstößigkeiten findet sich gelegentlich sogar bei lutherischen Bilderkritikern. In Theodor Storms Novelle *Aquis submersus* (sie spielt zur Zeit des Dreißigjährigen Krieges) antwortet der Pastor auf die Frage, warum er des »Heilands Mutter nicht in der Kirche dulden« will:

»Die Züge von des Heilands Mutter sind nicht überliefert worden.« – »Aber wollet Ihr's der Kunst missgönnen, sie in frommem Sinn zu suchen?« Er blickte eine Weile finster auf mich herab; dann sprach er heftig: »Diese Marienbilder sind nichts als Säugammen der Sinnenlust und des Papismus; die Kunst hat allzeit mit der Welt gebuhlt!«[18]

Das tönt gut calvinistisch; aber ursprünglich war es ja nicht der Verdacht auf »Sinnenlust«, der die Anhänger der Reformation dazu bewog, die Heiligen- und insbesondere die Madonnenbilder aus den Kirchen zu entfernen. Vordergründig ging es nicht einmal um die Frage der Heiligenverehrung und des Madonnenkults. Anfänglich stand vielmehr die Überzeugung im Vordergrund, dass die Heiligen keinesfalls die Rolle als Fürbitter und Fürsprecherinnen übernehmen und damit sozusagen als Mittlergestalten zwischen Gott und den Menschen fungieren könnten, weil ja dem Neuen Testament zufolge Christus der einzige Mittler ist.

Wenn im Zusammenhang mit der Reformation vom Bildersturm die Rede ist, wird meist übersehen, dass es in der Westkirche schon vor der Reformation gelegentlich zur Vernichtung von Heiligenbildern und, damit verbunden, zur Profanierung sakraler Stätten kam.

Ein gut dokumentierter Fall solcher vorreformatorischer *katholischer* Bilderstürmerei ereignete sich, als die Zürcher sich mit der restlichen (damals sieben ›Orte‹) umfassenden Eidgenossenschaft um das Erbe des Grafen von Toggenburg stritten (Stichwort: Alter Zürichkrieg, 1440–1450). Nachdem die Schwyzer und ihre Helfer im zürcherischen Dübendorf ein Kruzifix und mehrere Heiligenbilder verbrannt hatten, demolierten sie in Dielsdorf ein Madonnenbild. In Kloten brachen sie einen zu Ehren Marias aufgestellten Opferstock auf. Am ärgsten jedoch scheinen sie nach mehreren weiteren Kirchenschändungen in Horgen gewütet zu haben, wie aus einem heute im Luzerner Staatsarchiv aufbewahrten Protokoll hervorgeht.[19]

Auch an die stette, da die heiligen sacrament stuenden, haben sie ihr unreinheit getan, mit urlob, geschissen. […] Ouch die bildung unserer lieben frowen sy von dem altar genommen und sye hinder die türe gesetzt und sie smechlich gegrüst, gesprochen: ›Got grues dich frow metz, wes stest du da?‹ und viel andere unzimliche smachewort haben sy ir erbotten. Item ihr unküschheit mit frouwen haben sie vil offentlich unverschampt in der selben kyrchen getriben als in einem huorhus und haben sich des offensichtlich beruemt.

Was hier geschah, entspricht vollauf den Vorgängen im Zuge der späteren reformatorischen Bilderstürmerei. Die Schwyzer profanierten Marienbilder, aber eines waren sie ganz bestimmt nicht, nämlich Marienverächter. Vielmehr *verehrten* sie die Gottesmutter.

Das scheint zunächst paradox, wird aber verständlich, wenn wir versuchen, uns (um es mit Fausts Famulus Wagner zu sagen) »in den Geist der Zeiten zu versetzen«. Es ging um eine Kirche im zürcherisch-österreichischen Feindesland. Dem mittelalterlichen Volksglauben zufolge aber ist der oder die Heilige im Bild gewissermaßen präsent, weshalb Bildwerke eine *virtus* oder Kraft besitzen, die dem oder der Heiligen selbst eignet. Durch Verspottung oder Zerstörung der *gegnerischen* Heiligenbilder wird die ›Realpräsenz‹ der Heiligen im Bild vernichtet, bzw. demonstriert man den Feinden, dass *ihre* Bilder oder Statuen lediglich tote Götzen sind. Dennoch stellt sich die Frage, wie schlicht denkende ›Durchschnittschristen‹ auf den Gedanken verfallen können, das, was *ihnen selber* sonst heilig ist, zu verhöhnen und zu zerstören. Offensichtlich wurde in unserem Fall die religiöse Bedeutung der Bilder durch die politische übertüncht; es handelte sich ja um *Bilder im feindlichen Lager!* Das geht auch aus dem zitierten Protokoll hervor, in welchem der Augenzeuge berichtet, wie der Leutpriester von Horgen beim Messelesen verspottet wird: »Jetz bettet der Pfaff *sin got von Östrrich* an!« Gerade die Tatsache, dass die Gegner die Bilder und Symbole, die den Schwyzern heilig waren, für sich beanspruchten, musste deren Wut erst recht steigern. Denn, und das darf hier nicht vergessen werden, die Muttergottes im schwyzerischen Einsiedeln avancierte damals bereits zu einer Art Landespatronin. Schon deshalb hatte sie beim politischen Feind nichts zu suchen.

Mit Kunst Kasse gemacht

Hin und wieder stoßen wir auf Zeugnisse, aus denen hervorgeht, dass die religiöse Kunst nicht nur der Erbauung diente, sondern von Kirchendienern auch gezielt eingesetzt wurde, um die Schatullen zu füllen, eine Praxis, von der sich unter anderen auch ein Martin Luther angewidert fühlte.[20]

Das hab ich gesehen, nämlich Maria mit ihrem Kinde. Wenn ein Reicher dahin ist kommen, und dafür [davor] gebetet, so hat sich das Kind zur Mutter gewandt, als wolle es den Sünder nicht ansehen, drüm sollt er Fürbitte und Hülfe bei der Mutter Maria suchen. Hat er aber viel ins Kloster verheißen [eine große Spende versprochen], so hat sichs zu ihm wieder gewandt; hat er aber noch mehr verheißen, so hat sich das Kind freundlich erzeigt und mit ausgestrackten Arm ein Creuz uber ihn gemacht. Es ist aber hohl gewest innwendig, und mit Schlossen und Schnüre also zugericht. Dahinter ist allzeit ein Schalk gewest, der die Schnure hat gezogen, und die Leute vexiert und betrogen, dass sie ihm sein Liedlein haben müssen singen. Wollten aber die Pfaffen, dass sich das Kindlein sollt gegen einem ungnädig erzeigen, so kehrets einem gar den Rücken zu.

Es wäre gut, meint der Reformator anschließend, dass man »solch Ding aufhübe [aufbewahre], damit unser Nachkommen können sehen, was die Papisten für Leute sind gewest«.

Missstände, wie Luther sie beschreibt, hat es immer wieder gegeben. An Versuchen, sie abzuschaffen, hat es bei den »Papisten« selber nicht gefehlt; der Erfolg war oft nicht gerade überwältigend.

Trotz allem Bemühen ist es den kirchlichen Obrigkeiten nicht immer gelungen, die Gläubigen vor ketzerischen Kunstwerken zu schützen. Vermutlich ahnen die Mitglieder der Römischen Glaubenskongregation bis heute nicht, dass im sechsten Saal der Vatikanischen Pinakothek ein höchst fragwürdiges Marienbildnis zu besichtigen ist. Das besagte Gemälde zeigt eine liebliche Madonna mit ihrem Kind. Carlo Crivelli hat sie für die Kirche San Francesco zu Force in den Marken gemalt. Das Werk ist signiert und datiert: *Opus Caroli Crivelli Veneti. 1482.*

Aus der Signatur geht hervor, dass der Maler aus dem Veneto (Venetien) stammte. Wer das Bild genau betrachtet, würde tausend Dukaten wetten, dass es von einem neapolitanischen Künstler geschaffen wurde. Das Jesuskind trägt eine Halskette

Carlo Crivelli, Madonna mit Kind, 1482. Vatikanische Museen, Pinakothek.

mit einem kleinen roten Horn aus Koralle, ein Anblick, bei dem man seiner Brille nicht traut. Was die Madonna ihrem Spross da umgehängt hat, ist eindeutig ein Talisman, ein Amulett also, mit dem abergläubische Mütter jenseits der Alpen ihre Kinder noch heute vor allerlei Schadenzauber, vorab aber vor dem *malocchio*, dem bösen Blick, zu schützen suchen.

Dieses Detail ist den kirchlichen Glaubenswächtern offenbar entgangen; man ist versucht zu sagen: glücklicherweise. Sonst wäre die Vatikanische Pinakothek möglicherweise um ein bedeutendes Kunstwerk und die Kunstgeschichte um eine Kuriosität ärmer.

Brauchtum und Volksfrömmigkeit

Während die Kirche streng an der Unterscheidung zwischen *Gebet zu* den Heiligen und *Anbetung* [die nur Gott zukommt] festhielt, blieben diese feinen Unterschiede der volkstümlichen Frömmigkeit stets fremd, sodass der Heiligenkult zuzeiten fast an den antiken Polytheismus erinnern konnte.
J. H. Kirchberger, Maria: Dogmen, Kult, Brauchtum, in: H. Haag, J. H. Kirchberger, D. Sölle, C. H. Ebertshäuser, *Maria. Kunst, Brauchtum und Religion in Bild und Text*, Freiburg-Basel-Wien 1997, 186.

Marienverehrung und Marienkult fanden (und finden) ihren Ausdruck nicht nur in der kirchlichen Liturgie, sondern auch im religiösen Brauchtum, wobei auf diesem Gebiet die Grenzen zwischen Frömmigkeit und Folklore meist fließend sind. Das gilt sogar für gewisse Bräuche, die im liturgischen Kalender der Kirche verankert sind.

Frautragen

Zu diesen Gepflogenheiten gehört die mancherorts noch heute übliche Inszenierung der ›Herbergssuche‹ zur Vorweihnachtszeit. Den biblischen Hintergrund bildet eine kurze Notiz im Lukasevangelium: »Maria gebar ihren Sohn, den Erstgeborenen. Sie wickelte ihn in Windeln und legte ihn in eine Krippe, weil in der Herberge kein Platz für sie war« (Lukas 2,7). Dieser knappe Hinweis veranlasste die Prediger von jeher zu allerlei Spekulationen betreffend die Hartherzigkeit der Wirtsleute, die überfüllten Unterkünfte oder die Notlage der Reisenden. Indessen haben derlei Hypothesen überhaupt keinen Anhalt am Text. In Wirklichkeit möchte der Evangelist lediglich zeigen, dass die erstbundlichen Verheißungen sich in Jesus erfüllt haben. Und das tut er, indem er das Augenmerk der Leserschaft auf die *Futterkrippe* lenkt. Damit erinnert er an eine Stelle aus dem Jesajabuch: »Der

Ochse kennt seinen Besitzer und der Esel die Krippe seines Herrn; Israel aber hat keine Erkenntnis, mein Volk hat keine Einsicht« (Jesaja 1,3).[1] Dieser Zusammenhang zwischen dem Jesajabuch und dem *Krippen*kind geriet später in Vergessenheit, was wiederum dazu führte, dass sich die Gläubigen Gedanken darüber machten, warum bloß Maria und Josef keine ihnen angemessene Unterkunft fanden.

Hervorgegangen ist die ›Herbergssuche‹ aus den spätmittelalterlichen Weihnachtsbrauchspielen, aus denen sie sich im 15./16. Jahrhundert allmählich herauslöste. In der Barockzeit dann wurde es an manchen Orten üblich, eine Bildtafel, welche »die heiligen Leut in der Umfuhr« darstellte, in die Häuser zu tragen. Nachdem man das Bild feierlich begrüßt hatte, wurde es in die Stube gebracht, wo man sich zum Gebet und zum Absingen von Liedern versammelte. Am darauffolgenden Abend wurde das Bild abgeholt und in einem anderen Haus aufgestellt. Im 17. Jahrhundert sprach man im Hinblick auf diesen Brauch vom *Frautragen*. In der Regel taten sich neun Familien zusammen, welche in den letzten neun Tagen vor Weihnachten einem Bild oder einer Statue der *Maria gravida*, der schwangeren Maria, abwechslungsweise Unterkunft boten. Zu Weihnachten brachte man die Statue wieder in die Kirche zurück; gelegentlich blieb sie bis zum Ende des Weihnachtsfestkreises am 2. Februar auch im Haus der Familie, welche sie zuletzt beherbergte. Die Neunzahl hängt nicht mit der neunmonatigen Schwangerschaft Marias zusammen, sondern mit der damals allgemein verbreiteten Frömmigkeitspraxis der Novene. Wie der Begriff andeutet, handelt es sich dabei um eine neuntägige Bittandacht, die man als Vorbereitung auf kirchliche Hochfeste, vor wichtigen Lebensentscheidungen oder zur Erlangung besonderer Hilfe pflegte (und die noch heute, wenn auch in wesentlich geringerem Maß, praktiziert wird).

Mit der Zeit führte das Frautragen mancherorts zu Missbräuchen. Dass nach einer Hausandacht ergiebig getafelt wurde, mochte ja noch angehen. Nun aber lebt der Mensch ja nicht allein von fester Nahrung, sondern bedarf auch der Tranksame. So kam es eben immer häufiger vor, dass die fromme Stimmung schnell einmal von Tänzereien abgelöst wurde, bei denen sich die Feiernden ein bisschen näher kamen, als Maria und den Moraltheologen lieb sein konnte. Was wiederum dazu führte, dass die kirchlichen Obrigkeiten sich zu wiederholten Malen gezwungen sahen, das Frautragen kategorisch zu verbieten. Lediglich im Salzburger Land und in der Steiermark erwiesen sich solche Verbote als überflüssig. Dort, wie auch in Tirol und in einigen Gegenden Deutschlands lebt dieser Brauch heute noch fort, und zwar ohne dass die Kirche eine Veranlassung sähe, dagegen einzuschreiten.

Maria, Valentin und die Verliebten

Alle Jahre wieder, jeweils am 14. Februar, haben Blumenläden, Confiserien und Bijouterien einen großen Zulauf und die Altvermählten und die Jungverliebten ihren großen Tag. In Frankreich beschenken sich die Brautleute am Valentinstag seit Menschengedenken gegenseitig. In Belgien und England gilt er seit dem 14. Jahrhundert als Tag der offenen Herzen. In den Vereinigten Staaten können sich die Verliebten in einem Schaltjahr 366 Tage lang überlegen, was sie einander zum nächsten *Love day* verehren möchten. Im deutschen Sprachraum, wo die Liebe schon rein alphabetisch weit hinter der Arbeit herhinkt, kamen derlei Gebräuche erst zu Beginn des 20. Jahrhunderts zum Zug.

Entgegen einer weitverbreiteten Meinung ist jedoch nicht der heilige Valentin dafür verantwortlich, dass die Blumenpreise gegen Mitte Februar plötzlich in die Höhe schnellen und manche Männer einen Kredit aufnehmen müssen, weil sie meinen, sie könnten ihrer Verehrten mit einem Schmuckstück ihre Liebe beweisen. Letztverantwortlich für diese rational nur schwer nachvollziehbaren Usancen sind die heilige Jungfrau Maria, der Evangelist Lukas, ein paar Liturgiereformer und ein Poet, der vor Jahrhunderten für die Prozession zu Mariä Lichtmess einen lateinischen Hymnus dichtete, der heute, wenn überhaupt, gerade noch von ein paar aussterbenden Klostergemeinschaften rezitiert wird; aber gehen wir der Reihe nach vor.

Über das Leben des heiligen Valentin weiß die Historie fast nichts zu berichten. Wahrscheinlich wirkte er als Bischof im umbrischen Terni. Erwiesen ist, dass man ihn vom 4. Jahrhundert an als Heiligen verehrte und dass er später mit einem Priester und Märtyrer gleichen Namens verwechselt wurde, der im 3. Jahrhundert in Rom lebte. Übrigens soll im 5. Jahrhundert auch in Rätien ein Bischof Valentin gepredigt haben (liturgischer Gedenktag: 7. Januar). Im Gegensatz zu seinen älteren Namensvettern hat dieser jedoch mit Mimosensträußchen, Pralinen und Amuletten aus falschem Gold nichts im Sinn.

Dass der Name des Bischofs von Terni und die Schokoladenherzen von

Lindt & Sprüngli am 14. Februar in aller Munde sind, hängt zunächst einmal mit dem liturgischen Gedenktag Mariä Reinigung oder Mariä Lichtmess zusammen. Der geht auf eine Notiz im Lukasevangelium zurück, nach welcher Jesus vierzig Tage nach seiner Geburt zum Tempel gebracht wurde: »Dann kam für Maria und Josef der Tag der vom Gesetz des Mose vorgeschriebenen Reinigung. Sie brachten das Kind nach Jerusalem, um es dem Herrn zu weihen« (Lukas 2,22).

Zum Gedenken daran wurde, vermutlich schon im 4. Jahrhundert, in Rom das Fest Mariä Reinigung eingeführt, das wegen der später damit verbundenen Lichterprozession als Mariä Lichtmess bezeichnet wurde. Dieser Bittgang seinerseits geht auf einen alten Mythos zurück, demzufolge der Höllenfürst Pluto die Unterweltgöttin Proserpina wegen ihrer Schönheit geraubt und zur Göttin gemacht hatte. Deren Eltern haben sie anschließend vergeblich mit Lichtern und Laternen gesucht. An diesen Mythos erinnerten die Frauen im alten Rom alljährlich zum Februarbeginn mit einem Fackelzug. Papst Sergius I. (687–701; nach anderen schon Papst Gelasius I., 492–496) beschloss, dieses heidnische Treiben mit einer christlichen Gegenveranstaltung zu boykottieren und an dem fraglichen Tag zu Ehren der Gottesmutter eine Lichterprozession durchzuführen.

An dieser Stelle wird der Weg, der uns zum Valentinstag führt, immer unübersichtlicher. Wie heute in den Ostkirchen noch üblich, gedachte man der Geburt Jesu anfänglich am 6. Januar (Epiphanie oder Erscheinung des Herrn). Demzufolge fiel das vierzig Tage nach Weihnachten fällige Fest Mariä Reinigung (oder Lichtmess) auf den 14. Februar. Während der an diesem Tag üblichen Lichterprozession wurde schon früh ein Wechselgesang des mittelalterlichen Theologen Petrus Abälard († 1142) vorgetragen, dessen erster Vers lautet: »*Adorna Sion, thalamum tuum, et suscipe Regem Christum...*«

> Auf, Zion, schmücke dein Brautgemach,
> der Herr ist da, den du ersehnt.
> Steh auf und mache dich bereit,
> empfange Bräutigam deine Braut.
>
> Zu seinem Tempel kommt der Herr:
> Die Eltern bringen Christus dar.
> Der ohne alle Sünde ist,
> macht dem Gesetz sich untertan.

Tritt, königliche Jungfrau, ein,
bring mit dem Opfer dar dein Kind,
des ew'gen Vaters wahren Sohn,
der uns zum Heil erschienen ist.

Was dir verheißen, Simeon,
das ist in diesem Kind erfüllt.
Nun mache allen Völkern kund
das Licht, das ihnen leuchten soll.

Herr, dir sei Preis und Herrlichkeit,
der sich den Heiden offenbart,
mit dir dem Vater und dem Geist
durch alle Zeit und Ewigkeit.
Amen.

Christus als Bräutigam und Jerusalem als Braut – dieses Bild hat sein Vorbild in alttestamentlichen Texten, in denen Gott als Bräutigam und das Volk Israel als sein Gespons bezeichnet wird.

Später, als die Westkirche der Geburt Jesu schon am 25. Dezember gedachte, fiel das vierzig Tage später fällige Fest Mariä Lichtmess auf den 2. Februar, während der 14. Februar, der vormals der Gottesmutter gehörte, nun vom heiligen Valentin besetzt wurde.

Die Erinnerung daran, dass man in früheren Jahrhunderten am 14. Februar die Ankunft des »Bräutigams« besungen hatte, blieb jedoch erhalten, wobei die himmlische Brautmystik in der Folge von irdischen Sehnsüchten überlagert wurde. Was bewirkte, dass der heilige Valentin ungefragt mit einer für einen Bischof etwas ungewöhnlichen Aufgabe betraut und mit einem Legendenkranz geschmückt wurde. So sagte man ihm nach, dass er einige Verliebte heimlich getraut habe, darunter Soldaten, die nach damaligem kaiserlichem Befehl unverheiratet bleiben mussten, wie heute die niederen Chargen in der Schweizergarde.

Ursprünglich hatte Valentin mit den Verliebten nichts am Bischofshut, sondern galt als Patron der Fallsüchtigen. Aber deutet der englische Ausdruck *fall in love* nicht darauf hin, dass es sich bei der Verliebtheit eigentlich nur um eine besondere Art von Fallsucht handelt?

Muttersegen

Nicht die Lichterprozession, sondern die Darstellung Jesu im Tempel bestimmt seit der Kalenderreform von 1969 am 2. Februar die Liturgie der Römischen Kirche. Was es damit auf sich hat, erfahren wir aus dem Tagesevangelium:

Dann [nach der Geburt Jesu] kam für sie der Tag der vom Gesetz des Mose vorgeschriebenen Reinigung. Sie brachten das Kind nach Jerusalem hinauf, um es dem Herrn zu weihen, gemäß dem Gesetz des Herrn, in dem es heißt: Jede männliche Erstgeburt soll dem Herrn geweiht sein. Auch wollten sie ihr Opfer darbringen, wie es das Gesetz des Herrn vorschreibt, nämlich ein paar Turteltauben oder zwei junge Tauben (Lukas 2,22-24).

Weil die Erstgeborenen des Volkes Israel im Gegensatz zu den erstgeborenen Ägyptern vom Tod verschont blieben, gehören sie fortan dem Herrn und müssen durch ein Tieropfer ausgelöst werden (vgl. Exodus 13,1). Die Mutter indessen hat nach der Geburt eines Knaben noch eine weitere Verpflichtung, die im Buch Levitikus festgeschrieben ist:

Wenn eine Frau niederkommt und einen Knaben gebiert, ist sie sieben Tage unrein. Am achten Tag soll man die Vorhaut des Kindes beschneiden und dreiunddreißig Tage soll die Frau wegen ihrer Reinigungsblutung zu Hause bleiben. Sie darf nichts Geweihtes berühren und nicht zum Heiligtum kommen, bis die Zeit ihrer Reinigung vorüber ist. Wenn sie ein Mädchen gebiert, ist sie zwei Wochen unrein wie während ihrer Regel. Sechsundsechzig Tage soll sie wegen ihrer Reinigungsblutung zu Hause bleiben. Wenn die Zeit ihrer Reinigung vorüber ist, soll sie, für einen Sohn ebenso wie für eine Tochter, ein einjähriges Schaf als Brandopfer und eine junge Taube oder eine Turteltaube als Sündopfer zum Priester an den Eingang des Offenbarungszeltes bringen. Er soll es vor dem Herrn darbringen und sie entsühnen, so wird sie von ihrem Blutfluss gereinigt (Levitikus 12,1-7).

Lukas verweist als einziger Evangelist auf diese Bestimmungen. Offensichtlich ist ihm daran gelegen zu zeigen, dass die Eltern Jesu sich getreu an die mosaischen Weisungen hielten. Allerdings ist der Evangelist selber (er lebte in der Diaspora, vermutlich in Kleinasien, und war nie in Jerusalem, wie aus verschiedenen falschen Ortsbeschreibungen in seinem Evangelium hervorgeht) über die von ihm zitierten Gesetzesbestimmungen nicht genau orientiert. Wenn er sagt, dass »für sie« (αὐτῶν) der Tag der Reinigung kam, bezieht sich das, wie aus dem griechischen Original hervorgeht, nicht auf Maria, sondern auf die Heilige Familie insgesamt. Womöglich gebraucht er den Begriff *Reinigung* für das Opfer *und* für die Darstellung (Präsentation) des Kindes. Für eine »Darstellung« (παραστῆσαι) des Erstgeborenen gab es nämlich gar keine Gesetzesvorschrift! Und doch liegt, wie der Fortgang der Erzählung beweist, der Schwerpunkt gerade auf ihr, wobei die prophetischen Hinweise des Simeon und der Hanna die Sinnspitze des Ganzen bilden (vgl. Lukas 2,25-38).

Umso befremdlicher ist daher die Tatsache, dass ausgerechnet der *Hinweis auf Mariä Reinigung* zu einem Brauch geführt hat, den die Frauen bis vor einigen Jahrzehnten als Verpflichtung empfanden und auf den viele von ihnen mit Befremden reagierten. Die Rede ist vom Segen für die Mutter (›Aussegnung‹), den diese erbat, wenn sie nach der Geburt eines Kindes erstmals wieder zur Kirche ging.[2]

Für das erste Jahrtausend lässt sich ein solcher Segen nicht nachweisen. Entsprechende Formulare finden sich in den liturgischen Büchern erst gegen Ende des 11. Jahrhunderts. Zwar betonen die Ritualien meist ausdrücklich, dass kein Gesetz einer Frau verbiete, nach der Niederkunft eine Kirche aufzusuchen. Anderseits jedoch war seit dem Mittelalter die Vorstellung verbreitet, dass Wöchnerinnen unrein seien und deshalb erst nach Ablauf einer bestimmten Frist wieder ein Gotteshaus betreten dürften. Außerdem leistete die Überzeugung, dass die Wöchnerinnen einer Reinigung bedürften, dem Aberglauben Vorschub, dass sie dem Einfluss der Dämonen besonders ausgesetzt seien.

An einigen Orten verweigerte man einer bei der Geburt oder im Wochenbett verstorbenen Mutter die kirchliche Beerdigung auf dem Gottesacker und begrub sie wie Verbrecher oder Selbstmörderinnen außerhalb der Friedhofsmauern. Gegen derart unchristliche Gepflogenheiten haben mehrere Synoden protestiert. Im 18. und 19. Jahrhundert kam es seitens der Kirche wiederholt zu Verboten, tote Wöchnerinnen ›auszusegnen‹. Dieser Brauch war entstanden, um die Betroffenen auf dem Friedhof bestatten zu können. Diese ganze Entwicklung zeigt, dass der Muttersegen praktisch einer Reinigung von einem sittlichen Makel gleichkam. Dass das so empfunden wurde, geht aus den im Jahr 2007 veröffentlichten Erinnerungen einer 80-Jährigen hervor:

Mein Mann war übrigens auch Protestant. Er musste sich aber nicht umtaufen lassen, das war zu unserer Zeit nicht mehr nötig. Ein netter Vikar traute uns. Aber vorher mussten wir zu ihm in den Eheunterricht. Das mussten alle, aber wir mussten ganz besonders, weil mein Mann nicht katholisch war. Das ist die Unterweisung, damit man weiß, was man machen muss und was eine Sünde ist. Es gab diese eheliche Pflicht. Das heißt, wenn der Mann will, darf er das, in der Ehe. Sonst nicht. Und die Frau darf nicht in die Kirche, wenn sie ein Kind geboren hat. Eine Frau musste zuerst ausgesegnet werden vom Priester, bevor sie wieder in die Kirche durfte zur Taufe des Kindes. Weil sie sich befleckt, wenn sie ein Kind empfängt. Solche Sachen lernte man in der Unterweisung. Das fand ich eigenartig, dass eine Frau von der Kirche behandelt wird wie eine Aussätzige, wenn sie einem Kind das Leben schenkt.[3]

Zwar ist bereits in dem von Papst Paul V. 1614 herausgegebenen *Rituale romanum* von einer Reinigung nicht mehr die Rede, was aber in den regionalen Segensformularen nicht berücksichtigt wurde. Erst um die Mitte des letzten Jahrhunderts wird die Bitte um Reinigung durch den Dank für die glückliche Geburt ersetzt. Ob dadurch die Vorstellung von der Unreinheit der Mutter im allgemeinen Glaubensbewusstsein ausgerottet wurde, bleibe dahingestellt.

Tatsache ist, dass der Muttersegen zunehmend an Bedeutung verlor und heute, wenn überhaupt, bloß noch in einigen ländlichen, besonders traditionsverbundenen Gegenden praktiziert wird.

Diesem Umstand trägt der 1969 revidierte Taufritus Rechnung. Der Muttersegen wird nun gleich anschließend an die Taufe gespendet:

Allmächtiger Gott und Herr, segne die Mutter dieses neugetauften Kindes durch deinen Sohn, den die Jungfrau Maria geboren hat. Sie dankt dir für die glückliche Geburt. Durch Christus hast du ihr die Gewissheit gegeben, dass ihr Kind ein unvergängliches Leben empfangen hat. Lass sie zusammen mit ihrem Kind allezeit dankbar bleiben in Christus Jesus, unserm Herrn.

Anschließend werden auch der Vater, die Paten und alle Anwesenden gesegnet. Dennoch sieht das *Rituale romanum* auch weiterhin einen Muttersegen in der früher üblichen Form vor, wobei das anstößige Reinigungsmotiv durch ein Dank- und Bittgebet ersetzt wurde:

Gott, Schöpfer des Lebens, du hast dieser Mutter die Freude der Mutterschaft geschenkt und sie und ihr Kind vor Schaden bewahrt. Sie kommt zu dir, um dir zu danken.

Erhöre unsere Bitten: Segne dieses Kind und seine Mutter und gib, dass beide vor allem Bösen bewahrt bleiben. Lass dieses Kind unter dem Schutz seiner Eltern zunehmen an Alter und Gnade, damit es am Ende seines Lebens glücklich in dein Reich gelangt. Darum bitten wir, durch Christus, unsern Herrn. Amen.[4]

Falls die Mutter bei der Taufe nicht anwesend sein kann, empfiehlt das Rituale, später zusammen mit dem Kind zur Kirche zu kommen, um Gott für die Geburt zu danken und seinen Segen zu empfangen.

Bei allen negativen Assoziationen, die mit dem ›alten‹ Muttersegen verbunden waren, weist Walter von Arx auch auf einen Gesichtspunkt hin, der meist übersehen wird:

Das Festhalten der Kirche an den Volksbräuchen brachte [...] den Müttern auch Vorteile. Während Jahrhunderten ließ der Volksbrauch nicht zu, dass eine Wöchnerin vor der kirchlichen Segnung das Haus verlassen durfte. Dieses Ausgehverbot war besonders in ländlich-bäuerlichen Gebieten, wo man auf jede Arbeitskraft angewiesen war, für die jungen Mütter ein großer Schutz. Sonst hätten sie schon wenige Tage nach der Geburt wieder auf dem Feld arbeiten müssen. [...] So galt die liturgische Segnung indirekt als ein Schongebot.[5]

Ob und in welchem Ausmaß dieses Schongebot beachtet wurde, ist wiederum eine andere Frage.

Kräuterstrauß für Maria

»An unser frawen Hymmelfahrt tregt alle wellt obs büschel allerley kreüter in die kirchen zu weihen, für alle sucht unnd plag überlegt. Mit disen kreütern gschicht seer viel zauberei. Die knaben trangens mit öpffeln unmd darauf gemacht vögel, die da in die öpffel bicken. Der schönst ist künnig und macht die andern auff eyn tag von der schul los.[6]

Diese Notiz über die Kräutersegnung an Maria Himmelfahrt findet sich in dem *Weltbuch*, das der Seifensieder und Drucker und vormalige Priester

Sebastian Franck im Jahre 1534 in Tübingen veröffentlichte. Noch heute wird der dort erwähnte (und verspottete) Brauch in manchen Gegenden des deutschen Sprachraums gepflegt.

Seit wann die leibliche Aufnahme Marias in den Himmel (so die korrekte Bezeichnung des Festes) liturgisch gefeiert wird, lässt sich nicht mehr mit letzter Sicherheit sagen. Bereits gegen Ende des 4. Jahrhunderts wurde in Syrien ein Gedächtnis der Gottesmutter begangen, das um die Mitte des 5. Jahrhunderts am 15. August auch in Jerusalem bezeugt ist. Von dort breitete sich der Feiertag im ganzen Osten aus. Um die Mitte des 7. Jahrhunderts fand er unter der Bezeichnung *dormitio Mariæ* (Heimgang der Gottesmutter) Eingang in die römische Liturgie. Im Jahr 829 ordnete Ludwig der Fromme auf der Synode von Mainz die Begehung des Festes im ganzen Reich an. In Süddeutschland und in Österreich gilt der 15. August als Großer oder Hoher Frauentag, eine Bezeichnung, die ins Mittelalter zurückreichen dürfte.

Der Brauch, an diesem Feiertag Kräuter zu segnen, ist seit der Wende vom ersten zum zweiten Jahrtausend belegt. Aus dieser Zeit stammen die ersten uns bekannten Weihegebete, in denen Maria darum ersucht wird, bei Gott Fürbitte einzulegen, damit er die Kräuter zum Segen für Mensch und Vieh mit seiner heilenden Kraft belebe.

Noch im 16. Jahrhundert fanden solche Kräutersegnungen auch an anderen Heiligengedenktagen statt, in gewissen Gegenden an Ostern oder am Peterstag (29. Juni), in anderen am Dreifaltigkeitsfest (Sonntag nach Pfingsten) oder am Fest des heiligen Johannes des Täufers (24. Juni).

Dass die ›Würzwisch-‹ oder ›Krautbundweihe‹ später fast ausschließlich am 15. August vorgenommen wurde, ist eher auf den schlichten, im Alltag verankerten und den Gang der Jahreszeiten mit einbeziehenden Volks- und Aberglauben als auf den Einfluss der hohen Theologie zurückzuführen.

Da zur Zeit des Festes das Getreide und die Früchte zur Reife kommen, lag es nahe, Maria um ihre Fürsprache für eine gute Ernte zu bitten, zumal die Mutter Jesu (und hier spielt nun die theologische Symbolik doch noch eine kleine Rolle) vermutlich schon vom 5. Jahrhundert an als »guter und heiliger Acker« bezeichnet wurde, der uns eine »wunderbare Ernte«, nämlich Christus, das »Brot des Lebens«, schenkte, das »vom Himmel herabgekommen ist« (Johannes 6,51) – was in der Folge manche mittelalterliche Künstler veranlasste, eine *Madonna im Ährenkleid* zu malen. Dazu kam, dass man die Mutter Jesu schon früh mit Ehrentiteln überhäufte, die dem Hohelied entstammen (»Blume auf den Wiesen, Lilie der Täler«; Hohelied 2,1).

Merkwürdigerweise jedoch waren ursprünglich gerade Blumen in den ›Würzwischen‹ verpönt, die am ›Kräuterbuscheltag‹ gesegnet wurden. In einigen Gegenden enthielten die Pflanzenbunde sieben oder neun verschiedene Kräuter, in anderen wiederum waren es achtzehn, vierundzwanzig oder gar zweiundsiebzig. Unsere Urgroßeltern, die da äußerst genau Bescheid wussten, hätten sich davor gehütet, ein Kraut in den Strauß einzubinden, das von ihren Ururgroßeltern verschmäht wurde. Und schon gar nicht hätten sie es gewagt, dem Bund ein neues Pflänzlein hinzuzufügen. Offenbar aber spielte bei solchen Überlieferungen auch uralter Zahlenzauber eine gewisse Rolle. Die 7 galt schon immer als heilige Zahl; in der 9 ist die archaische 3 dreimal enthalten. Im Lukasevangelium heilt Jesus eine Frau, welche 18 Jahre lang an einer Krankheit litt (Lukas 13,10-13), während der Seher in der Geheimen Offenbarung 24 Throne schaut, auf denen 24 Älteste sitzen (Offenbarung 4,4.10). Die 72 schließlich könnte auf die Jünger hinweisen, welche Jesus aussandte (Lukas 10,1).

Natürlich gab es in diesem Strauß anfänglich auch keine Äpfel für den fröhlichen Schülerwettstreit, von dem Sebastian Franck (der gelegentlich aus trüben Quellen fischte) uns erzählt. Es wurden nur solche Pflanzen zu einem Wedel gebunden, denen man Heilkräfte oder eine geheime Zauberwirkung zuschrieb.

Dies gilt unter anderem für das Johanniskraut, für den Rainfarn, das Tausendgüldenkraut und die Königskerze (die auch unter den Bezeichnungen Himmelbrand, Wollkraut oder Fackelblume bekannt ist). Von all diesen Gewächsen versprach man sich Schutz vor Dämonen und Abergeistern, während man dem Wermut nachsagte, dass er die Hexen zum Teufel treibe.

Mancherorts gehört zum Krautbund neben dem Engelwurz und dem Baldrian auch die Schafgarbe, die dritte Pflanze, die man als Heilmittel gegen die Pest betrachtete. Der Legende zufolge entstand dieses Kraut, als ein garstiger Junge dem Jesusknaben mit einer Rute auf das Milchschüsselchen schlug. Während der Übeltäter fortlief, verwandelte sich die Rute in eine weiß blühende Doldenpflanze. Als der Streithahn aus Scham und Reue an den Blättern zupfte, wurden diese fein gegliedert. Einer anderen Version zufolge soll das Jesuskind eine Verletzung seines Vaters Josef mittels der Schafgarbe geheilt haben. Ähnliches wird schon von Achilles überliefert, der mithilfe dieser Pflanze den König von Mysien kurierte.

In einigen Gegenden durfte das Eisenkraut in dem zu segnenden Kräuterstrauß auf keinen Fall fehlen. Zum einen versprach man sich davon die Heilung jener Wunden, die durch Eisen verursacht waren. Überdies sollte es vor Schlangen und Hexen und vor Blitzschlag schützen und die Lernbereitschaft der Kinder fördern. Die alten Römer hingegen bedienten sich des Eisenkrauts beim Liebeszauber; wer es seiner Umworbenen ins Bett legte, konnte gewiss sein, dass sie ihn sehnsüchtig seufzend und mit offenen Armen empfing.

Offensichtlich wurden von Anfang an Kräuter gesegnet, welche schon in vorchristlichen Zeiten dazu dienten, Schadenzauber, Krankheiten und Dämonen fernzuhalten. Damit aber sind wir endlich zu den eigentlichen Wurzeln vorgestoßen, aus denen der Brauch der Kräuterweihe erwachsen ist. Anfänglich handelte es sich wohl um ein vorchristliches Natur- oder Erntefest. Dieses heidnische Erbe vermochte das Christentum weder durch Übernahme noch durch Umgestaltung gänzlich zu verdrängen. Weil man den gesegneten Kräutern oft geradezu magische Kräfte zuschrieb, vermengte man sie mit dem Viehfutter oder mit dem Saatgut oder verbrannte sie im Herd, um Gewitter abzuwehren. Man legte sie den Toten auf den Sarg, um sie vor Dämonen zu schützen, und wenn der Kindersegen ausblieb, schob man sie den Eheleuten unters Kopfkissen.

Dabei hatte schon der Bergzabener Botaniker Jakob Diether, besser bekannt unter dem latinisierten Namen Tabernæmontanus, 1588 in seinem *New Vollkommentlich Kreuterbuch* davor gewarnt, behexte Milch oder besprochene Eier durch Berührung mit einem Beifußstängel entzaubern zu wollen: »Wiewohl nun das Kraut in großen Würden und Wert zu halten um seiner herrlichen und fürtrefflichen Tugend, Kraft und Nutzbarkeit willen, steht es doch den Christenleuten sehr übel an, Zauberei und dergleichen Narrheit und Gaukelwerk damit zu treiben.«[7]

Wobei zu sagen ist, dass die Kräutersegnung selber nicht immer frei von abergläubischen Elementen war. Schon in vorchristlichen Zeiten war das Wissen um die Heilkraft von Pflanzen vorhanden. Verbreitet war aber auch die Ansicht, dass die Wirkung durch eine Segnung aktiviert oder gar potenziert würde. Derartige Vorstellungen haben mit dem kirchlichen Glauben ungefähr so viel gemein, wie der Weiße Riese mit dem Papst.

Gegenstände werden durch den Segen nicht ›irgendwie verwandelt‹. Liturgisch gesehen ist der Segen nichts anderes als ein Wunsch in Form einer Bitte – und *so* Ausdruck des Glaubens an den Schöpfergott, der alle und alles in seinen Händen hält. Sehr schön kommt das gerade in dem für den ›Frauentag‹ vorgesehenen Segensgebet zum Ausdruck (in welchem entgegen althergebrachtem Brauch auch die Blumen erwähnt werden!):

Herr, unser Gott, du hast Maria über alle Geschöpfe erhoben und sie in den Himmel aufgenommen. An ihrem Fest danken wir dir für alle Wunder deiner Schöpfung. Durch die Heilkräuter und Blumen schenkst du uns Gesundheit und Freude.

Segne diese Kräuter und Blumen. Sie erinnern uns an deine Herrlichkeit und an den Reichtum deines Lebens. Schenke uns auf die Fürsprache Mariens dein Heil. Lass uns zur ewigen Gemeinschaft mit dir gelangen und dereinst einstimmen in das Lob der ganzen Schöpfung, die dich preist durch deinen Sohn Jesus Christus in alle Ewigkeit. Amen.[8]

Dass die Kräutersegnung am Fest Mariä Aufnahme in den Himmel vorgenommen wird, hängt mit einer von Johannes von Damaskus (um 650 – vor 754) überlieferten Legende zusammen, derzufolge ein wundersamer Kräuterduft die Luft erfüllte, als Maria dem Grab entstieg.

Später besangen mittelalterliche Hymnendichter Maria als *radix odorifera* und *radix salutifera*, als wohlriechende und Heil fördernde Wurzel. Hier dürfte auch der Grund zu suchen sein, warum der Volksmund viele Kräuter und Blumen nach Maria benennt und ihnen besondere Wirkkraft zuschreibt.[9]

Frauenmantel (Alchemilla vulgaris). In der Eifel als Muttergottesmäntelchen bekannt. Die großen runden Blätter erinnern angeblich an den schützenden Mantel der Gottesmutter.

Marienrose (auch *Jerichorose*; Anastatica hierochunta). Einer Legende zufolge blühte die Jerichorose ursprünglich entlang den Wegen, die Maria mit ihrem Kind beschritt.

Marienkraut (Arnica montana). Die Bezeichnung war zu Beginn des 17. Jahrhunderts in Sachsen und Schlesien gebräuchlich, wo ein Aufguss dieser getrockneten Heilpflanze als Heilmittel diente (›Marientrunk‹).

Marienblume (auch *Maßliebchen*; Bellis perennis). Der Name geht auf eine Legende zurück, nach welcher Maria sich mit einer Nadel verletzte, als sie für ihren Sohn einen Kranz aus künstlichen Blumen herstellen wollte. Aus den herabfallenden Blutstropfen soll das Marienblümlein gewachsen sein.

Marienglocke (Campanula medium). Die Bezeichnung verdankt diese Blume ihrem blauen Blütenkelch, den man mit dem Blau des Marienmantels verglich.

Marienglöckchen (auch *Maiglöckchen*; Convallaria majalis). Diese Blume erlangte dank der mittelalterlichen Malerei die Bedeutung eines Mariensymbols.

Unter anderem ist Maria auf dem um 1480 entstandenen Flügelaltar zu Weilersbach bei Forchheim mit einem Strauß von Maienglöckchen abgebildet.

Mariennelke (auch *Gartennelke*; Dianthus caryphyllis). Die fromme Bezeichnung geht vermutlich auf Konrad von Würzburgs Gedicht *Goldene Schmiede* (um 1275) zurück.

Mariabettstroh (auch *Labkraut*; Galium odoratum). 1539 bezeichnete der Botaniker und lutherische Prediger Hieronymus Bock das Labkraut (erstmals?) als »Unser lieben Frauen Betstro«.

Mariennessel (auch *Frauenminze*; Marubium vulgare). Einer Legende zufolge entdeckten fromme Marienverehrer 1442 bei Heilbronn in den »Nesseln« ein Marienbild, das 1661 in die Karmeliterkirche nach Straubing übertragen wurde.

Marienrose (Rosa rubiginosa). Bernhard von Clairvaux sah in der Rose ein Symbol für das Leiden. Die Anrufung *Du mystische Rose* in der Lauretanischen Litanei erinnert an die *compassio Mariæ*, an das Mit-Leiden der Jungfrau auf dem Kreuzweg ihres Sohnes. Von daher erklärt sich, weshalb die Maler Maria gelegentlich eine Rose in die Hand geben oder sie »im Rosenhag« darstellen. Vgl. auch das alte von Johann Khuen 1638 verfasste Marienlied *Sagt an wer ist doch diese* ...: »Sie ist die edle Rose, ganz schön und auserwählt, / die Magd, die makellose, / die sich der Herr erwählt.«

Mariendistel (Silybum marianum). Einmal mehr ist es die Legende, welche zur Entstehung dieses Namens führte. Die nämlich weiß mitzuteilen, dass die Milch Marias auf diese Pflanze hinabtropfte, sodass sich deren Blattnerven weiß verfärbten.

Marienkerze (Verbascum thapsus). Die gelben Blütenkronen entfalten sich mitten im Monat August, wenn die Kirche das Fest der Aufnahme Marias in den Himmel feiert. Alles klar?

Marienstängel (auch *Veilchen*; Viola adorata). Vergangenheitsorientierte schreiben natürlich nach wie vor *Marienstengel*. In dem bereits erwähnten Gedicht *Goldene Schmiede* vergleicht Konrad von Würzburg Maria mit einem »bescheidenen Veilchen«, während Bruder Hansen, ein niederländischer Dichter im letzten Viertel des 13. Jahrhunderts, einen Marienhymnus mit den Versen einleitete: »Ich spreech ouch, vrou togenriich, Daz du der Vyol bist geliich.« Und weil die Tugend wohlriechende Düfte verströmt, lagen die Produzenten von Kosmetika gar nicht so daneben, als sie um die Wende vom 19. zum 20. Jahrhundert in einem veilchenblauen Töpfchen mit einem silbernen mit dem Bild der Gottesmutter geschmückten Deckel eine Veilchen-Creme auf den Markt brachten, die wegen ihres Wohlgeruchs *und* wegen des besagten Bildes überaus beliebt war.

Ursprünglich ging es der Kirche bei der Kräutersegnung primär darum, die alten abergläubischen Zauberformeln und Gebräuche zu bekämpfen.

Inzwischen sind die ehemals mit dem Kräutersammeln verbundenen magischen Vorstellungen der Einsicht gewichen, dass die moderne Medizin das uralte Wissen der Kräuterkundigen nur in begrenztem Maße ersetzen kann. Im Übrigen hat schon Paracelsus darauf hingewiesen, dass die Kräuter die »fürchterlichen melancholischen Gedanken vertreiben« – vor allem wenn wir sie dazu benützen, ihren Geist in Flaschen zu bannen. Darauf verstehen sich die Mönche seit Jahrhunderten. Kenner sind sich einig, dass ein Chartreuse oder ein Bénédictine ein Mahl abrundet, ganz gleich, ob zum Essen nun ein kräftiger Nuits-Saint-Georges oder bloß ein blasser Weißer wie etwa Liebfrauenmilch kredenzt wurde.

Schluckbildchen und Schabmadonnen

Dass die Grenze zur Magie nicht nur im Zusammenhang mit der Kräutersegnung gelegentlich überschritten wurde, illustriert Hubertus Halbfas anhand eines Brauches, der sich zu Beginn des vergangenen Jahrhunderts noch großer Beliebtheit erfreute:

In Mariazell in der Steiermark und anderswo wurden kleine Bildchen der Gottesmutter verkauft, winziger noch als Briefmarken, aber ebenso in ganzen Bogen gedruckt. Im Volk hießen diese Bilderbogen ›geistliche Nahrung‹ oder ›Essbilde‹. Die Wallfahrer verschluckten die pillenartig zusammengeknüllten Papierchen und erhofften sich davon himmlischen Segen. Auch das Vieh bekam die ›geistliche Nahrung‹ vor dem Almauftrieb. Im vergangenen Jahrhundert mischte man die Bildchen aus löslichem Stoff als Heilmittel unter Speis und Trank. Die römische Ritenkongregation billigte noch 1903 diese Praxis, sofern sie »nicht in abergläubischer Absicht« gepflegt werde.[10]

Verwandt mit diesen *Schluckbildchen* (denen der Ausdruck ›Fresszettel‹ seine Entstehung verdankt!) sind die *Schabmadonnen*, welche früher an vielen Marienwallfahrtsorten feilgeboten wurden. Um Krankheiten vorzubeugen oder zu heilen, schabte man sich einige Partikel davon ab und nahm diese mit etwas Flüssigkeit zu sich. Solche Schabmadonnen wurden noch in den zwanziger Jahren des letzten Jahrhunderts an vielen marianischen Wallfahrtsorten angepriesen, unter anderem in Altötting, in Maria Einsiedeln und in Mariazell. Um die Wirkung zu erhöhen, ließ man sie in der Regel

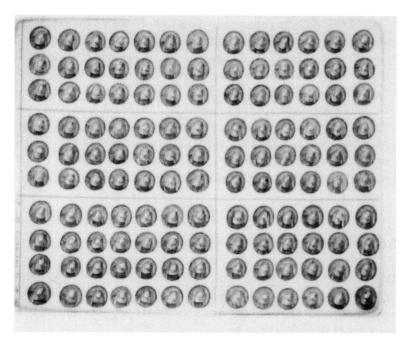

Schluckbildbogen aus dem Ursulinenkloster in Landshut, um 1745. Der Bogen mit den Marienbildchen wurde durch Berühren einer wundertätigen Marienstatue an einem Wallfahrtsort heilswirksam ›aufgeladen‹. Daher die Bezeichnung ›Schluckbildchen‹ (im Volksmund ›Fresszettel‹).

nach dem Erwerb segnen (wohlgemerkt: *nach* dem Erwerb; denn mit gesegneten Gegenständen durfte nach allgemeiner Überzeugung kein Handel getrieben werden!).

Noch 1950 konnten die Wallfahrenden in Loreto Steinstaub vom ›Heiligen Haus‹ erwerben. Angeblich wirkte die Medizin gegen Gebresten und Gebrechen jeder Art, allerdings nur, wenn sie in Milch aufgelöst aus einer ›Loretoschale‹ getrunken wurde, die das Abbild der dortigen Madonna und die Aufschrift *con polvere della Santa Casa* trug.[11] Begreiflich daher, dass viele Pilger und Pilgerinnen schon aus rein prophylaktischen Gründen eine solche Schale erwarben – vermutlich ohne sich zu fragen, ob nicht vielleicht die Betreiber ortsansässiger Töpfereien die fromme Mär in die Welt gesetzt haben könnten.

Indirekt gehen derartige skurrile Gepflogenheiten auf den heiligen Augustinus zurück, welcher die Ansicht vertrat, die Erde vom Heiligen Land würde die Dämonen fernhalten und auch sonst allerlei wunderbare Wirkungen zeitigen.¹² Später glaubte man Ähnliches von Steinen, die man sich von den Märtyrergräbern besorgte. Irgendwann begann man dann damit, Hohlkreuze nicht nur mit Reliquien, sondern auch mit ›heiliger‹ Erde und ›heiligen‹ Steinen zu füllen, wovon man sich ebenfalls eine besondere Wirkung erhoffte. Daraus wiederum entwickelte sich der Brauch, Schabmadonnen herzustellen.

Dass solche ›Heilmittel‹ heute nicht mehr appliziert werden, ist einerseits dem flächendeckenden Krankenversicherungswesen, anderseits dem Fortschritt der medizinischen Wissenschaften zu verdanken. Das neue Vertrauen gegenüber den Heilkräutern hingegen ist wohl eher auf das wachsende Misstrauen gegenüber der Schulmedizin als auf den Glauben an die Wirkkraft der Kräutersegnung am Großen Frauentag zurückzuführen. Es scheint daher, dass der Paracelsus-Forscher Franz Strunz nicht ganz unrecht hat, wenn er behauptet, aller Aberglaube sei alte Wissenschaft, alle Wissenschaft hingegen neuer Aberglaube.

La Madonna e le ›madonnelle‹

Wer leibhaftig erfahren möchte, wie gut sich ein von dogmatischen Quisquilien unbeschwerter Glaube und eine von marianischer Frömmigkeit durchtränkte Religiosität miteinander vertragen, sollte sich im Zentrum der Christenheit ein bisschen länger umsehen als die Städtereisenden, die in maximal zwei Tagen an den drei Wahrzeichen der Ewigen Stadt (Kolosseum, Engelsburg, Petersdom) vorbeigeschleust werden.

Leider bemerken die nicht, dass die Madonna jeden ihrer Schritte in der Ewigen Stadt verfolgt. Von unzähligen Eckpfeilern der römischen Palazzi und von den Fassaden der Häuser blickt sie auf die Passanten herab. An allen möglichen und unmöglichen Orten hat das Volk ihr Bildnis angebracht – und es sich dabei auch einiges kosten lassen. Aber nur selten erinnern heute ein paar verdorrte Blumen oder eine heruntergebrannte Kerze daran, dass gelegentlich doch noch jemand ihrer gedenkt. Sie ist oben, man ist versucht zu sagen: enthoben. Und unten, auf den Plätzen und in den Straßen spielt sich das Leben ab. Oder spielt den Menschen mit.

Die Rede ist von den *Madonnelle*, ohne die Rom nicht mehr Rom wäre. Und wenn sie mehr Beachtung fänden, wären die Römer keine Römer und die Touristinnen keine Touristinnen mehr.

Weder die Einheimischen noch die Fremden, die von der *Piazza Argentina* aus in die *Via delle Botteghe Oscure* einschwenken, bemerken an der Ecke des Hauses mit der Nummer 34a das von Votivtafeln umgebene Marienbild aus dem 18. Jahrhundert. Für das alte Mütterchen, welches auf dem Mauervorsprung davor gelegentlich ein paar Blumen hinstellt, ist diese *Madonna della Provvidenza* wichtiger als das weltberühmte Marienbild von Santa Maria Maggiore. Was es mit dieser Madonna auf sich hat, erklärt eine in lateinischer Sprache verfasste Inschrift: »Wanderer, das Antlitz, das du hier siehst, hat am 9. Juli 1796 mit gütigem Blick und mit mehreren Augenaufschlägen das flehende Volk getröstet und die Herzen zu Lobeserhebungen bewegt.« Was sich damals zugetragen hat, versucht das Mütterchen den Vorüberhastenden manchmal mit eigenen Worten in reinstem *dialetto romanesco* zu erzählen. Zu seinem Leidwesen jedoch findet sich nur selten ein Mensch, der Genaueres wissen möchte. Dass dieses Madonnenbild trotz seiner unmittelbaren Nähe zum früheren Hauptquartier der italienischen Kommunisten die Zeiten unbeschadet überstand, beweist, dass die Antiklerikalen in Rom schon immer ein bisschen flexibler waren als ihre Moskauer Genossen.

Unübersehbar und immerhin von den Einheimischen geschätzt ist ein anderes, von Kerzen und Lichtern umgebenes Marienbild aus der Mitte des 20. Jahrhunderts mit zahlreichen Votivtafeln gegenüber dem Bildungsministerium am *Viale Trastevere*. Wenn eine Römerin ein Herzensanliegen und kein Geld für eine Wallfahrt zur Madonna von Loreto hat, macht sie sich auf den Weg zum *Viale Trastevere*. Eine Blumenhändlerin und ein Kerzenverkäufer sorgen dafür, dass die Madonna nicht bloß angebettelt, sondern auch beschenkt wird. Wer die Straße öfter abschreitet, begegnet dort immer wieder einmal Vorbeieilenden, die der Madonna eine Kusshand zuschicken.

Im *Centro storico*, in der Innenstadt, wimmelt es geradezu von jenen kleinen Madonnen-Denkmalen, welche in Rom *edicole sacre* heißen. Ein Zeugnis solcher inzwischen auch im Zentrum der Christenheit nicht mehr selbstverständlicher Volksfrömmigkeit findet sich sogar an einer Ecke des *Palazzo Montecitorio*, dem Sitz des italienischen Parlaments.

Noch immer gibt es viele Römerinnen, die mit der Muttergottes ähnlich verkehren wie mit der Fischhändlerin auf dem *Campo de' Fiori*; die Männer zeigen sich diesbezüglich etwas zurückhaltender. Eine römische Matrone sieht in Maria eben nicht bloß die Mutter Jesu, sondern gleichzeitig auch die *Magna Mater*, die große Mutter, welche alle unter ihre Fittiche nimmt, die sich ihr anvertrauen. Diesem Glauben ist es zu verdanken, dass die

›Madonnella‹ und Votivtafeln an der Viale Trastevere, gegenüber dem Ministero della Pubblica Istruzione in Rom.

Madonna in Rom sozusagen allgegenwärtig ist. Und dass die Bürgersleute und die Adeligen zu Beginn der Neuzeit damit begannen, die Außenmauern ihrer Häuser und Paläste mit Marienbildern zu schmücken, eine Gewohnheit, die im 17. und 18. Jahrhundert weiteste Verbreitung erfuhr. Gleichzeitig erfüllten diese Madonnenbilder auch einen praktischen Zweck. Nachts nämlich wurden die Reliefs und Malereien mit Windlichtern oder Fackeln erhellt, die dann als Straßenbeleuchtung dienten. Seit gut einem halben Jahrhundert sind unter manchen dieser Bilder elektrische Ampeln angebracht, mittels derer die Hausbesitzer ihre Marienverehrung bekunden; um die nächtliche Beleuchtung kümmert sich inzwischen die Stadtverwaltung.

Leider nimmt sich heutzutage kaum jemand die Zeit, die Gedenktafeln zu entziffern, die unter manchen dieser Madonnenbildnisse angebracht sind. Gelegentlich verspricht eine alte Inschrift dem Betrachter gar einen Ablass, wenn er im Vorbeigehen ein Gebet spricht. In dem beim Vatikan gelegenen *Borgo Pio* weist an der Hausecke zum *Vicolo del Campanile* eine Inschrift darauf hin, dass dies auch für die Betrachter*innen* gilt: »Mit Reskript vom 5. Juli 1797 gewährt Pius VI. allen Gläubigen *dell'uno e dell'altro sesso* (also beiderlei Geschlechts) einen Ablass von 200 Tagen, sofern sie vor diesem Bildnis andächtig die Litaneien rezitieren.«

Die größte Verehrung unter den ›Straßenmadonnen‹ genießt nach wie vor die *Madonna dell'Archetto*. Ursprünglich befand sich dieses um 1690 von Domenico Muratori gemalte Bildnis in einem düsteren Gässlein, das die *Via di San Marcello* mit der *Via dell'Archetto* verband. Am 9. Juli 1696 soll dieses Muttergottesbild die Augen bewegt haben, als das versammelte Volk beim Beten der Allerheiligenlitanei den Namen Marias anrief, ein Phänomen, das sich dem Chronisten zufolge im Verlauf des Monats mehrmals wiederholte. 1751 wurde die Ädikula erneuert. Bei dieser Gelegenheit sicherte man die Eingänge zu dem unscheinbaren Gässchen beidseitig mit Eisengittern, um die vielen, teilweise recht kostbaren Votivbilder vor räuberischen Zugriffen zu schützen. 1796, genau hundert Jahre nach dem ersten Augenwunder, wollen zahlreiche Beterinnen und Beter gesehen haben, wie die Madonna erneut ihre Augen bewegte »und das versammelte Volk mit liebevollen Blicken betrachtete«, was wiederum dazu führte, dass immer mehr Gläubige vor diesem Madonnenbildnis ihr Herz erleichterten. Um die Mitte des 19. Jahrhunderts wurde der Durchgang geschlossen und zu einer kleinen Kapelle umgebaut. Die feierliche Einweihung erfolgte am 31. Mai 1851 im Beisein zahlreicher geistlicher und weltlicher Würdenträger.

Wenn wir der Überlieferung glauben wollen, waren die *Madonna della Provvidenza* an der *Via delle Botteghe Oscure* und der *Madonna dell'Archetto* (Zugang zur kleinen Kapelle von der *Via di San Marcello*) bei Weitem nicht die einzigen Muttergottesbildnisse, welche die Römerinnen und Römer mit ihrem Augenaufschlag in Erstaunen versetzten – und manche von ihnen wohl auch zum Nachdenken oder gar zur Besinnung brachten.

Die Schönste und die Älteste

So richtig Aufwind bekam die Marienfrömmigkeit in Rom erst seit der Bischofsversammlung von Ephesos (431), welche Maria als *Gottesmutter* bezeichnete.

Manche sagen, dass das Konzil Maria mit diesem Titel *ehrte*. Oder *adelte*. Diese Ansicht ist ebenso verbreitet wie falsch. Den in Ephesos versammelten Bischöfen ging es ja nicht um Maria, sondern um die Frage, ob Maria lediglich einen Menschen geboren habe, der später (anlässlich seiner Taufe oder seiner Verklärung) gewissermaßen von Gott ›adoptiert‹ und so erst zum Sohn Gottes *wurde*, oder ob dieser Jesus von allem Anfang an gleichzeitig Mensch und Gott und in *diesem* Sinne ›Sohn Gottes‹ war – was die Konzilsteilnehmer bejahten. In theologischer Fachsprache ausgedrückt: Die Bezeichnung *Gottesmutter* ist nicht ein mariologischer, sondern ein christologischer ›Titel‹.

Nichtsdestotrotz ist es vor allem der Konzilsentscheidung von Ephesos zu verdanken, dass in der Christenheit nun plötzlich so etwas wie ein ›marianischer Boom‹ einsetzte. So kam man in Rom gerade ein Jahr nach dem besagten Konzil auf den Gedanken, der Gottesmutter zu Ehren eine neue Kirche von nie da gewesener Schönheit zu errichten, Santa Maria Maggiore, die sich schon bald zu einem wichtigen Wallfahrtsziel entwickelte und so wesentlich zur Verbreitung der Marienverehrung in der Ewigen Stadt beitrug. Ihren Namen, Santa Maria *Maggiore*, verdankt diese Basilika nicht ihrer Raumgröße, sondern dem Umstand, dass sie auf den Grundmauern einer früheren, eher unscheinbaren Kirche errichtet wurde.

Wahrscheinlich war es die fast überirdische Schönheit dieses Heiligtums, welche die Volksfantasie später dazu verleitete, seine Entstehung auf übernatürliche Ursachen zurückzuführen. In der Nacht vom 4. auf den 5. August des Jahres 352, so will es die Legende, erschien die Jungfrau Maria Papst

Liberius im Traum und trug ihm auf, zu ihren Ehren an jener Stelle eine Kirche zu stiften, an der es am folgenden Tag schneien werde. Als dann an dem glutheißen Sommertag auf dem Esquilin Schnee fiel, legte der Papst den Grundstein. Dargestellt sind diese wunderbaren Geschehnisse auf einem der vier Marmorreliefs aus dem 15. Jahrhundert, die in den untersten Teil der Apsiswand eingefügt sind. Alljährlich am 5. August wiederholt sich das ›Schneewunder‹ während eines Gottesdienstes, wenn aus der Kuppel der linken vorderen Seitenkapelle Tausende von weißen Blütenblättern herunterschneien. In dieser Kapelle befindet sich auch jene berühmte Madonnenikone, welche unter dem Namen *Salus Populi Romani* (Heil des römischen Volkes) verehrt wird. Das byzantinisch beeinflusste Bild dürfte im 9. Jahrhundert entstanden sein. Die Legende weiß es natürlich wieder einmal besser und schreibt es dem heiligen Lukas zu, weil dieser von allen Evangelisten das detailreichste Bild der Gottesmutter gezeichnet hat. Sicher ist, dass die Ikone seit Menschengedenken selbst von jenen Römern mit ehrfürchtiger Scheu verehrt wird, die ihre Frauen zur Messe schicken, währenddem sie vor dem Fernseher das Sonntagvormittagprogramm verfolgen.

Ihren ehrwürdigen Namen verdient die Basilika Santa Maria Maggiore auch deshalb, weil sie zu den prachtvollsten und imposantesten Bauwerken der Ewigen Stadt gehört. Ist Santa Maria in Trastevere die älteste Marienkirche Roms, so gilt Santa Maria Maggiore als die schönste – und gewissermaßen als römisches Hauptquartier der Madonna.

Darüber hinaus legen in Rom rund vierzig altehrwürdige Kirchen Zeugnis ab von der Wertschätzung, derer sich die Gottesmutter bei der dortigen Bevölkerung von jeher erfreut. In seinem Gedicht *Die römischen Marien* stellt der Schriftsteller Kurt Klingler sich vor, wie die verschiedenen Madonnen zur Mittagszeit mit ihren Glockenstimmen untereinander um den Vorrang streiten, bis ein Kanonendonner die Mittagsstunde anzeigt und sie zum Schweigen bringt und ihnen befiehlt, die Tore ihrer Kirchen bis zum späten Nachmittag zu schließen.[13]

> Zur Santa Maria in Trastevere
> kam die Santa Maria in Cosmedin,
> sie hat ja nur drei Schritte über den Tiber,
> und rief mit ihrer splitternden Glockenstimme:
> »Du sollst die erste sein, die es erfährt:
> Dieser Skandal! In zweitausend Jahren
> bin ich noch nie so beleidigt worden!«

La più antica – Santa Maria in Cosmedin. Stich aus dem 18. Jahrhundert.

La più bella – Santa Maria Maggiore. Stich aus dem 18. Jahrhundert.

»Kokettiere nicht mit einem Alter, das du nicht hast«,
sagte die Santa Maria in Trastevere milde.
»Keine von uns ist zweitausend Jahre alt.
Vielleicht die Santa Maria Antiqua ...«
»Komm mir nicht mit der!«, entsetzte sich
die Santa Maria in Cosmedin.
»Wer weiß, was die früher gewesen ist!
Ein Durchgangszimmer wahrscheinlich
im Palast des verrückten Domitian,
wenn nicht noch Schlimmeres!
Aber diese Santa Maria Maggiore!
Heute Morgen besuchte ich sie. [...]
Du hättest sie hören sollen!
›Ich bin die ehrwürdigste aller Marien.
Ich bin die höchste, die einzig wahre Santa Maria!
Wenn ihr anderen einstürzt, wäre nicht viel verloren.
Verglichen mit mir, seid ihr bloß Nebenkirchen!‹
›Was, du willst die einzig wahre Santa Maria sein?‹,
schrie ich. ›Ich bin die einzig wahre Santa Maria!
Ich! Niemand sonst! Ich bin noch berühmter
als die berühmte Santa Maria in Aracœli!
In der Verklärung der Himmelskreise zu schweben
ist ja recht ehrenvoll: Aber *Kosmidion*
bedeutet den mystischen Mantel des Universums.
Ich bin in den Mantel des Universums gehüllt!
Und das unendliche Universum ist unendlich mehr
als alle möglichen und ausdenkbaren Himmel!‹«

»Herbei, alle Marien Roms!«,
schrillte die Santa Maria in Cosmedin.
»Das darf nicht hingenommen werden!
Erhebt eure Stimmen, Schwestern!«

Sofort kam ein solcher Glockensturm über die Stadt,
dass die Tauben in staubigen Wirbeln den Kopf verloren
und selbst die Päpste in ihren schalldichten Särgen
den Mumienornat zusammenrafften
und entsetzt an die Stelle griffen,

wo früher das Herz lag, bevor es zerfiel.
Alle hörte man sie:
die Santa Maria in Domnica,
die Santa Maria sopra Minerva,
die Santa Maria in Traspontina,
die Santa Maria degli Angeli,
die Santa Maria ai Monti,
die Santa Maria in Campitelli,
die Santa Maria Liberatrice,
die Santa Maria dell'Anima,
die Santa Maria di Monserrato,
die Santa Maria in Palmis,
die Santa Maria dei Miracoli,
die Santa Maria della Pace...
Keine konnte schweigen,
keine wollte zurückstehn:
nicht die Santa Maria in Vallicella,
die Santa Maria della Scala Cœli,
die Santa Maria in Grottapinta,
die Santa Maria del Sole,
die Santa Maria del Priorato,
die Santa Maria del Carmine,
die Santa Maria di Montesanto,
die Santa Maria del Buon Consiglio,
die Santa Maria dell'Orto,
die Santa Maria in Via Lata,
die Santa Maria della Vittoria,
die Santa Maria Madre di Dio...
Alle, alle, alle – über die Hügel,
Kuppeln und Türme hinweg:
die Santa Maria di Loreto,
die Santa Maria della Luce,
die Santa Maria della Salute,
die Santa Maria del Pianto,
die Santa Maria in Aquiro,
die Santa Maria dei Sette Dolori,
die Santa Maria in Monterone,
die Santa Maria ad Martyres,

> die Santa Maria alle Fornaci,
> die Santa Maria Portæ Paradisi,
> die Santa Maria dell'Orazione e Morte,
> die Santa Maria della Pietà...
> weit über die Mauern
> und die verschollenen Grenzsteine hinaus,
> bis zur Santa Maria del Divino Amore.
> Und alle hatten nur eines zu verkünden:
> Ich bin die wahre Santa Maria!
> Ich, ich bin die wahre Santa Maria!
> Sogar die Santa Maria Maddalena tat mit,
> bis sie plötzlich stockte, weil sie begriff,
> dass sie die Sache nichts anging.
> So würden sie heute noch läuten, zanken und toben,
> wäre nicht vom Gianicolo her, wo der Sommer
> vom hohen Ross steigt, um den Salut abzuwarten,
> der donnernde Schuss erfolgt, der Rom
> überrollt und zu Boden drückt.

Weder *Santa Maria in Cosmedin*, noch *Santa Maria Antiqua* können für sich beanspruchen, die älteste Marienkirche Roms zu sein; dieser Vorrang gebührt eindeutig *Santa Maria in Trastevere*. Aufschluss über die Entstehung dieser Kirche gibt der unvergleichliche Mosaikschmuck des Apsisgewölbes, auf dessen linker Seite Papst Innozenz II. (1130–1143), der übrigens selbst aus Trastevere stammte, mit dem Modell des Umbaus abgebildet ist. In Wirklichkeit allerdings kam dieser Umbau einer bereits seit dem 3. oder 4. Jahrhundert bestehenden Kirche eher einem Neubau gleich.

Darunter erstrahlt vor einem zeitlosen Goldglanz ein Bilderzyklus mit sieben Episoden aus dem Leben der Madonna, ein Meisterwerk Pietro Cavallinis, eines der größten römischen Wandmaler des 13. Jahrhunderts. Wir interessieren uns besonders für die Darstellung links vom Mittelfenster, welche die Geburt Jesu zeigt. Auf diesem Mosaik nämlich hat der Künstler das Thema der Herbergssuche mit einer historischen Reminiszenz angereichert. Zu Füßen Marias entdecken wir ein kleines Gebäude mit einem Türmchen und einer erklärenden Inschrift: *taberna meritoria*. Geschichtskundige sehen darin eine Anspielung auf die Entstehungsgeschichte dieses Marienheiligtums.

Erwiesen ist, dass sich zur Kaiserzeit an der Stelle der heutigen Basilika ein Hospiz für verdiente Kriegsveteranen, eben die sogenannte *taberna meritoria*, befand. Angeblich begann ein paar Jahre vor Christi Geburt aus dem Boden dieses Gebäudes eine Ölquelle zu fließen, die jedoch schon bald wieder versiegte.

Sowohl die damals in Trastevere ansässigen Juden, wie auch später die Christen sahen in diesem Ereignis ein Wunderzeichen. Den Juden zufolge verwies die Quelle auf die Ankunft des Messias. Die Christen hingegen vertraten ein paar Jahrzehnte später die Ansicht, dass das seltsame Vorkommnis an den gekreuzigten und auferstandenen Messias erinnere. Dass beide Seiten die Ölquelle mit dem Messias in Zusammenhang brachten, überrascht nicht weiter; denn der hebräische Begriff *Messias* (griechisch: *Christós*) bedeutet nichts anderes als der [mit Öl] Gesalbte. So erklärt es sich, dass die *taberna meritoria* für Juden und Christen schon bald zu einer Art Wallfahrtsort wurde.

Den Sieg trugen schließlich die Christen davon, allerdings nicht über die Juden, sondern über ein paar heidnische Garköche des Viertels. Diese Information verdanken wir einem Chronisten aus dem 4. Jahrhundert. Der berichtet, dass einige Inhaber besonders billiger und anrüchiger Kneipen das Gebäude zu einer Schenke umfunktionieren wollten. Kaiser Alexander Severus (222–235) soll den Prozess zugunsten der Christen entschieden haben. Ob man (wie einige Historiker) daraus schließen darf, dass schon Papst Kalixtus I. (217–222) an dieser Stelle ein Oratorium errichten ließ, scheint fraglich. Wahrscheinlicher ist, dass das erste Gotteshaus erst unter Julius I. (337–352) erbaut wurde.

Im Übrigen meinen inzwischen manche Geologen, das Ölwunder auf natürliche Weise erklären zu können. Im Zuge der Eindeichung des Tibers gegen Ende des vorletzten Jahrhunderts verströmte der Boden Erdgas, woraus sie schließen, dass sich in dieser Gegend vermutlich fossiles Öl befindet, eine Substanz, die im Altertum noch kaum bekannt war.

Mirjam und Meryem

Bis heute kann man sehen, wie fromme Türken das angebliche Mariengrab auf dem Bülbüldaghi nahe Ephesos andachtsvoll besuchen.
A. Schimmel, Jesus und Maria in der islamischen Mystik, München 1996, 141.

Wir können uns diese Mirjam, die Frau des schlichten galiläischen Handwerkers Joseph, nur als eine biedere jüdische Mutter vorstellen, eine Orientalin natürlich, die über den Kreis der Familie nicht hinauszublicken vermochte und daher den absonderlichen Wegen ihres Sohnes nur von ferne folgte. Dass sie ihm dennoch folgte, ist kein Widerspruch, sondern ergänzt das Bild der besorgten Mutter, die die Partei ihres Sohnes ergreift, auch wenn sie ihn nicht versteht.
Schalom Ben-Chorin, Bruder Jesus. Der Nazarener in jüdischer Sicht, München ⁹1986, 99.

Einer frühen Überlieferung zufolge verbrachte Maria ihre letzten Jahre in Jerusalem und wurde auf dem Berg Zion begraben. Andere meinen es besser zu wissen und behaupten, sie sei ums Jahr 47 oder 48 mit dem Apostel Johannes nach Ephesos gezogen und dort verstorben. Historisch lassen sich beide Annahmen nicht verifizieren. Tatsache ist, dass der Name Maria, beziehungsweise Meryem heute in Anatolien nicht nur in christlichen, sondern auch in muslimischen Kreisen sehr verbreitet ist. Beeindruckend ist ferner die Tatsache, dass die Gestalt Marias die islamischen Dichter und Mystiker immer wieder zu poetischen Höchstleistungen inspiriert hat.[1]

Was der Koran lehrt

Der vielleicht bekannteste, sicher aber bedeutendste islamische ›Mariensänger‹ ist Dschalal ad-Din Muhammad Rumi, der 1207 in Persien geboren wurde und 1273 in Konya in der heutigen Türkei starb. Den Beinamen Rumi (Oströmer, Byzantiner) verdankt er dem Umstand, dass Anatolien damals von den Rum-Seldschuken regiert wurde. Die Verkündigungsszene, welche der Koran in wenigen Sätzen nüchtern beschreibt, fasst Rumi in seinem 25'700 Zeilen umfassenden Gedicht *Mathnawi* in mystisch-verklärte Verse:

> Maria sah in ihrem Baderaum
> wie eine Form, bedrückend und entzückend,
> entwuchs vor ihr dem Boden: Gabriel,
> der treue Geist, wie Mond und Sonne strahlend,
> ein Schöner, schleierlos: wie der Moment
> da sich die Sonne hebt im Orient.
> Ein Zittern überkam Marias Glieder,
> denn sie war nackt und hatte Angst vor Schande.
> Ja, könnte Yusuf [Josef] diesen Schönen schauen,
> er schnitt sich in die Hand, wie einst die Frauen!
> Er wächst gleich einer Rose aus dem Rasen,
> gleich einem Traumbild, das dem Herz entspringt.
> Maria sank entselbstet hin und sagte:
> »Ich werfe mich in Gottes Schutz allein!«
> Denn so gewöhnt war jene Unberührte,
> dass sie die Last zum Unsichtbaren führte;
> da sie erkannt: die Welt hat keine Dauer,
> nahm klug sie sich nur Gott als Burg und Mauer,
> dass sie beim Tode eine Festung hätte,
> dass ihr der Feind den Weg zum Ziel nicht sperre.
> [...]
> »Verbirg dich nicht vor solchem Ganz-Vertrauten!«
> So sprach er, und vom reinen Licht ein Strahl
> stieg ihm vom Mund zum höchsten Himmelssaal.
> »Du willst von meinem Sein zum Nicht-Sein fliehen –
> ich bin im Nicht-Sein Fürst und Fahnenträger.
> Im Nicht-Sein ist mein Heim und meine Wohnung,
> und vor der Jungfrau zeigt sich nur mein Bild ...[2]

Mit immer neuen Bildern besingen die Dichter Maria. Sie ist der Garten, der Früchte hervorbringt, die Knospe, aus der die Blume erblüht, die Traube, aus der Wein gepresst wird ... Der berühmte aserbaidschanische Dichter Khaqani (1120–1190) vergleicht den Nachthimmel mit Maria, die den Neumond – gemeint ist ihr Sohn – im Arm hält.[3] Häufig erscheint Jesu

Mutter in der mystischen Überlieferung als Symbol der reinen Seele, welche vom Gottesgeist »schwanger«, also ganz erfüllt ist.

Das hängt damit zusammen, dass Maria im Koran eine Vorrangstellung zukommt. Während der vierte Evangelist ihren Namen verschweigt, ist sie im Koran die einzige namentlich genannte Frau. Dazu kommt, dass zwei ganze Suren nach ihr, beziehungsweise nach ihrer Familie benannt sind. Sure 19 ist *Maryam* (Maria) gewidmet, während die Überschrift der Sure 3, *Die Sippe 'Imrans*, auf ihren Vater verweist. Bemerkenswert ist außerdem, dass Marias Name sich sowohl in den früh entstandenen Teilen des Korans als auch in der späteren Verkündigung Muhammads findet.

Gemäß der 3. Sure ist Maria die Tochter 'Imrans und dessen Frau (welche nicht nur der christlichen, sondern auch der islamischen *Überlieferung* zufolge Hanna bzw. Anna heißt). Schon vor seiner Geburt wird das Kind von der Mutter Gott geweiht: »Herr! Ich habe dir gelobt, was (als Frucht) in meinem Leib ist. Es soll (dir und deinem Dienst) geweiht sein. Nimm es von mir an! Du bist der, der (alles) hört und weiß« (3,35).[4] Bereits im Kindesalter wird das Mädchen in den Tempel gebracht und dort von seinem Verwandten Zacharias aufgezogen. Sooft dieser Marias Nische betritt, findet er sie auf wunderbare Weise mit Essen versorgt. Eine ähnliche Überlieferung findet sich auch im Protoevangelium des Jakobus.

Parallelen zu den Apokryphen und zu den Evangelien finden sich in der 19. Sure, die von der Verkündigung der Geburt Jesu handelt:

Und gedenke in der Schrift der Maria! (Damals) als sie sich vor ihren Angehörigen an einen östlichen Ort zurückzog! Da nahm sie sich einen Vorhang (oder: eine Scheidewand) (um sich) vor ihnen (zu verbergen). Und wir sandten unseren Geist zu ihr. Der stellte sich ihr dar als ein wohlgestalteter (wörtlich: ebenmäßiger) Mensch.

Sie sagte: »Ich suche beim Erbarmer Zuflucht vor dir. (Weiche von mir) wenn du gottesfürchtig bist!«

Er sagte: »(Du brauchst keine Angst vor mir zu haben.) Ich bin doch der Gesandte deines Herrn. (Ich bin von ihm zu dir geschickt) um dir einen lauteren Jungen zu schenken.«

Sie sagte: »Wie sollte ich einen Jungen bekommen, wo mich kein Mann (wörtlich: Mensch) berührt hat und ich keine Hure bin?«

Er sagte: »So (ist es, wie dir verkündet wurde). Dein Herr sagt: (oder: So hat dein Herr [es an]gesagt.) Es fällt mir leicht (dies zu bewerkstelligen). Und (wir schenken ihn dir) damit wir ihn zu einem Zeichen für die Menschen machen, und weil wir (den Menschen) Barmherzigkeit erweisen wollen (wörtlich: aus Barmherzigkeit von uns). Es ist eine beschlossene Sache« (19,16-21; vgl. auch 3,42-51).

Zwar wird der Name des »wohlgestalteten Mannes«, der Maria die Geburt eines Sohnes ankündigt, *im Koran* nicht genannt. Erst die *islamische Tradition* hat ihn mit dem Erzengel Gabriel identifiziert.

Die Parallele zwischen dem Lukasevangelium und dem Koran springt ins Auge. Im Koran heißt es: »Wie sollte ich einen Jungen bekommen, wo mich kein Mensch berührt hat und ich keine Hure bin?« Dem Evangelisten zufolge fragt Maria: »Wie soll das geschehen, da ich keinen Mann erkenne?« (Lukas 1,34) Diese Antwort veranlasste die Kirchenväter zu der Annahme, Maria habe ein Enthaltsamkeitsgelübde abgelegt. Davon weiß der Koran nichts. Bei allen Ähnlichkeiten mit der Darstellung der Verkündigung im Lukasevangelium bestehen auch Unterschiede. Auf Marias Einwand antwortet der Gottesbote im Koran mit dem Hinweis auf Gottes Schöpfungsmacht: »Es fällt mir leicht (dies zu bewerkstelligen).« Fest steht, dass Jesus durch ein Schöpfungswort Allahs ins Dasein gerufen wird: »Es steht Gott nicht an, sich irgendein Kind zuzulegen. Gepriesen sei er! (Darüber ist er erhaben.) Wenn er eine Sache beschlossen hat, sagt er nur: Sei!, dann ist sie« (19,35). Eine ähnliche ›Erklärung‹ findet sich in Sure 3,47: »Er sagte: ›Das ist Gottes Art (zu handeln). Er schafft, was er will. Wenn er eine Sache beschlossen hat, sagt er zu ihr nur: Sei!, dann ist sie‹.« Nach dem Koran ist die Zeugung Jesu mit der Erschaffung Adams vergleichbar, der ebenfalls keinen leiblichen Vater hatte: »Jesus ist (was seine Erschaffung angeht) vor Gott gleich wie Adam. Den schuf er aus Erde. Hierauf sagte er zu ihm nur: Sei!, da war er« (3,59).

Während Lukas (1,26-38) zwischen der Verheißung der Geburt Jesu und der geistgewirkten Empfängnis deutlich unterscheidet, scheinen diese beiden Wirklichkeiten im Koran in eins zu fallen. Dabei ist die Frage, wie der Islam die Empfängnis Jesu versteht, nicht mit letzter Eindeutigkeit zu beantworten. Manche Ausleger sind der Ansicht, dass Jesus vom Erzengel Gabriel gezeugt worden sei; Maria habe das Kind empfangen, als sie ihre Tunika anzog, die vorher von Gabriel behaucht worden sei. Diese Interpretation indessen hat im Text selber keine Grundlage.

Außer Frage steht, dass der Koran die *jungfräuliche Empfängnis Marias* lehrt, die durch *Gottes Schöpferwort* geschieht. Im Lukasevangelium hingegen ist es der »Heilige Geist«, der »über Maria kommt« (1,35).

Manchen Kommentatorinnen und Islamwissenschaftlern zufolge behauptet der Koran darüber hinaus auch die *Sündenfreiheit der Mutter Jesu*. Im Lukasevangelium begrüßt der Verkündigungsengel Maria mit der Anrede »Begnadete« (Lukas 1,28). Im Koran hingegen wendet sich Marias Mutter nach der Geburt ihrer Tochter an Gott: »Und ich habe sie Maria genannt. Und ich möchte, dass sie und ihre Nachkommen bei dir Zuflucht (und Schutz) finden vor dem gesteinigten (oder verfluchten) Satan« (3,36). Damit schützt Marias Mutter ihre Tochter vor den Nachstellungen Satans und seiner Dämonen. Außerdem wird Maria ja jenen »Erhabenen« zugerechnet, denen der Satan nichts anhaben kann (38,82-83). Angeblich hat der Prophet selber das in einem von ihm überlieferten Ausspruch bestätigt: »Jedes Kind, das geboren wird, wird vom Satan berührt (oder gestochen), und diese Berührung lässt es schreien, ausgenommen Maryam mit ihrem Sohn.«[5]

Auch von Marias Niederkunft ist im Koran ausführlich die Rede:

Da war sie nun schwanger mit ihm (d. h. dem Jesusknaben). Und sie zog sich mit ihm an einen fernen Ort zurück. Und die Wehen veranlassten sie, zum Stamm der Palme zu gehen. Sie sagte: »Wäre ich doch vorher gestorben und ganz in Vergessenheit geraten!« Da rief er (d. h. der Jesusknabe) ihr von unten her zu: »Sei nicht traurig! Dein Herr hat unter dir (d. h. zu deinen Füßen?) ein Rinnsal (voll Wasser) gemacht. Und schüttle den Stamm der Palme (indem du ihn) an dich (ziehst)! Dann lässt sie saftige, frische Datteln auf dich herunterfallen. Und iss und trink und sei frohen Mutes (wörtlich: kühlen Auges)! Und wenn du (irgend)einen von den Menschen siehst, dann sag: Ich habe dem Barmherzigen ein Fasten gelobt. Darum werde ich heute mit keinem menschlichen Wesen sprechen« (19,22-26).

Das erinnert an eine ähnliche, vom *Pseudo-Matthäusevangelium* überlieferte Episode. Dieses jedoch war zur Zeit Muhammads im Orient noch nicht bekannt. Hingegen zirkulierte das darin enthaltene Legendengut im damaligen Arabien.

Während die Empfängnis Jesu dem Koran zufolge ohne Zutun eines Mannes geschieht, erfolgt die Geburt auf natürliche Weise, unter Schmerzen und Wehen (19,23). Die Zweifel, welche die Volksgenossen gegenüber Maria im Hinblick auf die Herkunft des Kindes anmelden, werden durch ein Wunder zerstreut. Jesus selbst, obwohl noch »in der Wiege« (19,29), rechtfertigt seine Mutter und erläutert gleichzeitig seine Sendung: »Ich bin

Maria ergreift bei der Geburt Jesu die Dattelpalme. Vermutlich von dem persischen Maler Qazvînî, um 1560. Chester Beatty Library, Dublin.

der Diener Gottes. Er hat mir die Schrift gegeben und mich zu einem Propheten gemacht« (19,30).

Im Koran gilt Maria als Prototyp der glaubensstarken Frau. Sie ist *siddi-*

qa (5,75), was so viel wie wahrhaftig, gerecht oder fromm bedeutet. »Und ein Beispiel für die Gläubigen hat Gott aufgestellt in Maria, der Tochter 'Imrans, die sich keusch hielt (wörtlich: die ihre Scham schützte), worauf wir [Gott] ihr (wörtlich: in sie, d. h. in ihre Scham) Geist von uns einbliesen. Und sie glaubte an die Worte ihres Herrn und an seine Schriften und gehörte zu denen, die (Gott) demütig ergeben sind« (66,12). Demütig ergeben – das heißt: Sie ist *Muslima*, also eine, die sich (wie dieser Begriff besagt) *Gottes Willen ganz und gar unterwirft*. Sie ist Jungfrau und sie ist Mutter, aber nicht Gottesmutter. Im Islam gilt Jesus trotz der jungfräulichen Empfängnis Marias nicht als Gottes Sohn, sondern als größter Prophet vor Muhammad, also gleichsam als dessen Vorläufer.

Der folgende Überblick dokumentiert die teilweise frappanten Ähnlichkeiten zwischen den koranischen Aussagen über Maria und den diesbezüglichen neutestamentlichen und apokryphen Erzählungen. Bekanntlich weisen auch viele andere Korantexte Entsprechungen zur jüdisch-christlichen Überlieferung auf.[6]

Lukasevangelium	Koran	Apokryphen
	Die Tempeljungfrau Sure 3,35 [Schon vor ihrer Geburt wird Maria von der Mutter Gott geweiht:] Herr! Ich habe dir gelobt, was (als Frucht) in meinem Leib ist. Es soll (dir und deinem Dienst) geweiht sein.	*Protoevangelium des Jakobus, Kap 5-6:* Im Alter von drei Jahren beginnt Maria ihren Dienst als Tempeljungfrau.
1,28 Der Engel trat bei ihr [Maria] ein und sagte: Sei gegrüßt, du Begnadete, der Herr ist mit dir. 42 Elisabet rief: Gesegnet bist du mehr als alle anderen Frauen. 38 Maria sprach: Ich bin die Magd des Herrn.	*Verkündigung* 3,42 [Vgl. auch Sure 19,16-21] Und (damals) als die Engel sagten: Maria! Gott hat dich auserwählt und rein gemacht! [vgl. auch 5,75 und 66,12]. Er hat dich vor den Frauen in aller Welt auserwählt. 43 Maria! Sei deinem Herrn demütig ergeben.	

31 Dem Sohn sollst du den Namen Jesus geben.

32 Er wird groß sein und Sohn des Höchsten genannt werden.

34 Maria sprach: Wie soll das geschehen, da ich keinen Mann erkenne?

35 Der Engel antwortete ihr: Die Kraft des Höchsten wird dich überschatten.

33 [Der Engel sprach:] Er wird über das Haus Jakob in Ewigkeit herrschen, und seine Herrschaft wird kein Ende haben.

44 Du warst nicht bei ihnen (d. h. den Gefährten der Maria), als sie ihre Losstäbe warfen (um darüber zu entscheiden), wer von ihnen Maria betreuen solle. Und du warst nicht bei ihnen, als sie miteinander darüber stritten.

45 (Damals) als die Engel sagten: Maria! Gott verkündet dir ein Wort von sich, dessen Name Jesus Christus, der Sohn der Maria, ist! Er wird im Diesseits und im Jenseits angesehen sein, einer von denen, die (Gott) nahestehen.

46 Und er wird (schon als Kind) in der Wiege zu den Leuten sprechen.

47 Sie sagte: Herr! Wie sollte ich ein Kind bekommen, wo mich (noch) kein Mann (wörtlich: Mensch) berührt hat?
Er (d. h. der Engel der Verkündigung, oder Gott?) sagte: Das ist Gottes Art (zu handeln). Er schafft, was er will. Wenn er eine Sache beschlossen hat, sagt er zu ihr nur: Sei!, dann ist sie.

48 Und er wird ihn die Schrift, die Weisheit, die Thora und das Evangelium lehren.

»die Losstäbe warfen«: *Protoev. Jak. 9:* Der Tempelpriester teilt Josef mit, dass er durch das Los die »Jungfrau des Herrn« zugeteilt bekam und sie in seine Obhut nehmen soll.

Protoev. Jak. 11: Und du sollst seinen Namen Jesus heißen.
Was aus dir geboren wird, wird heilig, Sohn des Höchsten, genannt werden.
Arabisches Kindheitsevangelium, 1: Jesus redet schon, als er noch in der Krippe liegt.

Protoev. Jak. 11: Ich sollte empfangen vom Herrn, den lebendigen Gott, [und gebären] wie jedes Weib gebiert?

Protoev. Jak. 11: Und der Engel des Herrn sprach: Nicht so, Maria, denn die Kraft des Höchsten wird dich überschatten.

Flucht nach Ägypten
19,22 Da war sie [Maria] nun schwanger mit ihm (d. h. dem Jesusknaben). Und sie zog sich mit ihm an einen fernen Ort zurück.
23 Und die Wehen veranlassten sie, zum Stamm der Palme zu gehen.
24 Sie sagte: Wäre ich doch vorher gestorben und ganz in Vergessenheit geraten! Da rief er (d. h. der Jesusknabe) ihr von unten her zu: Sei nicht traurig! Dein Herr hat unter dir (d. h. zu deinen Füßen?) ein Rinnsal (voll Wasser) gemacht.
25 Und schüttle den Stamm der Palme (indem du ihn) an dich (ziehst)! Dann lässt sie saftige, frische Datteln auf dich herunterfallen.
26 Und iss und trink und sei frohen Mutes (wörtlich: kühlen Auges)! Und wenn du (irgend)einen von den Menschen siehst, dann sag: Ich habe dem Barmherzigen ein Fasten gelobt. Darum werde ich heute mit keinem menschlichen Wesen sprechen (19,22-26).

Pseudo-Mt-Ev. 20: [...] traf es sich, dass die selige Maria in der Wüste [...] einen Palmbaum sah. [...] Da sprach das Jesuskind, das mit fröhlicher Miene in seiner Mutter Schoß saß, zur Palme: Neige, Baum, deine Äste und mit deiner Frucht erfrische meine Mutter. Und alsbald senkte die Palme auf diesen Anruf hin ihre Spitze bis zu den Füßen der seligen Maria, und sie sammelten von ihr Früchte, an denen sich alle labten. Nachdem sie alle ihre Früchte gesammelt hatten [...] sprach Jesus: Richte dich auf, Palme und erschließe unter deinen Wurzeln eine Wasserader, die in der Erde verborgen ist, und die Wasser mögen fließen, damit wir aus ihr unseren Durst stillen. Da richtete sich die Palme sofort auf, und eine ganz klare, frische und völlig helle Wasserquelle begann an ihrer Wurzel zu sprudeln. Als sie aber die Wasserquelle sahen, freuten sie sich gewaltig, und sie löschten ihren Durst.

Offensichtlich ist das Marienbild des Korans nicht nur von neutestamentlichen Überlieferungen, sondern zu einem guten Teil auch von *apokryphem Legendengut* geprägt. Diese religionsgeschichtliche Sicht wird allerdings von der Mehrheit der Muslime nicht geteilt. Während sich im christlichen Raum die historisch-kritische Bibelinterpretation (als eine unter vielen anderen Methoden) weitgehend durchgesetzt hat, weigern sich die meisten islamischen Gottesgelehrten nach wie vor, sie auf den Koran anzuwenden. Denn dieser gilt als die wortwörtliche arabische Abschrift des ›Urkorans‹, der sich bei Gott befindet. Deshalb versteht es sich von selbst, dass alles, was der Koran über Maria sagt, nicht auf irgendwelche religiöse Überlieferungen zurückgehen kann, sondern unmittelbar von Gott selber stammen muss. Im Islam erklärt man sich die Ähnlichkeiten zwischen Bibel, Apokryphen und Koran damit, dass Gott bereits Adam seinen Willen offenbarte. Diese Offenbarung, der auch Maria, Jesus und die Apostel noch anhingen, wurde im Lauf der Zeit entstellt und erging schließlich erneut an den Propheten Muhammad.

Maria im Judentum

Ganz anders als im Koran ist von Jesu Mutter im Judentum die Rede. Während das islamische Marienbild vorwiegend auf neutestamentliche Überlieferungen und apokryphe Erzählungen zurückgeht, sind die diesbezüglichen jüdischen Vorstellungen anfänglich äußerst polemischer Natur. Wobei die Polemik sich ebenfalls der *Legenda* bedient, die sich in diesem Fall aber nicht im frommen Gewand, sondern in frivoler Aufmachung präsentiert.

Massive jüdische Angriffe gegen Maria kamen erst auf, als das Christentum im Römischen Reich durch Kaiser Konstantin I. um 313 toleriert (sog. Mailänder Edikt) und um 382 von Kaiser Theodosios dem Großen zur Staatsreligion erklärt wurde. Damit gewann die Kirche an Einfluss, was zunehmend zur Diskriminierung Andersdenkender führte. Davon betroffen waren zunächst vor allem die Anhänger und Verehrerinnen der alten römischen Gottheiten. In dem Maß, als diese an Bedeutung verloren, richteten sich die Repressionen schließlich vor allem gegen jene, die sich zur jüdischen Religion bekannten. Die wiederum rächten sich an ihren Verfolgern, indem sie deren Glauben lächerlich machten. Zupass kam ihnen dabei ein Gerücht, welches gegen Ende des 2. Jahrhunderts von dem alexandrinischen Philosophen Kelsos verbreitet worden war, um die Jesusgläubigen zu disqualifizieren. Unter anderem behauptete Kelsos, dass Jesus selber die Jungfrauengeburt erdichtet habe, während er in Wirklichkeit einer ehebrecherischen Beziehung seiner Mutter entstammte, die diese mit einem römischen Soldaten namens Panthera unterhalten habe. Darauf sei Maria von ihrem Mann verstoßen worden und habe Jesus heimlich geboren. Der habe sich später in Ägypten als Tagelöhner verdungen, dort verschiedene Zauberkünste erlernt und sich nach seiner Rückkehr in Palästina öffentlich zum Gott erklärt.

Diese und ähnliche Behauptungen wurden von den Juden aufgegriffen. Und schließlich aufgezeichnet. So entstanden die *Toledot Jeschu*, eine Schrift, welche von den (wie der Titel sagt) »Generationen« oder »Taten Jesu« handelt. Im Lauf der Jahrhunderte wurde dieses Werk mit immer neuen anstößigen Episoden angereichert: Jesus verschreibt sich der Magie, er näht sich ein Pergament mit dem hebräischen Gottesnamen ins Fleisch ein, wird schließlich als falscher Prophet entlarvt und gehängt. Die *Toledot Jeschu* speisen sich vorzugsweise aus altem Sagengut, Auswüchsen der Volksfantasie und satirischen Versatzstücken.

Bedeutende Vertreter des Judentums haben sich später ausdrücklich von diesem Machwerk distanziert. Der Philosoph Moses Mendelssohn nennt die Schrift »eine Missgeburt aus den Zeiten der Legenden«, Pinchas Lapide bezeichnet sie als üble Schmähschrift und Schalom Ben-Chorin spricht von einer »trüben Quelle«.[7]

Im Grunde sind die *Toledot Jeschu* nichts anderes als die Reaktion einer verfolgten Minderheit auf die Hasspolitik der christlichen Mehrheit, welche durch eben diese Politik das Bild Jesu bis zur Unkenntlichkeit entstellte. Den eigentlichen Zielpunkt dieser Polemiken bildete deshalb nicht Jesus oder seine Mutter, sondern eine Kirche, welche die Juden benachteiligte und verfolgte. Und die konnte man am empfindlichsten treffen, wenn man ihren Gründer und dessen Mutter verunglimpfte.

Diese Polemiken traten seit dem Hochmittelalter immer dann in den Hintergrund, wenn die Kirche sich der jüdischen Minderheit gegenüber toleranter zeigte.

Seit sich die jüdischen Gelehrten intensiver mit der Gestalt Jesus auseinandersetzen und immer mehr von ihnen ihn als Propheten betrachten, der das Los vieler anderer Propheten teilte, richtet sich ihr Interesse naturgemäß auch vermehrt auf Maria.

Schon vor Jahren hat der jüdische Religionswissenschaftler David Flusser darauf hingewiesen, dass noch immer darüber gestritten wird, ob und in welchem Ausmaß Jesus das Gesetz des Mose aufgehoben habe. Diese Spannung, so Flusser, wurde für den Sohn aufgespart; nie aber war innerhalb der christlichen Theologie die Rede davon, dass Maria an der jüdischen Lebensweise Kritik übte. Für die Juden aber ist diese Maria nicht, wie von christlicher Seite oft gedankenlos behauptet wird, ›einfach eine jüdische Mutter‹ (wenn auch die Mutter eines Propheten). Für die Judenheit ist Maria, und darauf legt Flusser Wert, eine *leidende* jüdische Mutter. Und man ›profaniert‹ sie seiner Ansicht nach bestimmt nicht, wenn man sie zu den vielen jüdischen Müttern rechnet, die Ähnliches erlitten und ähnliche Gefühle wie sie im Herzen verspürt haben – handle es sich nun um die biblische Rahel, die um ihre Kinder weinte, oder um die namenlosen jüdischen Frauen, deren Kinder in Konzentrationslagern umgebracht wurden.

Es wäre, wie ich meine, keine so schlechte Mariologie, wenn man auch die Schwestern Marias dem Fleische nach nicht ganz vergessen würde. Der jüdische Aspekt der Gestalt Marias ist sowohl durch ihre jüdische Abstammung als auch durch ihr typisch jüdisches Schicksal profiliert. Denn wir sollten sicher auch die allgemeine menschliche Gültigkeit Marias nicht aus dem Auge lassen. Sie wurde im christlichen Glauben unter den Frauen erhoben, damit sie auch alle Frauen und besonders die Mütter erhebt. Durch ihre Leiden ist das menschliche Leid geheiligt. Wenn Maria in dieser Richtung geschätzt wird, dann überschreitet dieses Gefühl alle Konfessionsschranken. Dann kann das Andenken der reinen Mutter Jesu wenigstens teilweise die Besudelung des modernen Menschen entfernen.[8]

In Bezug auf die Christologie gilt nach wie vor, was Schalom Ben-Chorin auf die Kurzformel gebracht hat:»Der Glaube Jesu einigt uns, aber der Glaube an Jesus trennt uns.«[9] Wie verhält es sich aber mit der Jüdin Mirjam? Flusser zufolge ist Maria für die Christen exemplarisch, weil sie in die Sphäre der Heiligkeit gehoben ist. Ein Vorbild ist sie Flusser zufolge auch nach jüdischem Verständnis:

Je mehr Maria *menschlich* begriffen wird, desto vorbildlicher wird sie. Der Glaube an ihre Jungfräulichkeit muss nicht zu einer widernatürlichen Askese führen, sondern er kann den gläubigen Menschen vor Besudelung schützen und ihn zu einer makellosen, leuchtenden Reinheit anleiten. Gleichzeitig wurde Maria symbolhaft die reine Mutter, und durch ihre Verehrung kann man das Göttliche der Geburt eines jeden Kindes verstehen und schützen. Wenn die Verehrung Marias zur Besserung der Menschen beitragen soll, soll man auch ihren Schmerz um den toten, gemordeten unschuldigen Sohn vorbildlich stellvertretend verstehen, und zwar für das menschliche Leben überhaupt – und besonders für den Schmerz der Mutter. Und als Jude kann ich nicht umhin, Maria als die schmerzensreiche jüdische Mutter zu sehen, deren unschuldiger Sohn ein Opfer des Judenhasses geworden ist. Besonders heute, nach dem unfassbar Schrecklichen, könnte diese Seite der sogenannten Mariologie viele Wunden heilen und zu einer besseren Gesinnung gegen das Volk führen, in welchem Maria geboren worden ist.[10]

Literarische Annäherungen

Sagt an, wer ist doch diese, die vor dem Tag aufgeht,
die überm Paradiese als Morgenröte steht?
Sie kommt hervor von ferne;
es schmückt sie Mond und Sterne,
die Braut von Nazareth.

Sie ist die reinste Rose, ganz schön und auserwählt,
die Magd, die makellose, der sich der Herr vermählt.
O eilet, sie zu schauen,
die schönste aller Frauen,
die Freude aller Welt.

Sie ist der Himmelsheere, der Engel Königin,
der Heilgen Lust und Ehre, der Menschen Trösterin,
die Zuflucht aller Sünder,
die Hilfe ihrer Kinder,
die beste Mittlerin.

Johann Khuen (1606–1675), bedeutender, heute fast ganz vergessener Barockdichter; Verfasser der Liedsammlungen »Epithalamium marianum« (1636), »Die geistlich Turteltaub« (1639), »Charismata meliora« (1674). Das berühmte Marienlied »Sagt an, wer ist doch diese?« entstand 1638, mitten im Dreißigjährigen Krieg.

»Puer natus est nobis; et filius datus est nobis – Ein Kind ist uns geboren, ein Sohn ist uns geschenkt.« Vielerorts wird dieser altvertraute Text auch heute noch zu Beginn des weihnachtlichen Hochamts in lateinischer Sprache gesungen. Was empfinden wir dabei?

Man kann auch anders fragen: Was hat Jesu Mutter nach der Geburt des Kindes empfunden? Darauf hat Bertolt Brecht im ersten seiner drei Weihnachtsgedichte, das 1922 entstanden ist, eine Antwort versucht; es trägt den Titel *Maria*.

Die Nacht ihrer ersten Geburt war
Kalt gewesen. In späteren Jahren aber
Vergaß sie gänzlich

> Den Frost in den Kummerbalken und rauchenden Ofen
> Und das Würgen der Nachgeburt gegen Morgen zu.
> Aber vor allem vergaß sie die bittere Scham
> Nicht allein zu sein,
> Die den Armen eigen ist.
> Hauptsächlich deshalb
> Ward es in späteren Jahren zum Fest, bei dem
> Alles dabei war.
> Das rohe Geschwätz der Hirten verstummte.
> Später wurden aus ihnen Könige in der Geschichte.
> Der Wind, der sehr kalt war,
> Wurde zum Engelsgesang.
> Ja, von dem Loch im Dach, das den Frost einließ, blieb nur
> Der Stern, der hineinsah.
> Alles dies
> Kam vom Gesicht ihres Sohnes, der leicht war,
> Gesang liebte,
> Arme zu sich lud
> Und die Gewohnheit hatte, unter Königen zu leben
> Und einen Stern zu sehen zur Nachtzeit.

Man sollte den Realismus dieses Gedichts (»Frost in den Kummerbalken«, »das Würgen der Nachgeburt«, »das rohe Geschwätz der Hirten«, »das Loch im Dach«) nicht als Teil eines Brecht'schen Entmythologisierungsprogramms verstehen. Vermutlich hatte Bertolt Brecht bei der Niederschrift dieser Verse bildliche Darstellungen der Geburt Jesu aus dem 14. und 15. Jahrhundert vor Augen; erinnert sei etwa an Hieronymus Bosch oder an Martin Schongauer. Und wenn von der »ersten Geburt« die Rede ist, so bezieht sich das nicht auf die kontroverstheologische Frage, ob Jesus noch andere Geschwister hatte, sondern auf einen biologischen Sachverhalt; die erste Geburt ist die schmerzvollste.

Und all das hat Maria »in späteren Jahren« gänzlich vergessen? Und »der Wind, der sehr kalt war, / Wurde zum Engelsgesang«? Und vom »Loch im Dach« blieb nichts als »der Stern, der hineinsah«?

Der Ursprung – von den Jesusjüngerinnen und Christusnachfolgern verdrängt, vergessen, verklärt? Tatsächlich ist Weihnachten (worauf Brecht hinweist) keine Sache fürs Gemüt. Am Anfang der Stall, am Ende der Galgen – mit dieser Kurzformel lässt sich das Leben Jesu umschreiben. Hat Maria das später vergessen, wie Brecht andeutet? Oder sah sie diese dunklen Wirklichkeiten in einem anderen, neuen Licht, das sich – und hier wird Brecht nun bewusst gegen seine Intention interpretiert – im »Gesicht ihres Sohnes« spiegelte, der »unter Königen« lebte? Unter Königen?! Wie das? Selber arm, weiß er sich zu den Armen gesandt, auch zu den armen Reichen. Sie alle hat er eingesetzt zu Erben des Gottesreiches. Fischersleute, ausgebeutete Frauen und gescheiterte Existenzen, Zöllner auch und Aussätzige (»Unreine«) und Krüppel sind Könige geworden.

So betrachtet erscheinen die »Nacht ihrer ersten Geburt« und der »Frost in den Kummerbalken« und »das Würgen der Nachgeburt« tatsächlich in einem verklärten Licht.

Von Marias Gotteslob zum Lobpreis der Gottesmutter

Von der marianischen Hymnendichtung der ersten Jahrhunderte bis zur Marienliteratur unserer Zeit führt ein langer und (wie Brechts Weihnachtsgedicht erahnen lässt) verschlungener Weg.

Bei den ersten literarischen Dokumenten über Maria handelt es sich um Gebetstexte. Der erste und bekannteste, das *Ave-Maria*, findet sich im Lukasevangelium. Er ist zusammengefügt aus dem Grußwort des Verkündigungsengels und dem Lobpreis, in den Elisabet bei der Begegnung mit Maria ausbricht: »Sei gegrüßt, die Gnadenvolle, der Herr ist mit dir! Du bist gesegnet unter den Frauen, und gesegnet ist die Frucht deines Leibes« (Lukas 1,28.42); der zweite Teil, das »Bitte für uns Sünder, jetzt und in der Stunde unseres Todes«, wurde – zunächst bloß vereinzelt – im 15. Jahrhundert hinzugefügt. In diesem Gebetsruf spiegeln sich erste zaghafte Anfänge eines urkirchlichen Marienlobes wider.

Wie das *Ave-Maria* bezieht sich auch das *Magnificat*, der Lobpreis der Gottesmutter, nicht auf ein geschichtliches Faktum. Vielmehr handelt es sich um eine Komposition, die der Evangelist möglicherweise bereits vorgefunden, vielleicht aber auch selber geschaffen hat.[1]

Indem der zu einem guten Teil aus ersttestamentlichen Stellen zusammengestellte oder auf sie Bezug nehmende Text *zuerst* Gottes Heilshandeln an Maria hervorhebt, *bevor* von seinem Handeln am Volk Israel die Rede ist, wird aus dem *Lobgesang Gottes seitens Marias* praktisch ein *Loblied auf Maria*. Hier hat die spätere Hymnendichtung ihre biblische Grundlage.

Dass aus der Verherrlichten schon früh eine mächtige Fürsprecherin und Schutzpatronin wird, versteht sich von selbst. Was wiederum dazu führt, dass Lobpreis und Bitte in der marianischen Hymnendichtung theoretisch wohl unterschieden, praktisch aber kaum zu trennen sind. Ein schönes Zeugnis dafür bildet ein Hymnus des syrischen Dichters Balai (latinisiert: Balæus; † um 460):

> Selig bist du, o Maria, weil in dir erfüllt worden sind
> die von den Propheten verkündeten Geheimnisse und Rätsel!
> Selig bist du, denn du hast ihn gesäugt, den Allernährer! [...]
> Heil dir, du unsere Zuflucht, heil dir, du unser Ruhm,
> denn durch dich ist unser Geschlecht zum Himmel erhöht worden!
> *Bitte Gott*, der aus dir geboren ward,
> dass er seiner Kirche Frieden und Ruhe sende!
> Möge er *durch die Kraft deines Gebetes*, o Mutter des Allerhöchsten,
> der Erde und ihren Bewohnern völligen Frieden geben![2]

Weit weniger verbreitet als in der Ostkirche war das Marienlob anfänglich im Westen. Hier beschäftigten sich die Dichtertheologen erst vom Frühmittelalter an vermehrt mit der Mutter Jesu. Unter anderem zeugt davon der berühmte Bitthymnus *Ave maris stella*, der von einem unbekannten Verfasser aus dem 9. Jahrhundert stammt.

Ave maris stella,
Dei mater alma
Atque semper virgo
Felix cæli porta.

Sei gegrüßet, Meerstern,
Gottes erhabene Mutter,
und allzeit Jungfrau,
glückselige Himmelspforte.

Sumens illud ave
Gabrielis ore
Funda nos in pace
Mutans Evæ nomen.

Ave hieß die Kunde
aus des Engels Munde.
Evas Name wende,
uns den Frieden spende.

Solve vincla reis
Profer lumen cæcis
Mala nostra pelle
Bona cuncta posce.

Löse die Fesseln der Schuldigen,
bring Licht den Blinden,
vertreibe unsere Übel,
alles Gute erbitte.

Monstra te esse matrem	Dich als Mutter zeige,
Sumat per te preces	dass deinem Fleh'n sich neige,
Qui pro nobis natus	der für uns geboren,
Tulit esse tuus.	deinen Schoß erkoren.
Virgo singularis	O einzigartige Jungfrau,
Inter omnes mitis	unter allen mild,
Nos culpis solutos	mach uns frei von Schulden,
Mites fac et castos.	mild und rein.
Vitam præsta puram	Verleihe reines Leben,
Iter para tutum	mache sicher den Weg,
Ut videntes Jesum	dass wir uns, Jesus schauend,
Semper collætemur.	immer zusammen freuen.
Sit laus Deo Patri	Lob sei Gott dem Vater,
Summo Christo decus	dem höchsten Christus Zier,
Spiritui Sancto	dem Heiligen Geist,
Tribus honor unus.	den Dreien eine Ehr'.

Manche andere in der kirchlichen Liturgie gebräuchliche Marienhymnen gehen ebenfalls aufs Mittelalter zurück: *Alma Redemptoris mater* (*Gnadenvolle Mutter des Erlösers*: für die Weihnachtszeit); *Ave Regina cœlorum* (*Sei gegrüßt, du Himmelskönigin*: für die Fastenzeit); *Regina cœli lætare* (*Freu dich, du Himmelskönigin*: für die Osterzeit); *Salve Regina* (*Sei gegrüßt, o Königin*: für die übrigen Zeiten des Kirchenjahres). Im kirchlichen Sprachgebrauch werden diese Hymnen als *marianische Antifonen* bezeichnet und jeweils nach der Komplet, zum Abschluss des täglichen Stundengebets rezitiert. Dieser Brauch geht auf die stark marianisch geprägte Spiritualität mancher Orden (Franziskaner, Dominikaner, Kamaldulenser) zurück.

Was Schriftsteller und Dichterinnen bewegt

Die mittelalterliche Welt war zu einem guten Teil christlich geprägt. Dies wiederum erklärt, dass die von den kirchlichen Autoritäten geförderte und von den Gläubigen gepflegte Marienverehrung sich auch auf die ›profane‹

Literatur auswirkte, was wiederum zur Entstehung einer ganzen Reihe von neuen Literaturgattungen führte.

An erster Stelle sind hier die *Marienviten* zu nennen, welche sich seit dem 10. Jahrhundert großer Beliebtheit erfreuten. Beeinflusst waren diese nicht so sehr von den Evangelien (in denen die Mutter Jesu bekanntlich nur am Rand vorkommt), als vielmehr von außerbiblischen (apokryphen) Schriften. Die älteste bislang bekannte Marienvita verdanken wir Hroswitha von Gandersheim, der ersten christlichen Dichterin seit der Antike. Das in lateinischen Hexametern verfasste Werk entstand um die Mitte des 10. Jahrhunderts. Anders als der Titel *Historia Nativitatis Dei Genitricis* vermuten lässt, handelt es nicht bloß von Marias Geburt. Hauptthema bildet vielmehr ihre immerwährende Jungfräulichkeit. Den dramatischen Höhepunkt des Geschehens bildet jene Szene, in der Maria gegenüber einem Priester, der sie verheiraten will, ihren Willen zur Keuschheit durchsetzt. Was weiter nicht verwundert, wenn man bedenkt, dass es sich bei der Autorin um eine Nonne und Mystikerin handelt.

Ein weiterer Meilenstein abendländischer Muttergottesdichtung bilden die *Driu liet von der maget* (Drei Lieder von der Magd; 1172) des Augsburger Priesters Wernher, dessen Dichtung wie schon jene Hroswithas vor allem vom apokryphen Pseudo-Matthäusevangelium beeinflusst ist. Im Unterschied zur Letzteren fehlen bei Wernher die langen, oft ermüdenden Mirakelschilderungen. Das Werk handelt von den Eltern und der Geburt Marias, von ihrer Jugend, Vermählung und Empfängnis und von der Kindheit Jesu bis zur Rückkehr aus Ägypten. Einen Eindruck bezüglich des literarischen Charakters und der geistlichen Tonlage mittelalterlicher Marienviten vermag die folgende Textprobe aus der Verkündigungsszene zu vermitteln. Auf die Nachricht des Engels antwortet Maria:

> Wie sollt ich einen Sohn gebären?
> Das müsste mich doch wundern sehr.
> Drauf sagte ihr der Engel hehr:
> Du darfst daran nicht Zweifel hegen,
> denn sieh, es wird des Himmels Segen
> und des hochheil'gen Geistes Kraft
> dem Kinde sein Urheberschaft.
> Mit seines heil'gen Geistes Taue
> Wird er beschatten dich o Fraue.
> Auf hob sie zu der hohen Lauben

> Des Himmels ihre Augen licht.
> In fester Glaubenszuversicht
> Sprach sie mit Demut im Gemüte:
> Gott gebe mir nach seiner Güte.
> Was ich dich, Herre, höre sagen,
> das will ich gern und freudig tragen.
> Da sprach des Engels Stimme: Amen!
> Und siehe, von des Glaubens Samen
> Ward sie geschwängert alsogleich.
> Es säumte Gott im Himmelreich
> Nicht länger mehr, denn er trug Eile
> Den armen Sünderen zum Heile
> Menschliches Wesen anzunehmen.
> Da mochte er sich wohl bequemen
> Zu einer Herberg also rein
> Wie diese Magd und Mutter sein.[3]

Nicht nur im deutschen Sprachraum entstanden in der Folge zahlreiche *Marienleben* von sehr unterschiedlicher Qualität und Quantität (manche dieser Dichtungen umfassen über 10 000 Verse!). Gleichzeitig nahm die Madonnenliteratur überhaupt einen immer größeren Raum ein, wobei insbesondere die höfischen Dichter einander mit *Mariengrüßen* geradezu überboten. Minnesänger verfassten *Mariensequenzen*, die Frommen erbauten sich an *Marienklagen*. Manche Schriften, die unter dem Titel *Marienleben* zirkulierten, bezeichnen wir heute sachgerechter als *Marienlegenden*.

Bei diesen Schöpfungen handelte es sich anfänglich vorwiegend um Transpositionen von Elementen aus der kirchlichen Verkündigung.[4] So vergaß selbst ein Walther von der Vogelweide (um 1170 – ca. 1228) für eine Weile sein locker-lustiges »Tandaradei«, als er unter dem Titel *Marienleich* (Marienlied) einen gebetsähnlichen Lobpreis auf die Gottesmutter zu Pergament brachte.

> Jungfrau und Mutter, siehe an
>   die Not der Christenheit,
> du blühender Zweig des Aaron,
>   aufgehendes Morgenrot,
> Ezechiels Pforte,
>   die nie geöffnet ward,

> durch die der König prächtig
> ward aus- und eingelassen.
> So wie die Sonne scheinet
> durch Fensterglas aus einem Stück,
> ganz so gebar die Reine Christus,
> die Jungfrau und Mutter war.[5]

Angeführt werden in dem insgesamt 13 Strophen umfassenden Gedicht die in der mittelalterlichen Theologie allgemein gebräuchlichen Topoi, welche zumeist auf das Erste Testament oder auf die Schriften der Kirchenväter zurückgehen und in denen, wie damals üblich, aufgezeigt wird, dass sich in Maria (und in Jesus) erfüllt, was im Ersten Testament angekündigt wurde. Maria erinnert an den Stab Aarons, der seinerzeit als Einziger erblühte (vgl. Numeri 17,23). Sie gleicht Ezechiels Pforte, zu der allein »der Fürst« Zugang hat (Ezechiel 44,2). Der Vätertheologie entstammt der Gedanke der schmerzfreien Geburt (»so wie die Sonne durch das Glas scheint …«). Selbstverständlich findet sich auch die stereotype Wendung von der »reinen Jungfrau und Mutter«. Arrangiert werden Thesen und Themen aus der Glaubenslehre. Persönliche Eindrücke und subjektive Empfindungen bleiben ausgespart.

Ganz anders präsentiert sich da die berühmte *Marienklage* aus dem Kloster Lichtenthal bei Baden (Ende 13. Jahrhundert).

> O weh der jammervollen Klage,
> die ich Mutter einsam trage
>   im Gedanken an den Tod!
> Weinen war mir fremd,
> seitdem ich Mutter hieß
>   und doch ohne Mann.
> Nun muss ich weinen,
> da ich deinen Tod muss sehen,
>   o weh der immer größeren Schmerzen!
> Weinen, klagen macht mich immer
> – wie der, der Freude nie errang –
>   die Wunde meines Herzens.
> O weh, Tod
>   diese Not
> kannst du mir beenden,

> willst du nur von dir
> her zu mir
> deinen Boten senden.

Hier wird das Leid der Schmerzensmutter aus deren Perspektive dargestellt; es fehlt jeder lehrhafte und belehrende Ton. Vielmehr wollen diese Verse die Gläubigen einladen, sich in die Lage der *Mater dolorosa* zu versetzen, sich mit ihrem Leid zu identifizieren und so an ihrer Not teilzuhaben. Der anonyme Verfasser (die Verfasserin?) möchte Sympathie und Empathie wecken. Gleichzeitig wird Maria zur idealen Identifikationsgestalt für die Bedrängten.

Gefühlsbetonte Frömmigkeit

Eine völlig andere Akzentsetzung erfährt die Mariendichtung in der deutschen Romantik. Während in der mittelalterlichen Marienklage die Mutter Jesu um ihren toten Sohn trauert, geschieht es nun immer häufiger, dass die Menschen bei der Gottesmutter Trost und Hilfe suchen. Ein klassisches Beispiel dafür findet sich in Novalis' (eigentlich Friedrich von Hardenberg) Sammlung *Geistliche Lieder*:

> Wer einmal, Mutter, dich erblickt,
> Wird vom Verderben nie bestrickt,
> Trennung von dir muss ihn betrüben,
> Ewig wird er dich brünstig lieben
> Und deiner Huld Erinnerung
> Bleibt fortan seines Geistes höchster Schwung.[6]

Bei der Lektüre der nachfolgenden Strophen stellt sich unwillkürlich der Eindruck ein, dass Maria immer mehr die Züge der Großen oder Ur-Mutter annimmt: »Lass, süße Mutter, dich erweichen! […]. Mein ganzes Dasein ruht in dir.« Dann wiederum scheint das Bild Mariens mit jenem der Geliebten zu verschmelzen: »Oft, wenn ich träumte, sah ich dich / So schön, so herzensinniglich. […] Noch bet ich dich voll Sehnsucht an [!]. // Du weißt, geliebte Königin, / Wie ich so ganz dein eigen bin. […] Du lächeltest voll Zärtlichkeit / Und küsstest mich, o himmelsüße Zeit!«

Bei anderen Romantikern wiederum erweist sich das Madonnenbild als ideale Projektionsfläche für undefinierbare Sehnsüchte und Glückserwartungen. Charakteristisch für diese Mischung aus empfindsamer Religiosität und gefühlsbetonter Frömmigkeit ist Joseph von Eichendorffs Marienlyrik (*Mariä Sehnsucht, Kirchenlied, An die heilige Mutter, Lied*). Heinrich Heine, der in seiner Jünglingszeit gegen pseudomystische Anwandlungen durchaus nicht immun war, hat sich später von dieser Art sentimentaler Poesie ironisch distanziert. In dem bekannten Gedicht *Die Wallfahrt nach Kevelaar* (im *Buch der Lieder*, 1827) erzählt er von einer Mutter, die ihren liebes- und (deshalb) todkranken Sohn zu einem Bittgang zu dem berühmten Gnadenort überredet: »Steh auf, wir wollen nach Kevelaar, / Nimm Buch und Rosenkranz; / Die Muttergottes heilt dir / Dein krankes Herze ganz.« Der Ort ist wunderträchtig, das Heiligtum berühmt (»Nach Kevelaar ging mancher auf Krücken, / der jetzo tanzt auf dem Seil...«). Tränenüberströmt klagt der Kranke der wunderbaren Mutter sein Leid, opfert ein Wachslicht, macht ein Gelübde. Und Maria? Hilft.

> Der kranke Sohn und die Mutter,
> Die schliefen im Kämmerlein;
> Da kam die Muttergottes
> Ganz leise geschritten herein.
>
> Sie beugte sich über den Kranken
> Und legte ihre Hand
> Ganz leise auf sein Herze
> Und lächelte mild und schwand.
>
> Die Mutter schaut alles im Traume
> Und hat noch mehr geschaut;
> Sie erwachte aus dem Schlummer,
> Die Hunde bellten so laut.
>
> Da lag dahingestrecket
> Ihr Sohn, und der war tot;
> Es spielt auf den bleichen Wangen
> Das lichte Morgenrot.

> Die Mutter faltet die Hände,
> Ihr war, sie wusste nicht wie;
> Andächtig sang sie leise:
> »Gelobt seist du, Marie!«[7]

Scheinbar zeugt der ganze Duktus dieser erzfrommen Verse von einer naiven Marienfrömmigkeit. In Wirklichkeit jedoch handelt es sich um einen Kunstgriff. Gegen Ende seines 20-strophigen Gedichts distanziert sich Heine nämlich entschieden von dem schlichten Volksglauben, den viele Romantiker pflegen. Wohl wird die Bitte erhört und der Liebeskranke von seinem Leiden erlöst. Aber die Erlösung kommt nicht von der Gnadenmutter, sondern vom Tod.

»Und Maria trat aus ihren Bildern«

Erstaunlicherweise haben sich die nachaufklärerischen Schriftstellerinnen und Literaten von Maria nicht etwa verabschiedet. Allerdings ist die Interessenlage inzwischen eine völlig andere. Marienlob und Madonnenpreis spielen in der Literatur fortan so wenig eine Rolle wie die kirchlich geförderte Liebfrauenfrömmigkeit. Vielmehr tritt Maria jetzt vorzugsweise als *literarische Figur* in Erscheinung.

Exemplarisch für diese Art der Annäherung ist der Zyklus *Marien-Leben* (1912) von Rainer Maria Rilke. In seinen Worpsweder Jahren hatte Rilke dem Künstler Heinrich Vogeler gelegentlich Mariengedichte ins Gästebuch geschrieben. Der wiederum beabsichtigte, die Verse, versehen mit eigenen Zeichnungen, herauszugeben. Um dies zu verhüten beschloss Rilke, Vogeler bessere und zusammenhängendere Texte zur Verfügung zu stellen. So entstand 1912 auf Schloss Duino das *Marien-Leben*. Inhaltlich gesehen beinhalten die 15 Gedichte Episoden von der Geburt Marias bis zu ihrem Tod. Im Grunde aber handelt es sich um ein Lob auf die ›Natur‹ der Frau – und gleichzeitig um eine subtil verbrämte Anklage gegen den ›Sohn‹, wie sie besonders deutlich in dem Gedicht *Pietà* zum Ausdruck kommt.[8]

> Jetzt wird mein Elend voll, und namenlos
> erfüllt es mich. Ich starre wie des Steins
> Inneres starrt.

> Hart wie ich bin, weiß ich nur Eins:
> Du wurdest groß –
> ... und wurdest groß,
> um als zu großer Schmerz
> ganz über meines Herzens Fassung
> hinauszustehn.
> Jetzt liegst du quer durch meinen Schoß,
> jetzt kann ich dich nicht mehr
> gebären.

Damit wird die alte *Mater-dolorosa-Tradition* gewissermaßen auf den Kopf gestellt. Die bislang betrübt Klagende tritt als Anklägerin in Erscheinung. Da trauert keine ›himmlische Gottesgebärerin‹ um ihr totes Kind. Vielmehr verhärtet sich das Herz einer erdverbundenen Mutter angesichts des Schicksals ihres Sohns zu Stein. Der Sohn ist schuld daran, dass die Mutter ihres Frauseins verlustig ging: »Jetzt kann ich dich nicht mehr gebären.« Aber war letztlich nicht doch *sie* es, die »in der Blindheit ihrer Eitelkeit« den Sohn »in seinen Weg gedrängt« hatte? Hatte nicht sie »herbeigetrieben«, dass der Sohn über sie und schließlich und tragischerweise über sich selber hinauswuchs? Dies jedenfalls scheint Rilke im gleichen Zyklus in dem Gedicht *Von der Hochzeit zu Kana* anzudeuten:[9]

> Konnte sie denn anders, als auf ihn
> stolz sein, der ihr Schlichtestes verschönte?
> War nicht selbst die hohe, großgewöhnte
> Nacht wie außer sich, da er erschien?
>
> [...]
>
> Aber ja bei jenem Hochzeitsfeste,
> als es unversehns an Wein gebrach, –
> sah sie hin und bat um eine Geste
> und begriff nicht, dass er widersprach.
>
> Und dann tat er's. Sie verstand es später,
> wie sie ihn in seinen Weg gedrängt:
> denn jetzt war er wirklich Wundertäter,
> und das ganze Opfer war verhängt,

> unaufhaltsam. Ja, es stand geschrieben.
> Aber war es damals schon bereit?
> Sie: sie hatte es herbeigetrieben
> in der Blindheit ihrer Eitelkeit.
> [...]

Wie seinerzeit schon Brecht, kratzt auch Rilke am Heiligenschein der Madonna und schabt den Goldgrund von der Ikone weg. Maria ist eine Frau neben anderen. Und jede andere Frau könnte Maria sein.

Das zeigt auch Wolfgang Borchert in seiner Kurzgeschichte *Die drei dunklen Könige*[10], in der er die biblische Episode vom Besuch der Magier in Betlehem verfremdet und gleichzeitig aktualisiert. Schauplatz des Geschehens ist nicht mehr ein palästinischer Stall, sondern die Ruine in einer zerbombten deutschen Vorstadt. »Der Mond fehlte. […] Sterne waren nicht da.« Die Protagonisten: eine frierende Mutter, ein hungriger Mann und ein schreiendes Kind. Gerade hat der Mann eine morsche süßlich riechende Latte zum Feuermachen und eine Handvoll Haferflocken beschafft, als drei kriegsversehrte Soldaten Unterschlupf in dem Schuppen suchen, in dem die Frau kurz zuvor ein Kind zur Welt gebracht hat. Zu bieten haben die drei »Dunklen« nichts als eine Zigarette für den Vater, zwei gelbe Bonbons für die Mutter und einen kleinen holzgeschnitzten Esel für das Kind.

Die Frau machte die blassen Augen weit auf, als sie die drei Dunkeln über das Kind gebeugt sah. Sie fürchtete sich. Aber da stemmte das Kind seine Beine gegen ihre Brust und schrie so kräftig, dass die drei Dunkeln die Füße aufhoben und zur Tür schlichen. Hier nickten sie noch mal, dann stiegen sie in die Nacht hinein.
  Der Mann sah ihnen nach. Sonderbare Heilige, sagte er zu seiner Frau. Dann machte er die Tür zu. Schöne Heilige sind das, brummte er, und sah nach den Haferflocken. Aber er hatte kein Gesicht für seine Fäuste.
  Aber das Kind hat geschrien, flüsterte die Frau, ganz stark hat es geschrien. Da sind sie gegangen. Kuck mal, wie lebendig es ist, sagte sie stolz. Das Gesicht machte den Mund auf und schrie.
  Weint er?, fragte der Mann.
  Nein, ich glaube, er lacht, antwortete die Frau.
  Beinahe wie Kuchen, sagte der Mann und roch an dem Holz, wie Kuchen. Ganz süß.
  Heute ist ja auch Weihnachten, sagte die Frau.

Ja, Weihnachten, brummte er, und vom Ofen her fiel eine Handvoll Licht auf das kleine schlafende Gesicht.

Die »Handvoll Licht«, die auf das Kind fällt, geht nicht von der Madonna aus, sondern vom Ofen. Geschildert wird nicht eine Heilige Familie. Das Hagiografische wird ersetzt durch Sozial- und Gesellschaftskritik. Dieses Phänomen ist in der Literatur fortan häufig anzutreffen, so etwa in Kurt Martis *Und Maria*.[11] Zuerst singt Maria ihrem »ungeborenen Sohn« das *Magnificat*. Weil sie kaum lesen konnte und nicht singen durfte im Bethaus der Juden, »wo die männer dem mann-gott dienen«, singt sie »von der großen gnade und ihrem heiligen umsturz«. Später, nachdem ihr Sohn »am galgen / vergeblich / nach gott schrie«, blickt sie »ratlos von den altären /auf die sie / gestellt worden war«. Nachdem sie zur Jungfrau »hochgejubelt« wurde, glaubt sie an eine Verwechslung.

> am tiefsten
> verstörte sie aber
> der blasphemische kniefall
> von potentaten und schergen
> gegen die sie doch einst
> gesungen hatte voll hoffnung
>
> und maria trat
>   aus ihren bildern
> und kletterte
>   von ihren altären herab
> und sie wurde
>   das mädchen courage
>   die heilig kecke jeanne d'arc
> und sie war
>   seraphina vom freien geist
>   rebellin gegen männermacht und hierarchie
> und sie bot
>   in käthe der kräutermuhme
>   aufständischen bauern ein versteck
> und sie wurde
>   millionenfach als hexe
>   zur ehre des gottesgötzen verbrannt

>   und sie war
>   die kleine therese
>   aber rosa luxemburg auch
>   und sie war
>   simone weil »la vierge rouge«
>   und zeugin des absoluten
>   und sie wurde
>   zur madonna leone die nackt
>   auf dem löwen für ihre indios reitet –
>   und sie war und sie ist
>   vielleibig vielstimmig
>   die subversive hoffnung
>   ihres gesangs

Einerseits geht es Marti darum, die »Diskrepanz zwischen wirklicher Geschichte und Wirkungsgeschichte« aufzuzeigen.[12] Gleichzeitig plädiert er für eine Wirkungsgeschichte, die nicht von der wirklichen Geschichte fortführt, sondern deren konsequente Fortführung darstellt.

Mondfrau und Magna Mater

Manche Dichter und Schriftstellerinnen interessieren sich nicht so sehr für den politischen, sondern für den psychologischen Aspekt der Marienverehrung. Ganz sicher trifft das für Hermann Hesse und seinen Roman *Narziss und Goldmund* (1930) zu.

Die Geschichte spielt in der ersten Hälfte des 14. Jahrhunderts. Protagonisten des Geschehens sind der Klosterschüler Goldmund und der noch jugendliche Mönch und Lehrer Narziss. Von diesem erfährt Goldmund, dass sein Vater ihn der Obhut der Mönche anvertraut hat, damit er durch ein entsagungsvolles Leben die angeblichen Sünden seiner haltlosen Mutter sühne. Narziss indessen erkennt schnell, dass der sinnlich-vital veranlagte Goldmund nicht fürs Klosterleben taugt. Schon nach wenigen Jahren verlässt dieser die Abtei und beginnt ein rastloses Vagabundenleben, das ihn von einem erotischen Abenteuer zum nächsten führt. Während seiner Wanderschaft findet er sich irgendwann in einer Kirche wieder:

Schon wollte er die Kirche wieder verlassen, da fiel ein Sonnenstrahl durch eines der Fenster, dem folgte sein Blick, und da sah er in einer Seitenkapelle eine Figur stehen, die sprach so sehr zu ihm und zog ihn an, dass er sich mit liebenden Augen zu ihr wendete und sie voll Andacht und tiefer Bewegung betrachtete. Es war eine Mutter Gottes aus Holz, die stand so zart und sanft geneigt, und wie der blaue Mantel von ihren Schultern niederfiel, und wie sie die zarte mädchenhafte Hand ausstreckte, und wie über einem schmerzlichen Mund die Augen blickten und die holde Stirn sich wölbte, das war alles so lebendig, so schön und innig und beseelt, wie er es nie gesehen zu haben meinte. Diesen Mund zu betrachten, diese liebe innige Bewegung des Halses, daran konnte er sich nicht ersättigen. Ihm schien, er sehe da etwas stehen, was er in Träumen und Ahnungen oft und schon oft gesehen, wonach er oft sich gesehnt habe. Mehrmals wandte er sich zum Gehen, und immer zog es ihn wieder zurück.[13]

Nicht die Muttergottes sondern der Zauber der Liebe, der von dieser Statue ausgeht, zieht Goldmund in ihren Bann. Goldmund hat sich mit vielen Frauen eingelassen. War die erste erotische Begegnung mit einer Frau voll Zärtlichkeit, gewann schon bald die Ungeduld die Überhand; entsprechend wilder gestalteten sich seine Liebesabenteuer. Welches Gesicht hat die wahre, die tiefe Liebe?

Die scheint sich im Antlitz der Madonna zu spiegeln, auf die Goldmund zufällig trifft. Wohl stellt die Statue die Gottesmutter dar; aber hinter ihr verbirgt sich die eigene Mutter, die verschollene, später vielleicht umgekommene, die sich vom Vater getrennt und die dieser so selten, und selbst dann nur widerwillig erwähnt hatte, dass sie kaum mehr als ein blasser Name war. Diese verdrängten Kindheitserinnerungen klopften schon während Goldmunds Klosterzeit an die Pforte seines Bewusstseins.

Im Wiederholen langer Gebete an die heilige Mutter Gottes ließ er den Überschwall des Gefühls, das ihn zur eigenen Mutter zog, von sich strömen. Häufig aber endeten seine Gebete doch wieder in jenen merkwürdigen hellen Träumen, die er jetzt so oft erlebte: Träumen bei Tage, bei halbwachen Sinnen, Träumen von ihr, an denen *alle Sinne* teilhatten. Da umduftete ihn die Mutterwelt, blickte dunkel aus rätselhaften Liebesaugen, rauschte tief wie Meer und Paradies, lallte kosend sinnlose, vielmehr mit Sinn überfüllte Koselaute, schmeckte nach Süßem und nach Salzigem, streifte mit seidigem Haar über dürstende Lippen und Augen. Nicht nur alles Holde war in der Mutter, nicht nur süßer blauer Lichtblick, holdes glückverheißendes Lächeln, kosende Tröstung; in ihr war, irgendwo unter anmutigen Hüllen, auch alles Furchtbare und Dunkle, alle Gier, alle Angst, alle Sünde, aller Jammer, alle Geburt, alles Sterbenmüssen. [...] Zuweilen erschienen diese *Träume, in denen Mutter, Madonna und Geliebte eins waren*, ihm nachher wie entsetzliche Verbrechen und Gotteslästerungen, wie niemals mehr zu sühnende Todsünden; zu anderen Malen fand er in ihnen alle Erlösung, alle Harmonie.[14]

Eugen Drewermann kommentiert, und ihm ist zuzustimmen: »Während der Vater mit seinen moralischen und religiösen Forderungen das Über-Ich repräsentiert, verkörpert die Mutter den ganzen Reichtum der Triebwünsche.«[15]

Tatsächlich war Goldmund während seiner Klosterzeit hin- und hergerissen zwischen der Liebe zu seiner Mutter, die er als Kind kaum gekannt hatte, und der Abneigung wegen der ›Schmach‹, welche sie über die Familie brachte. »Eine Tänzerin war sie gewesen, ein schönes wildes Weib von vornehmer, aber unguter und *heidnischer* Herkunft.« Der Vater hatte sie »aus Armut und Schande aufgelesen« und zu einer angesehenen Frau gemacht. Sie aber hatte »nach einigen Jahren der Zahmheit sich ihrer alten Künste wieder erinnert, hatte Ärgernis erregt und Männer verführt, [...] war in den Ruf einer Hexe gekommen [...] und schließlich für immer verschwunden«.[16] Später taucht dieses ganze komplexe Mutter-Bild aus dem Unbewussten wieder auf: »Nie in meinem Leben habe ich jemanden so geliebt wie meine Mutter, nie habe ich jemanden so verehrt, so bewundert, sie war *Sonne und Mond* für mich.«

Hexe war sie und Hure, aber auch Sonne und Mond! Und heidnischen Ursprungs! Da ist von der Frau schlechthin, vom »ewig Weiblichen«[17] und damit von der *Urmutter* die Rede. Die Frauen, denen Goldmund begegnet, kann er nur so lieben, wie er seine Mutter liebt. Und weil er sie wie seine Mutter liebt, darf er sie nicht lieben. Also projiziert er seine Liebe schließlich auf die Madonna, die dann ihrerseits die Züge der Urmutter trägt. Spielte der Roman nicht erst im 14. Jahrhundert, trüge Maria wohl Kybeles, Artemis' oder Isis' Züge. In der Marienstatue begegnet Goldmund der Magna Mater, und die ist so »unaussprechlich schön«[18], dass er beschließt, den Künstler aufzusuchen und bei ihm das Handwerk eines Bildschnitzers zu erlernen. Später, nach Jahren der Irrungen und Wirrungen, findet er ins Kloster zurück und richtet dort eine Werkstatt ein; die Heiligenfiguren, die er schnitzt, gefallen den Mönchen. Das letzte Werk, an das Goldmund sich kurz vor seinem Tod heranwagt, ist, wen wundert's, eine Madonnenstatue. Eine Madonnenstatue? Sterbend gesteht Goldmund seinem väterlichen Freund Narziss, dass ihn die Mutter schon immer gerufen hat:

Es ist seit manchen Jahren mein liebster und geheimnisvollster Traum gewesen, eine Figur der Mutter zu machen, sie war mir das heiligste von allen Bildern, immer trug ich es mit mir herum, eine Gestalt voll Liebe, voll Geheimnis. Vor kurzem noch wäre es mir ganz unerträglich gewesen zu denken, dass ich sterben könnte, ohne ihre Figur gemacht zu haben; mein Leben wäre mir unnütz erschienen. Und nun sieh, wie wunderlich es mir mit ihr gegangen ist. Statt dass meine Hände sie formen und gestalten, ist sie es, die mich formt und gestaltet. Sie hat ihre Hände um mein Herz und löst es los und macht mich leer, sie hat mich zum Sterben verführt, und mit mir stirbt auch mein Traum, die schöne Figur, das Bild der großen Eva-Mutter.[19]

Nicht das Bild der Gottesmutter, sondern die Urmutter hat Goldmund geschnitzt. Ihr, und nicht der Madonna der Christen gelten die letzten Worte, die der Sterbende an Narziss richtet: »Aber wie willst du denn einmal sterben, Narziss, wenn du doch keine Mutter hast? Ohne Mutter kann man nicht lieben. Ohne Mutter kann man nicht sterben.«

Übrigens beabsichtigte Hesse ursprünglich, den Roman unter dem Titel *Goldmund oder der Weg zur Mutter* zu veröffentlichen.

Religionspsychologische Reminiszenzen dieser Art finden sich auch bei Luise Rinser. In ihren aus den Jahren 1979–1982 stammenden Aufzeichnungen befasst sich die Schriftstellerin unter anderem mit der »Madonna«. Rinser zufolge hat die Kirche die Jungfrau-Mutter Maria auf Kosten der Frauen zur Madonna hochstilisiert.[20]

Ich habe endlich eine Auftragsarbeit gemacht, die ich lange innerlich ablehnte, aber nie absagte. Ich ahnte nicht, wohin sie mich tragen würde. Ein braver frommer Auftrag: die Zwischentexte zu schreiben für eine Schallplatte mit der Musik Haydns *Die sieben Worte Jesu am Kreuz*. Da stieß ich nun auf den Satz, den ich hundertmal gehört und gelesen hatte, ohne ihn je zu reflektieren oder zu meditieren: »Sohn, sieh deine Mutter; Mutter, sieh deinen Sohn!« Was ging denn da vor sich? Es scheint ganz simpel und könnte sich an jedem Sterbebett ereignen: ein Sohn bittet den Freund, sich nach seinem Tod seiner Mutter anzunehmen, und er bittet die Mutter, den Freund fortan als Sohn zu betrachten. Das wäre simpel, wäre der Sterbende nicht der Christus und wäre sein Sterben nicht ein kosmisches Ereignis, bei dem die Erde bebte, die Sonne erlosch, der Tempelvorhang zerriss. Wer da starb, das war der Herr der Planeten, der Lichtgott, der Sonnenjüngling. Und dieser Göttliche gründet eine ganz neue Beziehung: die geistige Mutterschaft. Das Geschehen ist dem Privaten weit entrückt ins Kosmische hinein. Dieser Johannes bekommt diese Maria als Mutter, aber dieser Johannes ist nicht irgendwer; er ist dem Meister am nächsten, er steht für alle, die der Meister liebt, er steht also für die Menschheit. Der Menschheit gibt der sterbende Gott eine Mutter. Er selbst geht dahin, aber er hinterlässt diese Frau, die ihn nun vertritt. Eine Frau. Als ich bei der Arbeit so weit war, traf mich ein Blitz: in jenem Augenblick wurde Maria erhoben in den Rang der kosmischen Mutter. In ihr war die Materie erhoben und erlöst. Jetzt fällt mir dazu noch ein: der Sohn, das ist der Logos, die Mutter, das ist die Materie. Sollte man den Satz nicht so verstehen, als bedeute er die endliche und endgültige Versöhnung von Geist und Materie? Da Johannes der Verfasser des Evangeliums ist, in dem diese Szene so betont ist und da er ein Mystiker war, können wir annehmen, dass er das meinte.

Als ich für die Schallplatte schrieb, fiel mir etwas anderes ein: Im Johannes-Evangelium bekam die Menschheit eine Mutter. Wer ist der Vater? Der, den wir Gott nennen. Er war ein Mann-Gott. Er war »Gott-der-Gerechte«. Wenn jetzt die Menschheit eine Mutter bekommt, so bedeutet das, dass dem Mann-Gott eine Frau beigesellt wird, und das bedeutet, dass an die Seite der Gerechtigkeit die Barmherzigkeit gestellt wird. Das heißt: mit dem Tod des Christus tritt das männliche Element der Gottheit zurück und das weibliche bekommt Bedeutung. Maria als Projektion des Weiblichen in Gott. Die Inthronisierung der Anima: dargestellt im Apsis-Mosaik in der Kirche Santa Maria Maggiore in Rom. Da sitzt Maria, die Mutter, die Frau, die Sophia, das Weibliche, neben dem Christus und wird von ihm gekrönt.

Wenn, wie Rinser sagt, dem Prinzip der Gerechtigkeit, verkörpert durch den Vater-Gott, Maria als Prinzip der Barmherzigkeit gegenübergestellt wird, gerät die Madonna unweigerlich zur Kompensationsfigur. Und wenn der Apostel Johannes (wie Luise Rinser meint) die Menschheit symbolisiert, dann bestimmt der sterbende Jesus sie tatsächlich zu deren Mutter (»Frau, siehe, dein Sohn!« Und zum Jünger gewandt: »Siehe, deine Mutter!«; Johannes 19,26-27).

Aus dieser Perspektive (ob sie angemessen ist, bleibe dahingestellt) scheint es nur folgerichtig, wenn Rinser in der Folge diese ›Menschheitsmutter‹ ›entchristlicht‹, indem sie sie mit der mythischen Urmutter identifiziert:

Aus einem Buch fiel mir eine Bildkarte entgegen: die Schutzmantel-Madonna aus dem Wiener Dommuseum (1450). Die Figur ist aufklappbar. Unter ihrem Mantel trägt die Madonna den ›Gnadenstuhl‹: Gott Vater mit Kreuz und Taube, die Trinität also. Der Vater hat keine Herrschersymbole; Szepter und Weltkugel sind in den Händen der Madonna, und die Krone ist auf ihrem Haupt. Das ist keine theologisch-dogmatische Aussage, sondern eine mythische: die Madonna, die Weltenmutter, die allumfassende Weiblichkeit. Selbst die göttliche Trinität ist in ihrem Schoß geborgen. Die Madonna: die Mater, die Materia, die Materia Prima, die Maternität. Aus dem Schoß der Urmutter ging die Welt hervor.

Religionsgeschichtlich gesehen stellt die Schutzmantelmadonna zweifellos eine ›christliche‹ Variante der Urmutter dar. Die ist uralt und im kollektiven Unbewussten eine der unzähligen »Göttinnen hinter sieben Meeren«[21].

Archetypisches

> Es mag paradox klingen, aber es ist so: geschichts- und geschichtenbildend wirken auch Vorstellungen, deren Inhalte mit eigentlicher Geschichte nichts oder wenig zu tun haben.
> K. Schreiner, Maria. Jungfrau, Mutter, Herrscherin, Köln 2006, 493.

In der kirchlichen Frömmigkeitsgeschichte stoßen wir immer wieder auf Spuren, die hinführen zur Magna Mater. Dass die ›heidnische‹ Verehrung der Großen Mutter im christlichen Madonnenkult wieder auflebt, wird religionspsychologisch Versierte nicht in Erstaunen versetzen. Und schon gar nicht werden sie sich darüber wundern, dass auch im Zusammenhang mit dem marianischen Brauchtum Elemente aus archaischen Zeiten fortleben. Häufig spielen dabei sogenannte Archetypen eine nicht zu unterschätzende Rolle.

Unter Archetypen verstehen wir genetisch verankerte Menschheitserfahrungen, die sich in Form von Urbildern und Symbolen Ausdruck verschaffen. Sie begegnen uns nicht nur in unseren Träumen, sondern finden sich auch in Legenden, Mythen und Märchen, sowie in der Kunst und in den Religionen. Diese Symbole und Bilder sind auf einer riesigen, der ganzen Menschheit zugänglichen ›Festplatte‹ gespeichert (wobei sich die darauf befindlichen Daten jedoch nicht beliebig abrufen lassen!).

Archetypen entschlüsseln wir in der Regel mithilfe der Tiefenpsychologie. Die weist uns etwa darauf hin, dass wir die archetypische Bedeutung des Baumes nur verstehen, wenn wir uns daran erinnern, dass unsere Vorfahren ursprünglich abgehoben vom Erdboden auf Bäumen wohnten, die ihnen Sicherheit boten, sie behüteten, sie ernährten und sie in gewisser Weise sogar bekleideten und damit eine quasimütterliche Funktion ausübten.[1] Begreiflich daher, dass etwa dem Archetyp *Baum* in allen Kulturen eine zentrale Stellung zukommt. Er gilt als Aufenthaltsort numinoser Mächte, er verweist auf die Verbindung zwischen Erde und Himmel. Der Laubbaum mit seinem alljährlich sich erneuernden Blätterkleid erinnert an das den Tod überwindende Leben, während der immergrüne Nadelbaum die Unsterblichkeit versinnbildlicht. Im Weltenbaum halten sich die Seelen der

Verstorbenen auf; es nisten dort die Vögel, die ihrerseits Symbole für eine höhere Entwicklungsstufe darstellen. Der fruchttragende Schatten und Schutz gewährende Baum steht bei vielen Völkern für die Mutter. Die *Bhagavad Gita* sieht im umgekehrten Baum ein Symbol für die Entfaltung alles Seienden, während in der Bibel vom Baum der Erkenntnis von Gut und Böse und vom Baum des Lebens die Rede ist ...

Das alles zeigt, worum es bei einer tiefenpsychologischen Interpretation von Texten (aber auch von Riten, Bildern, Verhaltensweisen ...) geht, nämlich um die Hebung des Erfahrungsschatzes, der ihnen zugrunde liegt. Wenn wir also eine Legende, eine biblische Wundergeschichte, einen Mythos oder ein Märchen ... tiefenpsychologisch analysieren, versuchen wir unseren eigenen brennenden Lebensfragen auf die Spur zu kommen. Was das praktisch bedeutet, erläutert Anselm Grün in seiner Schrift über *Tiefenpsychologische Schriftauslegung*:

Geschichten zwingen uns nicht zur Anerkennung von Sätzen und Theorien. Wir müssen nicht etwas für wahr halten oder daran glauben. Indem wir eine Geschichte hören, werden wir in sie hineinverwickelt. Wir sehen uns neu, wir verstehen und haben so schon teil an der Wahrheit der Geschichte. Die Geschichte deckt uns auf, wer wir sind, was sich in unserer Seele tut. Und ohne vor anderen bloßgestellt zu werden, können wir uns im Spiegel der Geschichte selber anschauen. Es ist wie ein Aha-Erlebnis: Das bin ja ich. Diese Geschichte ist meine Geschichte. Ohne dass ich bewusst die Beziehung zu meinem Leben reflektiere, bin ich schon mitten in der Geschichte. Ich lese in mir meine eigene Geschichte, denke sie weiter, deute sie neu, verstehe mich neu, Zusammenhänge in meinem Leben gehen mir auf. Die Wahrheit der Geschichte und damit die Wahrheit meines Lebens leuchtet mir auf.[2]

Im Bereich der Religionen handelt es sich bei solchen Geschichten häufig um narrative Ausgestaltungen von *Heilserwartungen* und *Glaubenserfahrungen*. Das trifft auch zu für die zahlreichen Legenden, welche von der Entstehung von Wallfahrtszielen handeln.

Felsen, Haine, Quellen

In den Gründungs- oder Ursprungslegenden marianischer Wallfahrtsorte spielen häufig Felsen, Bäume oder Quellen eine wichtige Rolle. Das ist ein weiteres Indiz dafür, dass auch die Muttergottesverehrung sich unterschwellig aus archetypischen Elementen speist.[3]

So hat die Wallfahrtskirche Maria-Rickenbach im schweizerischen Kanton Nidwalden ihren Ursprung unter einem Ahorn. Dabei wurde wohl die uralte Erinnerung an den schützenden Baum auf Maria (Stichwort: Schutzmantelmadonna!) übertragen. Ein Hirtenjunge soll das dort verehrte Gnadenbild zur Zeit der Reformation aus dem Berner Oberland mitgebracht haben, um es vor der Zerstörung zu bewahren. Auf der Alp stellte er die Holzfigur in einen hohlen Ahornstamm. Als er sie im Herbst zu Tal tragen wollte, vermochte er sie der Legende zufolge trotz größter Kraftanstrengung nicht mehr zu heben. Das war erst möglich, nachdem man an der besagten Stelle einen Bildstock errichtet hatte, der später durch eine Kapelle ersetzt wurde.

An einen ›heiligen Hain‹ erinnert auch die Kapelle Maria in Linden im nidwaldischen Kehrsiten. Über den Ursprung des Heiligtums und der Wallfahrt informiert die Inschrift auf dem alten Gemälde in der Gnadenkapelle:

Laut sicherer Tradition sahen anno 1612 zwey Fischer mit Namen Max Baggenstos und Gotthard Engelberger auf diesem Platz die göttliche Mutter Maria auf zwey Linden stehend. Ersterer verehrte diesen Platz zur Erbauung einer Kapelle und der zweyte aber erbaute die erste Kapelle zum Andenken dieser Erscheinung, welche hernach [1758] vergrößert worden.

Das Gnadenbild wurde aus dem Holz der Linde geschnitzt und die Lindenblätter, die mit den Füßen Marias in Berührung kamen, galten lange Zeit als Heilmittel.

Gelegentlich deuten schon die Namen marianischer Wallfahrtsorte darauf hin, dass ihre Entstehung mit Bäumen in Verbindung steht; erinnert sei an Maria Dreieichen oder Maria Birnbaum in Sielenbach im Kreis Aichach-Friedberg.

Die Wallfahrt zu Maria Birnbaum geht offenbar auf eine kleine Pietà zurück, welche die dortigen Bewohner um 1600 auf einem Baumstrunk auf dem »Weinsberg« gegenüber dem Schloss Stuntzberg aufstellten. 1632, während des Dreißigjährigen Kriegs, wurde das Bild von schwedischen Truppen in das Jochmoos am Fuß des Berges geworfen, aus dem es der Dorfhirte Johann Vogl barg und in einem hohlen Birnbaum neben der Straße zur Verehrung aufstellte. 1659 soll das Vesperbild einer gewissen Anna aus Meran im Traum erschienen sein. Nachdem sie es aufgesucht hatte, wurden sie und ihr Sohn von ihren Krankheiten geheilt. Wenig später fand eine Taubstumme am Birnbaum die Sprache wieder. Diese Vorgänge bewogen den Deutschorden-Komtur Philipp Jakob von Kaltenthal zur Errichtung einer Barockkirche. Nach deren Fertigstellung im Jahr 1668 wurde »Unser Lieben Fraw im Pürnbaum« im ausgehenden 17. Jahrhundert zu einem der bedeutendsten Wallfahrtsorte.

Erwähnenswert scheint in diesem Zusammenhang, dass schon der berühmte Akathistos-Hymnus der Ostkirche Maria mit einem Baum vergleicht: »Freue dich, herrlich fruchtender Baum, der die Gläubigen labt; / Freue dich, schützendes Laubdach, darunter viele sich bergen!«[4]

Andere Ortsnamen marianischer Wallfahrtsstätten wiederum leiten sich vom Wasser her, welches das Leben symbolisiert: Maria Brunn, Maria Brunnen, Marienweiher ... Oder Maria Bründl, wo sich der Gründungslegende zufolge 1653 ein Bürger von Poysdorf in »Unser lieben Frauen Brünnlein gewaschen und gebadet hat«, und nach der Genesung eine »gemalene Tafel« stiftete. Um die Erwartungen (oder Erfahrungen?) zu benennen, welche solchen Namen zugrunde liegen, bedarf es keiner Spezialkenntnisse in Sachen Tiefenpsychologie. In Zeiten, da Christus vorwiegend als Richter und Rächer in Erscheinung tritt, ist es nicht mehr Jesus, sondern seine gütige Mutter, welche den Menschen das Wasser des Lebens reicht (vgl. Johannes 4,11 und 14f).

Gelegentlich wird auch der »Eckstein« Jesus (vgl. Apostelgeschichte 4,11) durch Maria ersetzt; sie ist dann der »feste Grund«, auf den absolut Verlass ist. Wer auf sie baut, braucht sich vor den Unbilden des Lebens nicht zu fürchten. Im Matthäusevangelium sagt Jesus von sich: »Wer diese meine Worte hört und danach handelt, ist wie ein kluger Mann, der sein Haus auf Fels baute. Als nun ein Wolkenbruch kam und die Wassermassen heranfluteten, als die Stürme tobten und an dem Haus rüttelten, da stürzte es nicht ein; denn es war *auf Fels gebaut*. Wer aber meine Worte hört und nicht danach handelt, ist wie ein unvernünftiger Mann, der sein Haus auf Sand baute« (Matthäus 7, 24-26; vgl. Lukas 6,47-49). Je weiter sich das Christentum ausbreitet, desto mehr muss Jesus vor der Großen Mutter kapitulieren; in Gestalt der Madonna wird *sie* immer häufiger zum ›Felsengrund‹.

Oder sollte es purer Zufall sein, dass Stein und Fels im Zusammenhang mit der Marienverehrung in allen Landesgegenden der Schweiz eine zentrale Bedeutung haben? In Mariastein, dem nach Einsiedeln zweitgrößten schweizerischen Muttergotteswallfahrtsort, befindet sich das Gnadenbild vor einer Felswand. Auch die Madonna del Sasso in Locarno und Notre Dame du Scex (vom Lateinischen *saxum* = Fels) oberhalb von Saint-Maurice im Unterwallis verdanken ihre Namen dem Felsen. Das verwundert nicht weiter, wenn man bedenkt, dass der Fels, archetypisch gesehen, für Festigkeit und Verlässlichkeit steht.

»Schwarz bin ich, und dennoch schön!«

Archetypische Bedeutung haben auch die Schwarzen Madonnen, die seit einigen Jahren wiederum auf wachsendes Interesse stoßen.[5] Allerdings wird gelegentlich übersehen, dass einzelne schwarze Madonnen aus hellem Holz geschnitzt und bunt bemalt sind und erst später geschwärzt wurden. Unter anderem trifft dies zu für das Gnadenbild in Maria Einsiedeln. Aber gehen wir der Reihe nach vor, beginnend mit dem 3. Mai 1798.

Die napoleonischen Truppen sind im Anmarsch, angeblich um auch die Landbevölkerung von der Herrschaft der städtischen Aristokraten zu befreien, in Wirklichkeit jedoch, weil die Innerschweiz für die Franzosen strategisch von höchster Bedeutung ist. Bei den Benediktinern im Kloster ›Unserer Lieben Frau vom Finsteren Walde‹ herrscht seit Wochen Panikstimmung. Denn bekanntlich machen marodierende Soldaten selbst vor Kirchen nicht halt. Was sie an goldenen oder silbernen Gerätschaften finden, reißen sie an sich. Kunstwerke und Heiligenbilder fallen der Zerstörungswut zum Opfer. Tatsächlich zögern die Invasoren nicht, selbst die Gnadenkapelle im Innern der Einsiedler Klosterkirche zu verwüsten. Was sie jedoch nicht wissen: Bei der Schwarzen Madonna, die ihnen dort in die Hände fällt, handelt es sich um eine Kopie aus der klösterlichen Krankenkapelle.

Das Original hatten die Mönche schon am 2. Mai in einer Kiste verpackt in das benachbarte Dörflein Alpthal in Sicherheit gebracht und anschließend auf der Haggenegg, oberhalb Schwyz, an der Stelle, wo heute eine Kapelle steht, vergraben.[6] Weil das Gnadenbild dort nicht sicher war vor Verrat, rettete es der Einsiedler Stiftsschaffner Placidus Kälin vom 13.–16.

Juli 1798 über den Rhein, hinüber ins Kloster St. Peter im Vorarlbergischen Bludenz. Dieses Unternehmen schien so riskant, dass es dem Klosterdiener geraten schien, sich als Hausierer zu verkleiden. Am 23. März 1799 wurde das Gnadenbild in die Propstei St. Gerold im Großen Walsertal überführt. Als man die Kiste öffnete, sah man, dass das Bild durch die Feuchtigkeit stark gelitten hatte und restauriert werden musste. Damit beauftragte man den Maler Johann Adam Fuetscher von Ludesch. Am 2. September 1799 verfasste Fuetscher einen Bericht über den Befund und die Restauration des Gnadenbildes. Darin vermerkt er, dass Gesicht und Hände der Madonnenstatue im Lauf der Jahrhunderte durch den Rauch der vielen Kerzen und Ampeln schwarz geworden waren.

Als die Franzosen bis Vorarlberg vorrückten, beauftragte Abt Beat Küttel im Oktober 1799 Pater Konrad Tanner, das Gnadenbild im Kapuzinerkloster Imst erneut in Sicherheit zu bringen. Im Mai 1800 nötigten die kriegerischen Ereignisse Pater Tanner zur Flucht nach Hall im Tirol, wo er das Gnadenbild mit weiteren Kostbarkeiten dem Schiffsmeister Franz Josef von Aichinger anvertraute. Im August des gleichen Jahres musste der Benediktinermönch vor den Franzosen aus Hall fliehen. Mit Hilfe des Ratsherrn, Stadtchronisten und Wirts zum Schwarzen Adler von Hall gelang es ihm, mit dem Gnadenbild Bruneck im Pustertal zu erreichen. Im November 1800 ging die Flucht weiter nach Lienz in Osttirol. Als die Franzosen in der Steiermark und in Kärnten einrückten, schickte der Kaufmann und Spediteur Josef Johann Oberhuber von Lienz die Statue seinem Bruder Anton Lienhart nach Triest, wo sie zeitweise im Haus eines Protestanten verborgen wurde.

Nach dem Frieden von Lunéville im Februar 1801 sandte Oberhuber das Gnadenbild und andere Kostbarkeiten ins Kloster Wilten bei Innsbruck. Von dort gelangte die Statue am 29. November 1801 über den Arlberg nach Bludenz ins Kloster St. Peter zurück, wo man sie während fast zweier Jahre versteckte. Im September 1803 traf man erste Vorbereitungen zur Rückführung nach Einsiedeln. Vorher wurde das Gnadenbild in Bludenz und Feldkirch öffentlich zur Verehrung aufgestellt. Dann wurde es in aller Stille in die Schweiz bis auf den Etzelpass gebracht. Die feierliche Übertragung in die Stiftskirche war auf den 29. September festgesetzt. An diesem Tag wurde das Gnadenbild in einer großen Prozession unter Kanonendonner zurückgeführt.

Was nun die Schwärzung so vieler Madonnenbilder betrifft, scheint Fuetschers Bericht über den Zustand des Gnadenbildes vor der Restauration einigen Aufschluss zu geben:

Ich fand also das von Holz künstlich geschnitzte heilige Gnadenbild in folgender Beschaffenheit: Erstlich ist es mit vieler Kunst und auf eine besondere, sein Altertum bescheinende Art gefasset und mit noch kennbaren Goldblumen und goldenen Säumen gezieret. Auch fand ich fast aller Orten Spuren, dass das Holz des Bildes anfänglich mit Leinwand überzogen gewesen, worauf dann erst die Farben aufgetragen worden waren. Das Angesicht war durchaus schwarz; doch ist diese Farbe nicht dem Pinsel, sondern dem Dampfe der Lichter und Ampeln, welche seit so vielen Jahrhunderten in der heiligen Kapelle zu Einsiedeln immer brannten, zuzuschreiben; denn ich fand und sah es augenscheinlich, dass die Fassung des Angesichts anfänglich ganz fleischfärbig gewesen, wie es von den abgefallenen Krusten, die man aufbehalten, gar wohl zu erkennen ist.

Das auf dem linken Arme sitzende Kindlein fand ich im Angesichte und in dem Haare, die Farbe betreffend, wie die Mutter. Der Leib desselben ist, wie jeder deutlich sieht, fleischfärbig gefasset, welches ein klarer Beweis ist, dass auch das Angesicht sowohl des Kindes als der Mutter ebenso nach der Natur gemalet gewesen sei. – Ich fand zweitens, dass das heilige Gnadenbildung an seiner Fassung sehr beschädiget war, besonders im Gesichte, wo die Fassung bis auf den weißen Grund an mehreren Orten wirklich abgefallen, an andern abfällig war, an andern aber noch fest hielt, woraus ich schließen musste, dass das Bild während seiner Flüchtung an einem sehr feuchten und sogar nassen Orte verborgen gelegen sein musste. Dahero ich dann mit demselben nachstehende Ausbesserung vornahm. Nachdem ich von dem Angesichte alles Abfällige und leicht Auflösliche wegnahm, die festen Farbtheile aber so viel als möglich ausglättete, so malte ich alsdann das ganze Angesicht sowohl der Mutter als des Kindes mit schwarzer, der vorigen ähnlicher Farbe, auch an denjenigen Orten, wo die vorige schwarze Farb' noch festhielt; woher dann die Erhöhungen kommen, die man noch da und dort bemerken kann.[7]

Aus diesem Bericht vom 2. September 1799 erfahren wir zu unserem Erstaunen, dass die Einsiedler Madonna ursprünglich gar nicht schwarz, sondern aus hellem Holz geschnitzt und farbig bemalt war. Entstanden ist die Statue vermutlich ums Jahr 1450. Die Schwärzung ist nach Fuetscher auf rußende Kerzen und die unsachgemäße Lagerung vor der Restauration zurückzuführen. Ähnliches gilt für andere Schwarze Madonnen, die einstmals heller und häufig auch farbig bemalt waren. Wenn man sich die Hunderte von Kerzen vorstellt, welche vor der Elektrifizierung in den Kirchen vor den Marienaltären brannten, müsste man sich eigentlich wundern, dass

Schwarze Madonna von Maria Einsiedeln, ohne Ornat.

es noch helle Madonnen gibt. Hell geblieben sind in der Tat vor allem jene, welche regelmäßig gereinigt wurden.

Aber – und das ist nun das Sonderbare an dieser ganzen Geschichte – Fuetscher denkt überhaupt nicht daran, die ursprünglichen Farben wieder aufzutragen. Vielmehr bemalt der handwerklich sachlich denkende Restaurator die Statue *schwarz*.

Hält man sich die dunkle Zeit vor Augen, welche mit der von Napoleon angestrebten Säkularisierung über Europa hereinbrach, haben wir vielleicht hier einen Anhaltspunkt, der es erlaubt, Fuetschers Entschluss nachzuvollziehen. Die französischen Truppen hinterließen auf ihren Zügen eine Spur der Verwüstung. Nicht nur ›gewöhnliche‹ Heiligenbilder, sondern auch die in hohem Ansehen stehenden Madonnenfiguren wurden von einer entfesselten Soldateska zerschlagen, zerstört oder verbrannt. In derartigen sakrilegischen Vandalenakten mag die Legende ihren Ursprung haben, der zufolge viele Madonnen angesichts von so viel Elend und Gottlosigkeit schwarz geworden seien. Tiefenpsychologisch gesehen besagt diese Legende, dass die Schwarze Madonna gewissermaßen den *Schatten* trägt, der von den Siegern auf die Besiegten, von den Machtbesessenen auf die Ohnmächtigen, von den Gewinnern auf die Verlierer gefallen war. Stellvertretend nimmt Maria damit die Schmerzen und Qualen der Mühseligen und Rechtlosen auf sich und schenkt ihnen so neue Hoffnung.

Damit ist das eigentliche Warum der Schwärze keineswegs erschöpfend beantwortet. Die Sache wird nur noch rätselhafter, wenn man bedenkt, dass um die Mitte des 16. Jahrhunderts allein in Frankreich 190 Statuen der *Vier-*

ge Noire verehrt wurden. Manche dieser Madonnen indessen sind nicht erst im Lauf der Zeit schwarz *geworden*, sondern waren von Anfang an als schwarze *gewollt*, so etwa die ursprüngliche Marienstatue von Le Puy in der südöstlichen Auvergne, die aus Ebenholz geschnitzt war und 1794 von den Revolutionären verbrannt wurde. Le Puy – damit ist nun das Stichwort gefallen, das uns in dieser Sache etwas weiterhelfen kann. Tatsächlich ist es kein Zufall, dass die Kathedrale von Le Puy, welche heute eine Nachfertigung der 1794 mutwillig zerstörten Schwarzen Madonna birgt, über einem *Isis-Heiligtum* erbaut wurde.

Im Alten Ägypten galt Isis als Göttin der Fruchtbarkeit und der Mutterschaft. Darüber hinaus verkörperte sie auch die Landesmutter. Ihre Statuen waren häufig dunkel gefärbt. Diese Tatsache lässt sich ebenso wenig rational erklären, wie Jahrhunderte später das Verlangen nach dunklen Madonnen.

Am ehesten greift hier eine tiefenpsychologische Erklärung. Das umfassendste Symbol für das Dunkel ist die Nacht. Auf jede Nacht aber folgt wiederum ein Tag – und damit das Licht der Sonne. Der Nacht eignet also nicht bloß etwas Bedrohliches; sie ist gleichzeitig die tiefe dunkle Hüterin des Lebens, aus der wiederum Neues entsteht. Diese uralte Menschheitserfahrung hat sich in naturverbundenen Kulturen und in den alten Mythen in der Verehrung dunkler Muttergottheiten symbolisch Durchbruch verschafft – und später in der Marienverehrung eine Entsprechung gefunden. Damit erklärt sich auch, dass manche Anrufungen, die sich in der Lauretanischen Litanei finden, schon im Isiskult im Alten Ägypten anzutreffen sind.

Bei allem was die vergleichende Religionsgeschichte an Gemeinsamem zwischen Isis und Maria ausmachen kann, bleibt aber doch ein fundamentaler Unterschied. Isis ist von Anfang an und immer Göttin gewesen und niemals Mensch geworden. Maria ist immer Mensch gewesen und (nach kirchlicher Lehre!) nie zur Göttin aufgestiegen.

»Schwarz bin ich, und dennoch schön«, sagt die Geliebte von sich im Hohelied (1,5). Es ist dies eine Anspielung auf die dunklen Göttinnenstatuen, von denen einstmals eine unerklärliche Faszination ausging. Verwundert es da, dass der Anblick dunkler Madonnenbilder Gefühle weckt, welche in vorgeschichtliche Zeiten hinabreichen und *deswegen* aus den tiefsten Schichten der Seele emporsteigen?

Trost auf dem Weg

Am Anfang unserer Überlegungen haben wir festgestellt, dass das Neue Testament kein außerordentliches Interesse an Maria bekundet. Das erklärt sich damit, dass die darin enthaltenen Schriften die jesuanische Botschaft verbreiten wollen. Außerdem räumen nicht alle Evangelisten der Mutter Jesu den gleichen Platz ein; die mariologischen Akzente werden von ihnen sehr unterschiedlich gesetzt. Deshalb versteht es sich eigentlich von selbst, dass die Stellung Marias in der kirchlichen Frömmigkeit wiederholt Veränderungen erfahren hat. Die Geschichte der Marienverehrung dokumentiert, dass solche Akzentverschiebungen im Zusammenhang mit dem gesellschaftlichen und religiösen Bewusstseinswandel zu interpretieren und zu gewichten sind. Davon zeugen nicht nur die mariologischen Dogmen, sondern auch die zahlreichen Berichte über Marienerscheinungen. Aufmerksame Leserinnen und Leser werden sicher festgestellt haben, dass mein Interesse ausschließlich religionsgeschichtlichen, volkskundlichen und kunsthistorischen Aspekten galt. Die gelegentlich recht große Diskrepanz zwischen der verbindlichen kirchlichen Lehre von Maria und der marianischen Frömmigkeitspraxis bedürfte einer eigenen Untersuchung.

Wenn der Anschein nicht trügt, erkennen sich heute immer mehr Gläubige in der gottoffenen aber gleichzeitig auch fragenden Mirjam von Nazaret wieder, aus deren Mund das *Magnificat* erklingt. Sie, und nicht so sehr die über alle und alles erhabene Himmelskönigin ist es, welche diejenigen auf ihrem Weg begleitet, die darauf vertrauen, dass Gottes Gerechtigkeit sich durchsetzen und sein Reich Gestalt annehmen wird.

Maria. Mit unzähligen Titeln hat man sie geehrt: Jungfrau der Jungfrauen, Königin der Apostel, Mutter der Kirche, Herberge Gottes, Vorbeterin der Christenheit … Für mich, eine persönliche Bemerkung sei mir zum Schluss gestattet, sind nicht die Ehrenbezeichnungen wichtig, mit der man die Mutter Jesu im Lauf der Jahrhunderte überhäuft hat. Mehr als alle Prunkmadonnen gefällt mir ein altes Marienbild in einer halbverfallenen Ädikula an der Via dei Querceti 2 in Rom. Eine kaum mehr lesbare Inschrift auf der Außenseite besagt, dass die Madonna alle Vorübergehenden, welche sie mit einem *Salve Regina* grüßen, mit einem Lächeln belohnt.

Ich bin dort nie vorbeigegangen, ohne dass sie mir zugelächelt hätte.

Dank

Irina Bossart danke ich für wertvolle Hinweise und Quellenangaben zu den im ersten Kapitel behandelten mittelalterlichen Marienlegenden.

Zu besonderem Dank verpflichtet bin ich Imelda Casutt, welche mit der gewohnten Sorgfalt und unter erheblichem Zeitaufwand die Druckfahnen korrigiert hat.

Anmerkungen

Hinführung

1 Zit. I. Cathomen, Falera (Peda Kunstführer Nr. 42), Passau 1999, 6.
2 Wie lange die Taufe totgeborener Kinder praktiziert wurde, ist nicht überliefert; vgl. I. Cathomen / I. Winzap, Falera. Die Geschichte zur Entwicklung eines Bündner Bergdorfes, Falera 2002, 120 f.

Mehrschichtiger Madonnenkult

1 Zit. G. Söll, Maria in der Geschichte von Theologie und Frömmigkeit, in: W. Beinert / H. Petri, Handbuch der Marienkunde, Regensburg 1984, 93–231; 208.
2 Cæsarius von Heisterbach, Wunderbare und merkwürdige Geschichten (Dialogus miraculorum VII,2), hrsg. von L. Schneider / P. Bachem, Köln 1968, 115.
3 P. Sabatier, Actus Beati Francisci et sociorum eius (= Collection d'Études et de documents sur l'histoire religieuse et littéraire du Moyen Age 4) Paris 1902, 64; zit. P. Bösch, Franz von Assisi – neuer Christus. Die Geschichte einer Verklärung, Düsseldorf 2005, 156 f.
4 E. Binet, Le grand chef d'œuvre de Dieu ou les perfections de la Sainte Vierge, Paris 1634, 673.
5 F. J. Grüner, Auf zur Gnadenmutter!, München [6]1921, 306; kursiv von mir.
6 U. Schaffer, Die Verbrennung, Stuttgart 1989, 65. Das folgende Zitat: 42–49 passim.
7 Ebd., 81.
8 Ein ganze Sammlung solcher Mirakelgeschichten in: Mutter der Barmherzigkeit. Mittelalterliche deutsche Mirakelerzählungen von der Gottesmutter. Ausgewählt und aus dem Altdeutschen übertragen von Manfred Lemmer, Leipzig 1986.
9 Marienlegenden, 15. Jahrhundert. Handschrift des Gymnasiums zu Katwijk (Niederlande); zit. R. Wind, Maria aus Nazareth, aus Bethanien, aus Magdala. Drei Frauengeschichten, Gütersloh 1996, 38 f.
10 Zit. J. Thiele, Verflucht sinnlich. Die erogenen Zonen der Religion, München 2000, 313.
11 Petrus Damiani, Sermo 45, in: Patrologia latina, Bd. 144, 761.
12 Vgl. H.-J. Vogels, Pflichtzölibat. Eine kritische Untersuchung, München 1978, 45.
13 Wohlgemerkt, es ist hier nur von der *übertriebenen Marienfrömmigkeit* männlicher Zölibatäre die Rede. Für Frauen gilt oft Ähnliches, wenn sie nach der ›Vereinigung‹ mit dem ›Seelenbräutigam‹ lechzen oder sich die Vorhaut Jesu als Verlobungsring an den Finger stecken. Dazu (allerdings recht einseitig): K. Deschner, Das Kreuz mit der Kirche. Eine Sexualgeschichte des Christentums (Heyne Taschenbücher Nr. 7032), München [5]1974, 102–123. Zu den Hintergründen: G. Denzler, Die verbotene Lust. 2000 Jahre christliche Sexualmoral, München Zürich 1988.
14 E. Zola, *Die Sünde des Abbé Mouret*, München 1975. Der französische Titel allerdings spricht nicht von Sünde, sondern von *la faute*, was den Sachverhalt *wirklich* trifft.
15 Ebd, 174 f.

16 Ebd., 175 f.
17 E. Drewermann, Kleriker. Psychogramm eines Ideals, Olten und Freiburg i. Br. 1989, 508 f.
18 Bernhard von Clairvaux, Sermones in Cantica (9. Predigt), in: Patrologia latina, Bd. 183, 818.
19 Bernhard von Clairvaux, Sermo in cœna Domini, in: Patrologia latina, Bd. 183, 272.
20 Denzler, 293.
21 Zit. K. Hefele, Der heilige Bernhardin von Siena und die franziskanische Wanderpredigt in Italien während des XV. Jahrhunderts, Freiburg i. Br. 1912, 232 f.
22 Gesangbuch bei den Gottesverehrungen der katholischen Kirche zu gebrauchen, Tübingen 1806; zit. A. Angenendt, Heilige und Reliquien. Die Geschichte ihres Kultes vom frühen Christentum bis zur Gegenwart, München 1994, 266 f.
23 E. Buhrmeister, Maria, du bist meine Mutter nicht; zit. R. Wind, Maria aus Nazareth, aus Bethanien, aus Magdala. Drei Frauengeschichten, Gütersloh 1996, 14.

Was die Bibel sagt

1 Zur Thematik vgl. die hervorragende auch für Nichtfachleute verständliche Schrift von A. Vögtle, Was Weihnachten bedeutet. Meditation zu Lukas 2, 1-20, Freiburg i. Br. 1977 [mit kirchlicher Druckerlaubnis!].
2 Dazu ausführlich R. J. Brown, Der Messias in der Krippe, Würzburg 1997, 18–26.
3 Die Legenda aurea des Jacobus de Voragine. Aus dem Lateinischen übersetzt von R. Benz, Gerlingen [11]1993, 110.
4 So A. Müller, Glaubensrede über die Mutter Jesu, Mainz 1980, 57. Wer sich ausführlich über die marianischen Dogmen informieren möchte, sei auf diese Publikation verwiesen. Uns hingegen geht es hier nicht um die dogmatische Lehre über Maria, sondern um die kirchliche Marien*verehrung*.
5 J. Becker, Das Evangelium nach Johannes, Gütersloh und Würzburg 1981, 591.

Was die Legende vorgibt zu wissen

1 Ignatios von Antiocheia, Brief an die Gemeinde von Ephesos, 7,2.
2 Eirenaios von Lyon, Adversus hæreses, III,22,4, in: Patrologia græca, Bd. 7, 960. Eine schöne Illustration dieser Äußerung des Eireneios ist das Gemälde Maria Knotenlöserin (um 1700) in der Kirche St. Peter am Perlach, Augsburg. Wobei die meisten Gläubigen, die davor beten, wohl eher an ihre eigenen ›Seelen-‹ oder ›Lebensknoten‹ denken dürften.
3 H. und M. Schmidt, Die vergessene Bildersprache christlicher Kunst, München 2007, 234 f.
4 Vgl. dazu die ›Zusammenschau‹ bei A. Piñero, Der geheime Jesus. Sein Leben nach den apokryphen Evangelien, Düsseldorf 1997.
5 Protoevangelium des Jakobus, 5–6; zit. nach E. Weindinger, Die Apokryphen, Augsburg o. J., 433–445. Weindinger übernimmt den Text der leider vergriffenen wissenschaftlichen Ausgabe von W. Michaelis, Bremen 1956. Zu den neutestamentlichen Apokryphen allgemein vgl. H.-J. Klauck, Apokryphe Evangelien, Stuttgart 2002.
6 Protoevangelium des Jakobus, 7.

7 Ebd., 9.
8 Ebd., 15; vgl. Piñero, 32.
9 Protoevangelium des Jakobus, 19–20; vgl. Pseudo-Matthäusevangelium, 13.
10 Pseudo-Matthäusevangelium, 18 und 19.
11 Ebd., 20.
12 Ebd., 26.
13 Geschichte des Zimmermanns, 13.

Zwischen Verehrung und Vergötterung

1 H. Denzinger, Kompendium der Glaubensbekenntnisse und kirchlichen Lehrentscheidungen. Verbessert, erweitert, und ins Deutsche übertragen und unter Mitarbeit von Helmut Hoping herausgegeben von Peter Hünermann, Freiburg–Basel–Rom–Wien ^{34}1991 (lateinisch/deutsch), 126 (Nr. 252). Im Folgenden als DSH mit entsprechender Randnummer zitiert.
2 G. Söll, Maria in der Geschichte von Theologie und Frömmigkeit, in: W. Beinert / H. Petri, Handbuch der Marienkunde, Regensburg 1984, 93–231; 122.
3 Zeugnisse bei Söll, 123.
4 Epiphanius, Hæreses 79,7, in: Patrologia græca, Bd. 42, 752.
5 Proklos von Konstantinopel, Homilia 5,3.
6 Vgl. Söll, 118 f.
7 Germanos I., Sermo in Dormitionem beatæ Mariæ, in: Patrologia græca, Bd. 98, 354.
8 Ebd., 350; kursiv von mir.
9 Theophanes von Nikaia, Sermo in sanctissimam Deiparam (ed. M. Jungie), Rom 1935, 54. Nicht weniger missverständlich ist die Äußerung Benedikts XVI. in seiner am Freitag, 11. Mai 2007 in São Paulo gehaltenen Rede: »In der Heilsgeschichte gibt es keine einzige Frucht der Gnade, welche die Mittlerschaft Unserer Lieben Frau nicht als notwendiges Instrument hatte.« Soll man daraus vielleicht ableiten, dass die Heilsgeschichte mit Maria beginnt?! Wohl ist Maria *faktisch* d a s »Instrument« der Erlösung der Menschheit durch Christus. Gottes *gnadenhafte* Zuwendung und damit seine Selbstoffenbarung beginnt, um es biblisch auszudrücken, mit der Erschaffung des Menschen, den Gott von allem Anfang an zur Gemeinschaft mit sich beruft – und das *ist* Gnade.
10 Dionysius der Kartäuser, Opera omnia, Bd. 2 (Über den Lobpreis Mariens), Montreuil Tou Parkminster 1896, 519, 522.
11 Diese Beispiele bei W. Beinert, Heute von Maria reden? Kleine Einführung in die Mariologie, Freiburg Basel Wien 1973, 45 f., der sich dabei auf das *Mariale sive quæstiones super Evangelium »Missus est«* bezieht (2. Hälfte des 13. Jh.; fälschlicherweise dem heiligen Albert dem Großen zugeschrieben).
12 Ausführlicheres im Kapitel »Kurioses aus der Kunstgeschichte«.
13 Beda Venerabilis, in Lucam I, in: Corpus Christianorum seu nova Patrum collectio series latina, Bd. 120, 30; dazu und zum Folgenden: K. Schreiner, Maria. Jungfrau, Mutter, Herrscherin, München 1994, 34–39.
14 Bernhard von Clairvaux, Homilia super *Missus est*, 2,17, in: Patrologia latina, Bd. 183, 70–71 passim.

15 Dazu ausführlich: Söll, 167–187.
16 Textproben bei H. Graef, Maria. Geschichte der Lehre und Verehrung, Freiburg–Basel–Wien 1964, 286–288; vgl. Söll, 188.
17 Dazu mehr im Kapitel »Der Protest der Reformatoren«.
18 Vgl. dazu ausführlich das Kapitel »Mehrschichtiger Madonnenkult«.
19 So das Urteil von W. Beinert, Heute von Maria reden?, 49. Dort auch die folgenden Beispiele.
20 A. Alar, Allumettes d'amour du jardin délicieux de la confrérie du Saint Rosaire, Valenciennes 1617.
21 O. van den Berghe, Marie et le sacerdoce, Paris ^{3}1875, 32.
22 Dazu ausführlich J. Wijngaards, The Priesthood of Mary, in: The Tablet 253 (1999) 1638–1640 (4. 12.1999).
23 Cardinal Wiseman, Sermons, New York 1866, 364.
24 L. Laplace, La Mère Marie de Jésus, Paris 1906, 404.
25 Palestra del Clero 6 (1927) 611; der vom Heiligen Offizium beanstandete Beitrag erschien ebd., 71.
26 Schweizerisches Kirchengesangbuch, Zug 1966, Lied-Nr. 836 (Verfasser[in] unbekannt).
27 Vaticanum II, Dogmatische Konstitution über die Kirche, Lumen gentium, Nr. 53; kursiv von mir.

Der Protest der Reformatoren

1 Johannes Chrysostomos, In cap. V et VI Genesis Homilia, in: Patrologia græca, Bd. 53, 179.
2 Theodoretos von Kyros, Græcarum affectionum curatio (De martyriis), in: Patrologia græca, Bd. 83, 1033.
3 Zit. E. Lucius, Die Anfänge des Heiligenkults in der christlichen Kirche, Tübingen 1904, 297.
4 Vgl. M. Mitterauer, Ahnen und Heilige. Namengebung in der europäischen Gesellschaft, München 1993, 330–367.
5 M. Weber, Mantelkinder, in: Lexikon für Theologie und Kirche, Bd. 6, ^{3}2006, 1286.
6 Zwei Beispiele von vielen: Geburt Christi. Tafelmalerei um 1418. Hannover, Niedersächsische Landesgalerie (Josef, im Gegensatz zu Maria, ohne Heiligenschein!); Konrad von Soest (1370–1425), Geburt des Heilands. Altartafel in der Stadtkirche Niederwildungen (Hessen), 1404. Dazu ausführlich: Th. Blisniewski, »Großes Lob diesem Manne.« Der kochende heilige Joseph und die Geburt Christi auf einer Tafel des Meisters von St. Sigmund, in: Kölner Museums-Bulletin. Berichte und Forschungen aus den Museen der Stadt Köln, Heft 4/2000, 2–12.
7 Cæsarius von Heisterbach, Dialogus miraculorum VII, 57; vgl. Lexikon für Theologie und Kirche, Bd. 9, ^{3}2006, 313.
8 Zit. F. Courth, Marianische Gebetsformen, in: W. Beinert / H. Petri, Handbuch der Marienkunde, Regensburg 1984, 363–403; 396.
9 Dazu ausführlich: H. M. Köster, Die marianische Spiritualität religiöser Gruppierungen, in: Beinert/Petri, 440–505; 442.
10 A. Maurel, Die Ablässe. Ihr Wesen und ihr Gebrauch, Paderborn 1870, 303.

11 Ebd., 303 f.
12 Zit. Courth, 392.
13 M. Flacius, Von einigkeit und uneinigkeit der Evangelischen und Papisten gegen einander und jedes theils unter sich selbst in fürnehmen Articklen Christlicher Lehre, Regensburg 1563; zit. Courth, 392 f. Der folgende Hinweis ebd., Anm. 179.
14 M. Luther, Predigt auf das Fest der Opferung Christi im Tempel (2. Februar 1546), in: WA, Bd. 51, 168.
15 Vgl. G. L. Müller, Gemeinschaft und Verehrung der Heiligen. Geschichtlich-systematische Grundlegung der Hagiologie, Freiburg i. Br. 1986, 56–60 (mit zahlreichen Textbelegen).
16 G. Söll, Maria in der Geschichte von Theologie und Frömmigkeit, in: Beinert / Petri, 93–231; 203.
17 Vgl. N. Ohler, Alltag im Marburger Raum zur Zeit der hl. Elisabeth, in: Archiv für Kulturgeschichte 67 (1985) 1–40.
18 Gregor von Tours, Liber de gloria confessorum, 70; vgl. Patrologia latina, Bd. 71, 879 f.
19 Vgl. M. Scharfe, Evangelische Andachtsbilder, Studien zu Intention und Funktion des Bildes in der Frömmigkeitsgeschichte vornehmlich des schwäbischen Raumes, Stuttgart 1968, 151–154.
20 Cæsarius von Heisterbach, Dialogus miraculorum (7,47), Bd. 2, Köln 1851, 64.
21 N. Ohler, Zuflucht der Armen. Zu den Mirakeln des hl. Anno, in: Rheinische Vierteljahresblätter 48 (1984) 1–33; 10.
22 Zum Folgenden vgl. Müller, 251–257 (mit ausführlichen Belegen).
23 A. Angenendt, Heilige und Reliquien. Die Geschichte ihres Kults vom frühen Christentum bis zur Gegenwart, München 1994, 207.
24 Vgl. Vaticanum II, Dogmatische Konstitution über die Kirche, Lumen gentium, Nr. 6.
25 Vgl. Thomas von Aquin, Summa Theologiæ, II–II, 83,11 und III, Supplementum, 72,3.
26 J. B. Heinrich, Dogmatische Theologie, Bd. 10, Münster 1904, 810.
27 Hinkmar von Reims, Vita Remigii 30, hrsg. von B. Krusch, Hannover 1892, 330. Das folgende Zitat ebd., 332.
28 M. Luther, Adventspostille 1522, in: WA, Bd. 10/I,2, 83. Dieses, wie auch die folgenden Luther-Zitate wurden dem heutigen Sprachgebrauch angeglichen.
29 M. Luther, Epistel oder Unterricht von den Heiligen an die Kirche zu Erfurt, in: WA, Bd. 10/II, 166.
30 J. Calvin, Institutio religionis Christianæ, III,20,24.
31 Confessio Augustana, Artikel 21, in: H. Bornkamm (Hrsg.), Das Augsburger Bekenntnis, Gütersloh 1978, 31 f.
32 Müller, 48.
33 Zit. G. Kretschmar / R. Laurentin, Der Artikel vom Dienst der Heiligen in der Confessio Augustana, in: H. Meyer / H. Schütte (Hrsg.), Confessio Augustana. Bekenntnis des einen Glaubens, Paderborn und Frankfurt am Main 1980, 256–280; 268.
34 H. Denzinger, Kompendium der Glaubensbekenntnisse und kirchlichen Lehrentscheidungen. Verbessert, erweitert, und ins Deutsche übertragen und unter Mitarbeit von Helmut Hoping herausgegeben von Peter Hünermann, Freiburg Basel Rom Wien [34]1991 (lateinisch/deutsch), 578 f (Nr. 1821). Das folgende Zitat ebd.
35 Vgl. Konstitution über die heilige Liturgie, Sacrosanctum Concilium, Nr. 104.
36 Dogmatische Konstitution über die Kirche, Lumen gentium. Die folgenden im Text in

Klammern gesetzten Nummern beziehen sich auf dieses Konzilsdokument; kursiv von mir.
37 M. J. Scheeben, Handbuch der katholischen Dogmatik, Bd. 4 (hrsg. von L. Atzenberger, Freiburg i. Br. (unveränderter Nachdruck) 1933, 886; kursiv von mir.
38 Ebd., 885.
39 Vgl. Thomas von Aquin, Summa Theologiæ, II–II, 83, 11.
40 W. Beinert, Die Heiligen in der Reflexion der Kirche. Systematisch-theologische Grundlegung, in: Die Heiligen heute ehren, Freiburg i. Br. 1983, 13–80; 79; kursiv von mir.
41 M. Luther, Das Magnificat verdeutscht und ausgelegt, in: WA, Bd. 7, 60; kursiv von mir. Hinzuzufügen ist, dass Luther unterschied zwischen Fürsprache und Fürbitte (vgl. Söll, 204, Anm. 58). Rätselhaft bleibt, worin der Unterschied besteht. Und warum diese Spitzfindigkeit bloß im Hinblick auf Maria, nicht aber in Bezug auf alle übrigen Heiligen gelten soll. Franz Courth schlägt vor, *Fürbitte* im Sinne einer »entfernten Heilssolidarität« zu verstehen (vgl. Courth, 378). – was immer das dann konkret bedeuten mag. Tatsache ist, dass Luther sich in dieser Sache unpräzise ausdrückt.

Wallfahrtsfieber und Reliquiensucht

1 R. H. Fuson (Hrsg.), Das Logbuch des Christoph Kolumbus, Bergisch-Gladbach 1989, 308 f.
2 Seine Heiligsprechung, vorgenommen 1165 unter dem Gegenpapst Paschalis III. aus politischen Gründen auf Veranlassung des Reichskanzlers und Erzbischofs von Köln, Rainald von Dassel, wurde von Rom nicht anerkannt, seine Verehrung als Seliger (*Beatus*) für Aachen und Osnabrück hingegen zugestanden.
3 A. Angenendt, Heilige und Reliquien, München 1994, 230.
4 Zit. N. Ohler, Pilgerleben im Mittelalter. Zwischen Andacht und Abenteuer, Freiburg–Basel–Wien 1994, 43. Vgl. dazu: Der Jakobsweg. Mit einem mittelalterlichen Pilgerführer unterwegs nach Santiago de Compostela. Ausgewählt, eingeleitet, übersetzt und kommentiert von Klaus Herbers, Tübingen 1986.
5 Angenendt, 211.
6 Hieronymus, Brief 58, in: Patrologia latina, Bd. 22, 582.
7 Briefe des Bonifatius. Willibalds Leben des Bonifatius, Darmstadt 1968, 253.
8 Cap. 12; Mansi, Bd. 13, 851.
9 Zit. Ohler, 167.
10 Cap. 17; Mansi, Bd. 22, 791 f.
11 M. Luther, An den christlichen Adel deutscher Nation, in: WA, Bd. 6, 439; dort und 440 auch die folgenden Zitate.
12 Thomas von Kempen, Die vier Bücher der Nachfolge Christi (IV, 1,9), Freiburg i. Br. 1957, 246.
13 A. Angenendt, Heilige und Reliquien. Die Geschichte ihres Kults vom frühen Christentum bis zur Gegenwart, München 1994, 125 f.
14 Gregor von Tours, Historia Francorum, VII, 31, in Patrologia latina, Bd. 71, 435 f.
15 O. Feger (Hrsg.), Casus monasterii Petrishusensis. Chronik des Klosters Petershausen, V,6,5, Lindau–Konstanz 1956, 64.
16 Victricius von Rouen, De laude sanctorum, 10; zit. Angenendt, 154.

17 Gregor d. Gr., Dialogi, IV,6, in: Patrologia latina, Bd. 77, 332.
18 Gregor von Tours, De gloria martyrum (28), in: Patrologia latina Bd. 71, 729.
19 Thomas von Aquin, Summa Theologiæ III, Supplementum 78,3.
20 Vita Hugonis, 5, XIV; zit. Angenendt, 164.
21 Zur Reliquiensammlung Friedrich des Weisen von Sachsen vgl. J. Imbach, Der Heiligen Schein. Heiligenverehrung zwischen Frömmigkeit und Folklore, Würzburg 1999, 152 f.
22 Zit. K. Schreiner, Maria. Jungfrau, Mutter, Herrscherin, München 1994, 203.
23 H. Herrmann, Lexikon der kuriosesten Reliquien. Vom Atem Jesu bis zum Zahn Mohammeds, Berlin 2003, 136–138.
24 http://www.peter-lingens.de/wallfahrt.htm (Stand: 4. Juni 2008). Die für die Frühgeschichte der Wallfahrt von Kevelaer wichtigste Quelle ist die Synode von Venlo, welche 1647, fünf Jahre nach Bestehen der Wallfahrt, tagte. In den diesbezüglichen Dokumenten findet das ›Ursprungsmirakel‹ keine Erwähnung!
25 D. Bitterli, Der Bilderhimmel von Hergiswald, Basel 1997.
26 Zweites Vatikanisches Konzil, Konstitution über die göttliche Offenbarung, Dei Verbum, Nr. 4.
27 K. Rahner, Visionen und Prophezeiungen (Quæstiones disputatæ, Bd. 4), Freiburg–Basel–Wien ²1958, 27.
28 J. de Guibert, Documenta ecclesiastica christianæ perfectionis, Roma 1931, Nr. 1005; zit J. Sudbrack, Mystik, Mainz und Stuttgart 1988, 79.
29 Osservatore Romano, 2, 2, 1951; zit. J. Schumacher, Der apostolische Abschluss der Offenbarung Gottes, Freiburg–Basel–Wien 1979, 138.
30 Johannes vom Kreuz, Subida del Monte Carmelo; zit. Schumacher , 76.
31 Zu diesen teilweise verwirrenden Phänomenen und den damit verbundenen ›Botschaften‹ vgl. J. Hanauer,»Muttergottes-Erscheinungen«. Tatsachen oder Täuschungen?, Aachen 1996.
32 II. Vaticanum, Dogmatische Konstitution über die Kirche Lumen gentium, Nr. 6.

Gebetsformen und Festtage

1 H. Steinegger, Schwyzer Sagen, Bd. 3, Schwyz 1983, 203.
2 Sagen der Schweiz. Band Glarus und Zug, Zürich 1987, 241.
3 M. T. Cicero, Pro C. Rabirio perduellionis reo, Cap. V, § 16.
4 Eine andere, variierende Themenreihe: Verkündigung der Geburt Jesu, Mariä Heimsuchung, Geburt Jesu, Weissagung Simeons, Anbetung Jesu durch die Magier, Wiederauffindung des zwölfjährigen Jesusknaben im Tempel, Krönung Mariens.
5 Augustinus, Sermo 31, in Patrologia latina, Bd. 38, 194. Dazu K. Schreiner, Maria. Jungfrau, Mutter, Herrscherin, Köln 2006, 84–88.
6 Dazu ausführlich: B. Kleinheyer, Maria in der Liturgie, in: W. Beinert / H. Petri (Hrsg.), Handbuch der Marienkunde, Regensburg 1984, 404–439.
7 Vgl. Protoevangelium des Jakobus, Kapitel 7.
8 Kleinheyer, 427 f.
9 Dazu mehr im Kapitel »Archetypisches«.

Kurioses aus der Kunstgeschichte

1 Vgl. A. Piñero, Der geheime Jesus. Sein Leben nach den apokryphen Evangelien, Düsseldorf 1997, 76.
2 W. Bühlmann, Das Hohelied, Stuttgart 1997, 53.
3 Vgl. K. Schreiner, Maria. Jungfrau, Mutter, Herrscherin, Köln 2006, 371 und 373.
4 Zit. Schreiner, 40.
5 Im Volksmund für *Jesus – Heiland Seligmacher*; in Wirklichkeit handelt es sich um die drei griechischen Anfangsbuchstaben des Namens Jesu: *IHΣ* [zu ergänzen: OUΣ] (sprich: Jäsús).
6 G. M. Lechner, Maria Gravida, Zum Schwangerschaftsmotiv in der bildenden Kunst, München–Zürich 1981, 172.
7 G. Radler, Die Schreinmadonna, »Vierge Ouvrante«, von den bernhardinischen Anfängen zur Frauenmystik im Deutschordensland mit beschreibendem Katalog, Frankfurt am Main 1990.
8 Zit. Schreiner, 291.
9 Johannes Molanus, De historia sacrum imaginum et picturarum pro vero earum usu contra abusus libri 4, Löwen 1594, 45 f; vgl. Schreiner, 73 f.
10 Vgl. Schreiner, 106.
11 H. Denzinger, Kompendium der Glaubensbekenntnisse und kirchlichen Lehrentscheidungen. Verbessert, erweitert, und ins Deutsche übertragen und unter Mitarbeit von Helmut Hoping herausgegeben von Peter Hünermann, Freiburg–Basel–Rom–Wien [34]1991 (lateinisch/deutsch), 983 (Nr. 3632).
12 Stendhal, Römische Spaziergänge, Jena 1913; zit: F. P. Waiblinger, Rom. Ein literarischer Reiseführer, Darmstadt 2000, 163.
13 Fouquets Gemälde befindet sich im Koninklijk Museum voor Schone Kunsten, Antwerpen, die Replik des unbekannten Meisters, *Porträt der Agnès Sorel* (2. Hälfte des 15. Jahrhunderts) in Paris, Château de Mouchy; vgl. E. und G. Rotter, Venus, Maria, Fatima: Wie die Lust zum Teufel ging, Zürich–Düsseldorf 1996, 207 f.
14 Denzinger, 580 (Nr. 1825).
15 Eine ausführliche Deutung der zahlreichen Symbole auf diesem Bild bei H. und M. Schmidt, Die vergessene Bildersprache christlicher Kunst, München 2007, 243–245.
16 Vgl. ebd., 50 f.
17 Der Knaben Wunderhorn, Bd. 2, Berlin 1873, 144.
18 Th. Storm, Aquis submersus, Stuttgart 1960 (= Reclams Universalbibliothek, Bd. 6014), 74.
19 Vollständiger Text in: C. Dupeux u. a. (Hrsg.), Bildersturm. Wahnsinn oder Gottes Wille?, Zürich 2000, 108. Vgl. Schreiner, 379 f.
20 M. Luther, Tischreden, in: Martin Luthers Werke, Tischreden, Bd. 3, 232; zit. Schreiner, 282.

Brauchtum und Volksfrömmigkeit

1 So R. E. Brown, Der Messias in der Krippe, Würzburg 1997, 30.
2 Im Folgenden stütze ich mich auf W. von Arx, Die Segnung der Mutter nach der Geburt. Geschichte und Bedeutung, in: Concilium 14 (1978) 106–111. Dem Verfasser dieses Beitrags bin ich darüber hinaus für mündliche Auskünfte zu Dank verpflichtet.

3 S. Schwager, Die Frau des Metzgers, Zürich 2007, 90.
4 Benediktionale, Freiburg–Basel–Wien 1991, 93 f.
5 Von Arx., 109.
6 S. Frank, Weltbuch. Spiegel und Bildnis des ganzen Erdbodens ..., 132; zit. D.-R. Moser, Bräuche und Feste im christlichen Jahreslauf, Graz–Wien–Köln 1993, 284.
7 Zit. H. Kirchhoff, Christliches Brauchtum. Feste und Bräuche im Jahreskreis, München 1995, 172.
8 Benediktionale, Freiburg–Basel–Wien 1991, 65.
9 Zum Folgenden ausführlich: F. Stadlbauer, Realien der Marienverehrung im profanen Bereich, in: W. Beinert / H. Petri (Hrsg.), Handbuch der Marienkunde, Regensburg 1984, 926–994; bes. 940–952.
10 H. Halbfas, Religion, Stuttgart–Berlin 1976, 151.
11 Vgl. Stadlbauer, 928.
12 Vgl. H. Niederberger / Ch. Hirtler, Geister, Bann und Hergottswinkel Kriens 2000, 173.
13 K. Klingler, Die römischen Marien, in: Das blühende Schiff. Gedichte, © Verlag Der Apfel, Wien 1998; zit. nach: H. A. Niederle (Hrsg.), Rom, Klangenfurt 1999, 129–133 (passim). Im 19. Jahrhundert wurde in Rom die Mittagsstunde durch einen Kanonenschuss angezeigt (der allerdings nicht, wie Klingler irrtümlich annimmt, auf dem Gianicolo, sondern auf der Engelsburg abgefeuert wurde).

Mirjam und Meryem

1 Vgl. A. Schimmel, Jesus und Maria in der islamischen Mystik, München 1996.
2 Rumi, Mathnawi; zit. Schimmel, 145 f.
3 Schimmel, 157.
4 Der Koran wird im folgenden zitiert nach der Übersetzung von Rudi Paret, Stuttgart ^{4}1985. Paret hält sich an die übliche Art der Zitierung, welche den Einleitungsvers zu den einzelnen Suren (»Im Namen des barmherzigen und gnädigen Gottes«) nicht mitzählt.
5 Zit. L. Hagemann, Maria, in: A. Th. Khoury, L. Hagemann, P. Heine, Islam-Lexikon, Bd. 2, 491–500; 495.
6 Vgl. J. Gnilka, Bibel und Koran. Was sie verbindet – was sie trennt, Freiburg i. Br. 2004.
7 Mendelssohn, zit. A. Th. Khoury (Hrsg.), Lexikon religiöser Grundbegriffe. Judentum Christentum Islam, Graz–Wien–Köln 1987, 530; P. Lapide, Ist das nicht Josephs Sohn? Jesus im heutigen Judentum, Gütersloh 1983, 87; Schalom Ben-Chorin, Bruder Jesus. Der Nazarener aus jüdischer Sicht, München ^{9}1986, 186.
8 D. Flusser, Das Christentum – eine jüdische Religion, München 1990, 29.
9 Schalom Ben-Chorin, 11.
10 Ebd.; kursiv von mir.

Literarische Annäherungen

1 Vgl. dazu das Kapitel »Was die Bibel lehrt ...«
2 Balaeus, Gebete und Hymnen, 6, BKV² 6,40; zit. F. Courth, Marianische Gebetsformen, in W. Beinert und H. Petri (Hrsg.), Handbuch der Marienkunde, Regensburg 1984, 363–403; 366.

3 Wernher [von Augsburg], Drei Lieder von der Magd. Zit. nach der neuhochdeutschen Fassung von H. Degering bei J. H. Kirchberger, Maria in der Literatur, in: H. Haag, J. H. Kirchberger, D. Sölle, C. H. Ebertshäuser, Maria. Kunst, Brauchtum und Religion in Bild und Text, Freiburg–Basel–Wien 1997, 60–121; 72.

4 Aus Raumgründen verweise ich im Folgenden lediglich auf (ausgewählte!) Texte aus der deutschsprachigen Literatur. Dazu ausführlich: Und Maria trat aus ihren Bildern. Literarische Texte. Hrsg. und erläutert von K.-J. Kuschel, Freiburg–Basel–Wien, 1990. Ders., [Maria] In der Literatur, in: LThK, Bd. 6, Freiburg–Basel–Wien 2006, 1332–1335.

5 Vollständiger Text bei Kuschel, Und Maria..., 23. Der folgende Text ebd., 27 f.

6 Novalis, Geistliche Lieder, Nr. 13, in: Werke, München ³1987, 282 f.

7 H. Heine, Die Wallfahrt nach Kevelaar, in: Werke, Bd. 1: Gedichte, München 1969, 179–181.

8 R. M. Rilke, Pietà, in: Die Gedichte, Frankfurt a. M. und Leipzig, 1998, 621.

9 Ebd., 619 f.

10 W. Borchert, Die drei dunklen Könige, in: Das Gesamtwerk, Hamburg 1970, 185–187.

11 K. Marti, Und Maria, in: Abendland. Gedichte, Darmstadt 1981, 41–44.

12 Kuschel, Und Maria trat aus ihren Bildern, 68.

13 H. Hesse, Narziss und Goldmund, in: Gesammelte Werke, Bd. 8, Frankfurt a. M. 1970, 5–320; 151.

14 Ebd., 63; kursiv von mir.

15 E. Drewermann, Gedanken über Hermann Hesses »Narziss und Goldmund«. Eine Annäherung aus psychologischer Sicht, in: Das Individuelle verteidigen, Frankfurt a. M. 1995, 51–81; 60.

16 Hesse, Narziss und Goldmund, 60. Das folgende Zitat 61; kursiv von mir.

17 J. W. Goethe, Faust II, Vers 12110.

18 Hesse, Narziss und Goldmund, 152.

19 Ebd., 319; das folgende Zitat: 320.

20 L. Rinser, Winterfrühling (1979–1982), Frankfurt a. M. 1982, 226–232. Dort die folgenden Zitate.

21 So M. Hannsmann in ihrem Gedicht »Madonna der Gmünder Johanniskirche«, in: Das andere Ufer vor Augen, Hamburg–Düsseldorf, 1972; zit. Kuschel, Und Maria trat aus ihren Bildern, 107.

Archetypisches

1 Vgl. M. Oesterreicher–Mellow, Herders Lexikon der Symbole, Freiburg i. Br. ²1994, 23–25.

2 A. Grün, Tiefenpsychologische Schriftauslegung, Münsterschwarzach 1992, 19 f.

3 Vgl. F.-T. Schallberger, Maria. Eine religionspsychologische Betrachtung, in: E. Halter / D. Wunderlin / G. von Arb, Volksfrömmigkeit in der Schweiz, Zürich 1999, 220–235.

4 Vgl. das Kapitel »Gebetsformen und Festtage«

5 B. Romankiewicz, Die Schwarze Madonna. Hintergründe einer Symbolgestalt, Düsseldorf 2004.

6 Im Folgenden beziehe ich mich auf die Ausführungen von J. Salzgeber, Die Schwarze Muttergottes von Einsiedeln, Einsiedeln 1993, 17–21.

7 Zit. Salzgeber, 18 f.

Josef Imbach
**Kirchenfürsten,
Künstler, Kurtisanen**
Rom – Geschichten
einer Stadt
328 Seiten mit
s/w-Abbildungen
ISBN 3-491-72475-9

Josef Imbach präsentiert in bester Erzähllaune Geschichten aus der mehrtausendjährigen Geschichte der Ewigen Stadt. Sei es, dass er die Steine sprechen lässt, Kuriositäten aus der Kunstgeschichte entdeckt, römische Lebens-Art einfängt oder den Vatikan ins Visier nimmt – Lesevergnügen ist garantiert. Ebenso kurzweilig wie informativ, ebenso amüsant wie hintergründig sind Imbachs Streifzüge durch die geschichtsträchtige Stadt. Sie greifen nicht das Wichtigste auf, was im Reiseführer steht, sondern das Interessanteste. Und interessant sind die Beobachtungen zu kleinen Details der an Geschichtszeugnissen überreichen Stadt, die den Blick freigeben auf ihren Geist und die Mentalität der Bevölkerung.

Josef Imbach
Von reichen Prassern und armen Schluckern
Geschichten aus Küche, Kirche und Kultur
Mit sündhaft guten Rezepten
208 Seiten mit
80 s/w- Abbildungen
ISBN 978-3-491-72516-4

Wenn Josef Imbach die neuesten Ergebnisse seiner Kochkunst vorstellt, dann keinesfalls ohne vergnügliche Erzählungen aus der Geschichte der Küche wie der Kirche. Die Kulturgeschichte des Essens und Trinkens ist reich an Kuriositäten von großem Unterhaltungswert. Der Christenmensch schwankt zwischen Fasten und Feiern, will Asket sein und ist doch ein Schlemmer. Diesem Zwiespalt verdanken wir durch die Jahrhunderte heitere Küchenszenen und kulinarische Erfindungen.
Wer weiß schon, wie es zum Küchenheiligen kam und was der Nudelspezialität den Namen »Pfaffenwürger« einbrachte? Wem beim Lesen der Appetit kommt, der wird bei über 100 Rezepten genug Anregungen für Gaumenfreuden und neue Leibgerichte finden.